D0302202

MENTIR [mɑ̃tiʀ] v. intr.;
1 ◆ Faire un mensonge,
affirmer ce qu'on sait
être faux, nier ou taire
ce qu'on devrait dire.

MENTIR [mɑ̃tiʀ] v. intr.;
1 ◆ Faire un mensonge,
affirmer ce qu'on sait
être faux, nier ou taire
ce qu'on devrait dire.
MENTIR [mɑ̃tiʀ] v. intr.;
1 ◆ Faire un mensonge,
affirmer ce qu'on sait
être faux, nier ou taire
ce qu'on devrait dire.

ANDRÉE RUFFO

BIBLIOTHÈQUE
ST-LAZARE

Ces grands discours
qui ont menti aux enfants

TheoDone Éditeur

Ces grands discours qui ont menti aux enfants
Andrée Ruffo

Nous avons colligé dans le présent ouvrage près de quarante discours et allocutions provenant principalement de diverses personnalités de partout à travers le monde. Celles-ci appartiennent au domaine politique, à l'entreprise privée ou, encore, elles représentent des sociétés ou des organismes humanitaires. Le but poursuivi est de regrouper une série de textes publics importants en fonction du sujet traité.

Il est à noter que nous avons volontairement maintenu certains de ces textes dans leur langue d'origine alors que d'autres apparaissent dans leur traduction officielle afin de ne pas altérer leur contenu ou leur sens, selon le cas.

L'auteure a également voulu porter une attention particulière à certains passages. Vous les retrouverez en caractères gras dans le texte.

Mise en page : Marie-Andrée Grondin

Tous droits réservés
© TheoDone Éditeur 2006

Il est illégal de reproduire cet ouvrage en totalité ou en partie, sous quelque forme et par quelque procédé que ce soit, sans l'autorisation écrite préalable de l'éditeur, conformément aux dispositions de la Loi sur le droit d'auteur.

ISBN 978-2-923344-07-2

Dépôt légal – Bibliothèque et Archives nationales du Québec, 2006
Dépôt légal – Bibliothèque et Archives Canada, 2006

SOMMAIRE

Depuis toujours, nous entendons répéter jusqu'à une certaine forme d'exaspération ces promesses faites sans gêne et de façon éhontée, par les plus grandes personnalités de la planète. Ce sont des :

– Promesses faites à des enfants affamés, sans pays, vivant sous la terreur, exploités, vulnérables et sans voix qui, pour tant d'entre eux, n'osent même plus espérer.

– Promesses faites à des parents qui, impuissants, regardent mourir leurs enfants de faim, de froid, de maladies.

– Promesses faites à des pays qui n'arrivent pas à nourrir et à protéger leur population.

– Promesses faites dans le but de repousser les bombes des prédateurs, d'endiguer les flots d'exigences monétaires au prix de millions de vies humaines.

En colligeant ces milliers de pages de promesses, de regrets, de diktats et de mensonges, je cherchais simplement et cherche encore la sérénité, la compassion, la grandeur, la sincérité et ne trouve trop souvent qu'insipidité, répétitions, spectacle attristant et absence totale de réelle volonté de soulager, d'éduquer, de respecter l'autre dans sa dignité, dans son humanité.

Ce que j'y trouve est d'autant plus alarmant et attristant que :

– Nous acceptons la compétition comme base de nos échanges.

– Nous restons silencieux et complices de l'exclusion sociale des marginaux et des mésadaptés.

– Nous fermons les yeux sur les guerres perverses créées artificiellement au nom d'une paix à odeur de pétrole et d'idéologie.

– Nous subissons passivement l'hégémonie des multinationales accentuant la perte de *centralité* de l'État au nom d'un marché globalisé et occultons notre passé collectif pour ne construire qu'un bonheur éphémère et déshumanisant fait de gloire, de richesse, de pouvoir.

– Nous marchons d'ovations en ovations confondant pathétiquement orgueil et fierté.

Vérité et mensonge, seul langage possible face à l'autorité. Serait-ce à dire que la réelle autorité nous viendrait de l'intérieur, puissante et exigeante au nom d'une justice, universelle – où les promesses deviendraient enfin certitude : l'espoir ne serait plus vain – il se nourrirait non plus de trahisons, mais de gestes concrets protégeant enfin contre les aliénations.

Nous souffrons en nos âmes, qui aspirent pourtant à la noblesse, à la grandeur, mais réduites à n'être que des machines obéissantes et silencieuses.

Nous souffrons en nos corps malades, qui gémissent et quêtent soulagement et guérison.

Nous souffrons en notre intelligence, qui mesure l'absurdité de nos choix dégradants et meurtriers.

Nous souffrons et faisons souffrir ceux que nous sommes, pourtant appelés à aimer, à protéger, à soulager, ceux qui, hommes, femmes, enfants du monde entier ne sont qu'en réalité, nos *alter ego*.

Nous souffrons à en mourir. De plus en plus de jeunes nous le crient, incapables de trouver dans ce monde : amour, communication, sens à la vie.

Et pourtant…
nous continuons à promettre…
à trahir.

Cela suffit !
Assez c'est assez !

Finies les promesses rudes et offensantes !
Place au respect, à la compassion, à la solidarité !

Puisque, frères et sœurs, nous aspirons à la grandeur, à la paix, au bonheur, construisons ensemble ce monde meilleur. Travaillons résolument au respect de chaque enfant, de chaque femme et de chaque homme.

Et profitons d'une humanité partagée dans la joie pour accomplir notre destinée.

AMÉRIQUE

ET

ANTILLES

Conférence internationale sur les enfants touchés par la guerre

Allocution de l'honorable Lloyd Axworthy, ministre des Affaires étrangères

Lloyd Axworthy ▪ Winnipeg (Canada) ▪ 15 septembre 2000

Tard hier soir, à mon arrivée de New York, où j'ai participé aux délibérations des Nations Unies, j'ai eu l'occasion de passer en revue les articles et reportages consacrés aux cinq premiers jours de cette conférence.

À coup sûr, le message qui s'est fait le plus clairement entendre est l'appel à l'action, soit ce vif sentiment généralisé que nous devons nous mobiliser dès maintenant.

Je vous apprendrai que ce même désir de déployer un effort dynamique était ressenti dans les couloirs et le Hall des conférences des Nations Unies – une organisation mieux connue pour la longueur de ses discours que pour la rapidité de ses réactions.

Pourtant, le Sommet du millénaire tenu la semaine dernière a provoqué une soif de réforme et de renaissance; l'exigence de résultats; un appel clair à l'action.

Permettez-moi de répéter ici la question que j'ai posée hier dans mon discours :

Lorsque les lumières se sont éteintes vendredi dernier à la fin du Sommet du millénaire à New York, d'autres lumières se sont-elles allumées dans le monde ? Nos chancelleries, nos assemblées parlementaires et nos salles de réunion vont-elles éclairer la route à suivre ? Nous demandons-nous, chacun à notre façon, comment nous pouvons agir pour aider les Nations Unies à gérer le nouvel ordre du jour mondial qui est le nôtre ?

Au cœur de cette ambiance dynamisée se trouve la conscience accrue des nouveaux risques auxquels sont exposés les peuples du monde. Il est reconnu également que le dossier de la sécurité humaine concerne le risque que représentent une multitude d'armes, de violations des droits de la personne, d'actes de terrorisme et de conflits sauvages qui prennent pour cible les citoyens les plus vulnérables.

Aussi, vous êtes-vous efforcés, ici à Winnipeg, de trouver des solutions à la situation difficile des enfants touchés par la guerre, mais permettez-moi de vous dire que vous n'êtes pas seuls dans vos efforts en ce sens.

Lorsque l'airbus arrivera, tard ce soir, avec à son bord des ministres et des hauts représentants de plus de 130 pays, soyez prêts à adopter une cause commune et cherchez les moyens qui vous permettront de travailler ensemble afin de mettre fin à la situation tragique des enfants touchés par la guerre.

Il convient, dans un premier temps, d'examiner tout ce qui a été accompli depuis la publication du stupéfiant rapport de Graca Machel, tout ce qui est en voie d'être réalisé et tout ce qui reste encore à accomplir.

Tout d'abord, la grande famille de l'ONU peut compter sur le leadership dynamique d'Olara Otunnu et de Carol Bellamy pour placer et maintenir la situation pénible des enfants à l'ordre du jour mondial.

En janvier, une avancée a été réalisée lorsqu'un consensus a été dégagé sur le texte du Protocole facultatif concernant la participation d'enfants aux conflits armés. Depuis l'adoption de ce protocole en mai par l'Assemblée générale des Nations Unies, 69 États l'ont signé et trois l'ont ratifié.

Il y a eu également l'initiative décisive du Statut de Rome de la Cour pénale internationale, qui fait de la violation des droits des enfants un crime de guerre.

En outre, pour la première fois, le Conseil de sécurité a adopté une résolution sur la défense des droits et la protection des enfants.

Cette liste de réalisations montre qu'il y a un réel mouvement vers un cadre juridique et une infrastructure internationale pour les droits et la protection des enfants – ce mouvement revêt une importance capitale pour ce qui est de donner forme et corps aux efforts visant à mener une action en faveur des enfants touchés par la guerre.

J'estime que le Canada a joué un rôle important en contribuant à définir et à façonner cet ordre du jour international, en sa qualité d'hôte conjoint – avec le Ghana – de la Conférence de l'Afrique de l'Ouest sur les enfants touchés par la guerre, et en tant que premier pays à avoir signé et ratifié le Protocole facultatif sur les enfants soldats et à avoir adopté une législation nationale pour en assurer la mise en œuvre.

Nous avons fourni une aide financière directe au bureau du représentant spécial du Secrétaire général pour la protection des enfants en période de conflit armé. Nous avons en outre pris l'initiative d'efforts de collaboration tels que le Traité d'Ottawa, dans le domaine des armes légères, et la création de la Cour pénale internationale.

Comme beaucoup d'entre vous le savent, nous avons également tiré parti de notre mandat au Conseil de sécurité des Nations Unies pour que l'on prenne des mesures visant à protéger les civils et que l'on améliore l'efficacité des sanctions. Nous avons également proposé au Conseil une réponse spécifique à la crise au Rwanda.

Cette semaine, j'ai annoncé, au nom du Canada, une campagne visant à promouvoir la signature et la ratification du Statut de la Cour pénale internationale. Nous avons également amorcé la mise sur pied d'une commission internationale chargée d'étudier la question de l'intervention et de la souveraineté de l'État. La Commission, investie d'un mandat d'un an, formulera des recommandations pour répondre à la nécessité urgente de protéger les gens, y compris les enfants, contre les menaces pour la sécurité humaine.

Mais il ne suffit pas d'emprunter le corridor multilatéral. Il faut être présent. Nous devons aussi agir sur le terrain et nous impliquer directement en faveur des enfants touchés par la guerre, et être présents dans les régions où les problèmes existent.

À l'issue de la Conférence ouest-africaine, nous avions contribué à lancer un appel énergique pour que les 16 pays d'Afrique de l'Ouest passent à l'action. Nous avons offert notre concours à la Communauté économique des États de l'Afrique de l'Ouest (CEDEAO) afin qu'elle mette sur pied un bureau chargé de la protection des enfants. De plus, en compagnie de M. Olara Otunnu, nous sommes allés en Sierra Leone pour voir comment nous pouvions obtenir la libération des milliers d'enfants détenus, nous entretenant directement avec Foday Sankoh et ses semblables.

Le Canada aide le gouvernement de la Sierra Leone à créer une agence nationale de protection de l'enfance. Cette agence s'occupera de toutes les questions qui concernent les enfants touchés par la guerre, pour que l'on tienne compte de leurs besoins et qu'ils aient voix au chapitre dans l'avenir de leur pays.

Je fais ce tour d'horizon pour vous rappeler que, lorsque nous travaillons ensemble, nous pouvons faire bouger les choses – pour m'inscrire en faux contre la notion selon laquelle le monde et le Canada sont inactifs. Votre présence ici et l'arrivée ce soir d'autres représentants de gouvernements en fournissent la preuve.

Or, que faisons-nous à partir de maintenant ? Comment tirons-nous parti de ces réalisations? Quelles sont les priorités, quels sont les projets ?

Premièrement, nous devons mobiliser nos efforts pour que l'on signe et mette en œuvre les traités qui protègent les enfants : il faut que 100 pays signent le Protocole facultatif sur les enfants soldats et que 50 d'entre eux le ratifient d'ici la Session extraordinaire sur les enfants qui se tiendra l'automne prochain.

Nous devons également recueillir un appui en faveur de la Cour pénale internationale, de façon à ce que 60 pays ratifient son Statut d'ici 2001 et que nous disposions d'un nouvel outil efficace pour protéger les enfants.

Nous devons également mettre à profit les nouveaux outils pour apporter une contribution directe à la protection des enfants. À cet égard, j'annonce aujourd'hui une stratégie pour la défense et la protection des enfants.

Par l'intermédiaire du Fonds pour la sécurité humaine, **le Canada mettra en œuvre :**

- **Une initiative pour la défense et la protection des enfants – ou la médiation en faveur des enfants. En mettant à profit la richesse de l'expérience et du savoir-faire canadiens, nous recruterons, formerons et déploierons des spécialistes des droits et de la protection de l'enfant, de la médiation et de la prestation de programmes, ainsi que des experts juridiques. Nous renforcerons le programme CANADEM** [Canadian Resource Bank for Democracy and Human Rights] – **qui fournit une liste d'experts canadiens – afin d'y inclure les personnes possédant ces compétences.**

- **Le Canada fournira les ressources nécessaires afin de garantir la présence, parmi le personnel du Tribunal spécial indépendant pour la Sierra Leone, d'experts de la protection et de la défense des enfants.** Ce tribunal doit être sensibilisé aux problèmes des enfants et pouvoir répondre aux besoins particuliers des enfants témoins. Cette contribution vient s'ajouter à l'engagement déjà pris par le Canada de mettre à la disposition de ce tribunal des experts juridiques et autres, par exemple des procureurs.

- Je félicite le groupe des ONG, qui a décidé cette semaine de créer un réseau international au bénéfice des enfants touchés par la guerre. Le Canada est disposé à s'engager financièrement (et demande aux autres gouvernements de contribuer aussi) pour faciliter la mise en place d'un système efficace, dirigé par les ONG, qui aura pour mandat de faire rapport sur les violations des droits des enfants pendant un conflit.

- **Dans cette même veine, le Canada est prêt à dégager des ressources pour l'établissement d'un rapport annuel sur les enfants touchés par la guerre – un rapport qui s'inspirerait de l'« Observatoire des mines ».**

Ce rapport pourrait réunir les informations disponibles concernant les pays où un conflit touche ou a touché des enfants.

On pourrait y retrouver les engagements pris par les gouvernements ainsi qu'un bilan des progrès – ou de l'absence de progrès – dans la réalisation de ces promesses. **Nous devons être prêts à nommer les gouvernements et les individus qui choisissent de violer les droits des enfants, et à les tenir responsables des engagements pris.**

Le Canada accepterait de fournir des ressources pour que ceux et celles rassemblés ici puissent justement faire cela, et nous comptons sur vos suggestions sur la manière la plus efficace de procéder à cet égard.

- Le Canada soutiendra la préparation d'une étude exhaustive concernant l'incidence des armes légères sur les enfants, laquelle serait présentée à la Conférence des Nations Unies sur les armes légères en 2001. Je pense qu'il est essentiel de prendre en compte la dimension des enfants dans toute discussion sur l'impact des armes légères.

Nous répondons aussi directement à l'appel lancé par les jeunes gens réunis ici, qui veulent en tout temps avoir voix au chapitre.

Nous allons créer un Fonds de bourses d'études pour les jeunes, qui aidera les jeunes spécialistes étrangers participant à cette conférence à poursuivre leurs études et leur formation.

Nous affecterons en outre des sommes à l'organisation d'un Sommet spécial des jeunes sur les enfants touchés par la guerre, immédiatement avant la Session extraordinaire de 2001 consacrée aux enfants, ainsi qu'à une Commission préparatoire des jeunes au début de l'an prochain. Cela garantira que les jeunes spécialistes présents ici à Winnipeg seront entendus – et clairement – à New York l'automne prochain. J'incite fortement les autres gouvernements à contribuer aussi au financement de cette importante initiative.

Le Canada affectera aussi des ressources pour soutenir la participation des jeunes, par l'entremise du Conseil consultatif des jeunes, qui relève du Représentant spécial du Secrétaire général pour la protection des enfants en période de conflit, M. Olara Otunnu. Ce conseil, qui se compose de jeunes gens de différentes régions, discute de questions concernant les enfants et les conflits.

Reconnaissant l'importance d'initiatives comme « Voix des enfants », mise en place par Olara Otunnu, et « Voix des jeunes » lancée par l'UNICEF, le Canada est prêt à soutenir la réalisation d'une étude sur la façon d'amener les jeunes à contribuer, par le truchement des médias, à la cause des enfants touchés par la guerre et aux droits des enfants. Cela pourrait comprendre des réseaux radiophoniques dirigés par des jeunes pour les jeunes, des reportages sur Internet et dans la presse écrite, ainsi que l'accès à des journalistes et à une formation en ce domaine.

Grâce à son Programme de stages internationaux pour les jeunes, le Canada continuera de placer de jeunes Canadiens dans des postes où ils pourront œuvrer à la défense et à la protection des enfants à travers le monde. L'an prochain, nous offrirons ainsi

50 stages à l'étranger, qui porteront sur les questions relatives aux enfants.

Par-dessus tout, je suis personnellement déterminé à explorer toutes les avenues, à consacrer toute l'énergie nécessaire et à faire appel à toutes les ressources dont nous disposons pour appuyer les efforts déployés en vue d'obtenir la libération des enfants (y compris des enfants soldats) enlevés.

J'ai pris note des appels qui nous ont été lancés pour que nous condamnions la violation des droits des enfants au Soudan. C'est exactement ce que nous avons fait – à la Commission des droits de l'homme des Nations Unies, au Conseil de sécurité, dans le cadre du dialogue direct avec le gouvernement soudanais et avec toutes les parties au conflit du Soudan.

Mais une telle condamnation – en soi – ne libère pas pour autant les quelque 6 000 jeunes qui ont été enlevés et sont toujours détenus par l'Armée de résistance du Seigneur.

C'est pourquoi nous ne ménageons aucun effort pour appuyer directement, par la parole et par l'action, les efforts visant à obtenir la libération de ces enfants – notamment les contacts personnels, la concertation avec le gouvernement égyptien, le soutien des efforts déployés par le Centre Carter.

Cela aussi fait partie du travail du gouvernement – utiliser nos ressources, notre réputation et notre capacité d'intervention pour obtenir la liberté de ces enfants – peu importent les critiques.

Je vous invite donc à poursuivre vos efforts, à poursuivre la collaboration avec les groupes communautaires et les particuliers, jeunes et vieux, du monde entier.

Rappelez-vous aussi que l'union fait la force. En faisant cause commune, nous pouvons décupler nos forces et obtenir ainsi le soutien total dont nous aurons besoin dans le cadre des discussions que nous aurons dans les deux prochains jours. Nous avons besoin de votre aide pour faire de cette Conférence de Winnipeg sur les enfants touchés par la guerre un autre jalon dans la lutte pour les droits des enfants.

Je vous remercie.

CONFÉRENCE INTERNATIONALE
SUR LES ENFANTS TOUCHÉS PAR LA GUERRE

ALLOCUTION DE L'HONORABLE LLOYD AXWORTHY,
MINISTRE DES AFFAIRES ÉTRANGÈRES,
POUR L'OUVERTURE DE LA RÉUNION DES MINISTRES

Lloyd Axworthy ■ Winnipeg (Canada) ■ 16 septembre 2000

---

*L*a nation Cris, qui a élu domicile dans les Prairies depuis des années, a un dicton : « Un enfant est un cadeau du grand esprit; un cadeau sacré que nous devons traiter avec dignité et respect. »

C'est avec plaisir que je souhaite la bienvenue à ceux qui sont arrivés hier soir à la Conférence. Winnipeg est la ville où j'ai grandi. J'ai eu bien de la chance de passer ma jeunesse dans un milieu si sûr.

Beaucoup d'entre vous ne se rendent pas compte qu'ils sont au centre géographique de l'Amérique du Nord. Être au centre est important. Cela vous permet de savoir ce qui est essentiel – et de déterminer ce qui est accessoire. Le fait est que la sécurité et le bien-être des enfants sont essentiels. La rhétorique que nous utilisons pour masquer notre inaction est ce qui est accessoire.

La Conférence de Winnipeg est comme le dernier virage d'une longue course à relais. La comparaison n'est pas mauvaise puisque les yeux du monde entier se tournent vers Sydney où les jeunes célèbrent présentement l'idéal olympique et s'efforcent de surpasser même les meilleurs.

Mais le témoin dans cette course n'est autre que l'avenir, et il nous a été remis par les enfants du monde. Ils sont des dizaines de milliers.

Ces enfants, qui souffrent des ravages de la guerre, nous ont mis au défi de battre les anciens records : d'établir de nouvelles normes en matière de comportement international, d'action et de compassion pour traiter avec les enfants touchés par la guerre.

Évidemment, des gens ont utilisé la piste avant nous et le parcours est bien indiqué – mieux même depuis la présentation du rapport de Graça Machel, hier.

Mais ce tour de piste est pour nous – hauts dirigeants politiques et ministres. Le parcours est clair : de Winnipeg en septembre 2000 à New York en 2001 pour la Séance extraordinaire de l'Assemblée générale des Nations Unies sur les enfants. Nous ne pouvons pas échapper le témoin. Nous ne pouvons pas laisser passer cette occasion. Nous ne pouvons pas laisser la fatigue et la suffisance miner les idéaux et les espoirs qui sont axés sur notre effort ici. Il y a tout simplement trop de choses en jeu.

Les six derniers jours ont été un crescendo régulier d'activités : établir des partenariats dynamiques entre les jeunes, les experts et les intervenants en vue d'atteindre un objectif d'action commun.

Il n'y a pas eu beaucoup de nuances exprimées dans cette salle au cours de la semaine dernière. Les organisations non gouvernementales [ONG], qui offrent des programmes sur le terrain et travaillent dans des milieux complexes et souvent horrifiants, savent ce qui doit être fait. Il nous reste maintenant à prendre les résultats de ces rencontres et à accomplir notre travail, soit de les transformer en politique publique.

La tâche qui nous attend est d'élaborer et de discuter d'un cadre d'action courageux et réaliste, y compris :

- **faire immédiatement des démarches pour obtenir la libération des enfants enlevés et des enfants-soldats. Comme gouvernement, notre devoir est d'utiliser nos ressources, notre réputation et nos influences pour libérer ces enfants. Nous pouvons être les maîtres-d'œuvre et appuyer les efforts déployés pour libérer les enfants enlevés, y compris honorer nos propres obligations nationales et mettre en œuvre des initiatives bilatérales fermes et continues;**

- **nous devrions nous engager à raffermir nos obligations internationales et, par le biais de nos relations bilatérales et de nos institutions plurilatérales, tenter d'obtenir les 120 signatures et les 60 ratifications au Statut de Rome de la Cour pénale internationale [CPI] avant décembre, et à renchérir sur les 69 signatures et les trois ratifications du Protocole facultatif à la Convention relative aux droits de l'enfant concernant la participation d'enfants aux conflits armés avant la tenue de la séance extraordinaire de 2001, y compris le financement, comme l'a fait le Canada, d'une campagne de ratification;**

- **à titre de donateurs, nous pouvons financer des programmes de protection et d'intervention en faveur de l'enfant, comme l'a fait le Canada en faisant appel à ses sources d'expertise nationales, notamment les compétences et l'expérience des gens, pour travailler à l'étranger et promouvoir la sécurité et l'épanouissement des enfants;**

- **nous devrions nous engager à augmenter la capacité d'action de nos institutions internationales, surtout l'ONU, afin de lui permettre de réagir aux crises telles que celles qui touchent les enfants. Il est sage de faire appel à l'ONU, surtout si on lui fournit les ressources nécessaires. C'est un choix tout à fait indiqué compte tenu de l'intérêt que semble manifester l'organisme à l'égard de ce type de situations.**

Il ne s'agit pas d'une liste exhaustive, mais c'est un point de départ important.

Pour que cette conférence, ce mouvement en faveur des enfants, soit couronnée de succès, **nous devons jouer un rôle de premier plan dans ce dossier. Cela signifie qu'il faut tenir les particuliers responsables de leurs actions. Nous seuls pouvons mettre fin à l'impunité.** Nous disposons de l'influence et des outils nécessaires pour tenir responsables de leurs actions ceux et celles qui écrasent la dignité humaine.

Nous pouvons aussi assumer une plus grande part de responsabilité à l'égard des droits de l'enfant en essayant de comprendre certains des dossiers les plus difficiles à l'échelle internationale et de repenser les concepts que nous avons depuis si longtemps pris pour acquis, même la notion de souveraineté incontestée.

Frances Deng, le rapporteur spécial des Nations Unies sur les personnes déplacées a déclaré que la souveraineté s'accompagne de responsabilités. Nous devons examiner cette déclaration sous l'angle de l'intervention; prendre des décisions difficiles par rapport à ce que nous devons faire pour aborder le dossier de la violation massive des droits de la personne et des crimes contre l'humanité.

Il y a des points importants à retenir de la Conférence de Winnipeg. Nous devons déposer ces questions à la table du Cabinet; nous devons nous battre pour les ressources qui permettront de concrétiser ces engagements; demander à nos dirigeants de prendre position lors de forums internationaux qui font avancer le programme des enfants; aider l'ONU à administrer le nouveau programme international.

Notre devoir en tant que gouvernements dans cette nouvelle réalité internationale est de mettre les gens au centre de tout ce que nous faisons.

Il importe de prendre des mesures énergiques afin de concrétiser les espoirs des jeunes qui étaient ici cette semaine et des enfants qu'ils représentent.

Nos politiques devraient s'articuler autour de la souffrance et de l'inhumanité qui polluent et détruisent la vie des enfants pendant les conflits et longtemps après la fin des conflits.

Notre défi est de travailler à la maison, bilatéralement et multilatéralement, de façon à ce que nous arrivions à New York, en septembre prochain, avec un plan d'action courageux et important. C'est en s'engageant et en prenant les mesures appropriées que nous mettrons fin aux enlèvements et que les enfants deviendront une priorité internationale.

En prenant ces mesures, la sécurité promise depuis longtemps aux enfants du monde pourra se réaliser. Si nous le faisons, nous aurons fait notre part en tant qu'intervenants les mieux placés pour assurer la sécurité de la prochaine génération.

On nous a remis le témoin, le sprint final vers la ligne d'arrivée est commencé, nous devons être à la hauteur du dicton cri, traiter les enfants avec respect et dignité.

Merci.

LES ENFANTS VICTIMES DE LA PAUVRETÉ

INITIATIVES PARLEMENTAIRES

M. Chris Axworthy ▪ 29 septembre 1994

M. Chris Axworthy (Saskatoon-Clark's Crossing) propose :

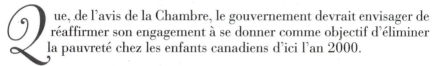

ue, de l'avis de la Chambre, le gouvernement devrait envisager de réaffirmer son engagement à se donner comme objectif d'éliminer la pauvreté chez les enfants canadiens d'ici l'an 2000.

– Monsieur le Président, comme vous l'avez mentionné, la motion que je propose aujourd'hui exhorte le gouvernement à envisager de réaffirmer son engagement à se donner comme objectif d'éliminer la pauvreté chez les enfants canadiens d'ici l'an 2000.

Le 24 novembre 1989, le député d'Oshawa de l'époque a proposé une motion très similaire qui se lisait comme suit : « **Que la Chambre témoigne de son souci pour le million et demi d'enfants canadiens qui vivent dans la pauvreté et s'emploie à réaliser l'objectif d'éliminer la pauvreté chez les enfants du Canada d'ici l'an 2000.** »

La motion a été adoptée à l'unanimité. Tous les députés présents ont voté en faveur de cette motion, donc pour que le pays s'engage à éliminer la pauvreté chez les enfants d'ici l'an 2000.

De ce débat est née Campagne 2000, une coalition d'organisations visant à faire appliquer cette mesure et à veiller à ce que le Canada prête dès aujourd'hui attention à ses ressources les plus précieuses, son gage d'avenir.

Comme beaucoup le savent, le nombre d'enfants canadiens vivant dans la pauvreté a augmenté depuis et s'élève actuellement à environ 1,3 million. Non seulement nous n'avons pas réussi à résorber la pauvreté chez les enfants, mais nous l'avons laissé s'accroître.

Les Canadiens qui se préoccupent du sort des enfants et les enfants eux-mêmes observeront le débat sur cette motion. Le Parlement d'aujourd'hui se préoccupe-t-il tout autant des enfants canadiens que celui de 1989 ? Tient-il à réduire et à éliminer la pauvreté chez les enfants canadiens, notre plus grande ressource ? Considère-t-il que la situation des enfants pauvres au Canada est critique, ce qu'elle est indubitablement, ou se montrera-t-il froid et indifférent à la douleur de ces 1,3 million d'enfants canadiens ?

À la fin de mon allocution, je solliciterai le consentement unanime de la Chambre pour que cette motion fasse l'objet d'un vote, comme en 1989, dans l'espoir que le Parlement sera tout aussi déterminé aujourd'hui qu'il l'était en 1989 à aider les enfants du Canada. Nous ne nous entendons peut-être pas sur les moyens à prendre pour supprimer la pauvreté chez les enfants au Canada. Nous différons peut-être d'avis, sur les plans idéologique et économique, quant à la façon d'atteindre cet objectif des plus importants et des plus louables.

Il serait remarquable que quelqu'un ici n'appuie pas une motion visant à supprimer la pauvreté chez les enfants d'ici l'an 2000.

Je le répète, depuis 1989, la pauvreté chez les enfants s'est accrue au Canada et je voudrais donner une idée de la gravité de la situation en citant certaines statistiques. Je vais m'attarder là-dessus, car je suis persuadé que de nombreux Canadiens ignorent la gravité de ce problème au Canada. Ils ont peut-être une idée des chiffres en cause, mais je ne pense pas que beaucoup savent au juste à quel point le problème est profond et sérieux ni dans quelle mesure il est important pour le Canada, à long terme, étant donné les coûts socioéconomiques qui découlent du fait qu'on ne s'attaque pas à ce problème social extrêmement grave à l'heure actuelle.

Le taux de décrochage scolaire au secondaire, chez les enfants de familles pauvres, est 2,5 fois supérieur à celui des enfants venant de familles à l'aise; les enfants de familles parmi les 20 p. 100 les plus pauvres sont deux fois plus susceptibles de vivre dans des logements inadéquats que ceux des familles parmi les 20 p. 100 les plus favorisées et 1,4 fois plus que les enfants de familles à revenu moyen.

Le taux de mortalité infantile est deux fois plus élevé chez les familles défavorisées que chez les familles les plus aisées. Le faible poids à la naissance est lié à la pauvreté également. Ce phénomène est 1,4 fois plus commun chez les enfants des familles les plus pauvres que chez les enfants des familles les plus riches. Les enfants de familles à revenu faible sont 1,7 fois plus susceptibles de souffrir de troubles psychiatriques que les enfants d'autres familles et ils ont pratiquement deux fois plus de chances de mal réussir à l'école. Ils sont également deux fois plus susceptibles d'avoir un problème de comportement.

Les adolescents de familles à faible revenu ont pratiquement deux fois plus de chances que ceux des familles plus aisées de fumer et de souffrir de problèmes d'alcoolisme et sont 1,5 fois plus susceptibles de consommer des drogues.

Les enfants de familles à faible revenu sont en moins bonne santé, n'ont pas le même accès que les autres à des activités favorisant l'acquisition de compétences, ont un comportement plus destructeur et une vie beaucoup plus difficile, puis sont soumis à davantage d'humiliations. En bref, ils ont une existence moins stable et moins sûre. Il y a donc de fortes chances qu'ils souffrent davantage d'insécurité à l'âge adulte.

D'aucuns ont parfois le sentiment que les gens sont pauvres parce qu'ils ne travaillent pas. Pourtant, la moitié de ceux qui vivent au-dessous du seuil de la pauvreté au Canada travaillent pour gagner leur vie. Cependant, leur revenu n'est pas suffisant pour les situer au-dessus de ce seuil.

Le nombre total de foyers pauvres a augmenté de façon marquée au cours des 20 dernières années. Il est passé de 700 000, en 1973, à près d'un million, en 1992, soit une augmentation de 41 p. 100. Par ailleurs, le nombre de personnes seules pauvres a augmenté de 79 p. 100. En 1992, la dernière année pour laquelle nous avons des chiffres, le nombre total de familles pauvres s'élevait à 2,36 millions, une hausse de près d'un million depuis 1973.

Une famille est cinq fois plus susceptible d'être pauvre si le chef de cette famille n'a pas travaillé pendant l'année. Les familles dont un seul des parents travaille risquent quatre fois plus que les autres de vivre dans la pauvreté. Vingt-cinq pour cent des chefs de famille pauvre et 15 p. 100 des personnes seules pauvres travaillent toute l'année, mais vivent quand même dans la pauvreté.

De façon générale, ce qui distingue les familles pauvres des autres, ce sont des niveaux inférieurs d'instruction et d'emploi.

J'aimerais parler brièvement des autochtones, car ce sont eux qui souffrent le plus de la pauvreté. Les revenus des autochtones sont habituellement moins élevés que ceux des autres Canadiens; en effet, près de la moitié d'entre eux ont des revenus bien inférieurs à 10 000 $, comparativement à un quart des autres Canadiens. Près des trois quarts des autochtones ont des revenus de moins de 20 000 $, contre seulement 50 p. 100 des autres Canadiens. La proportion des autochtones qui vivent sous le seuil de la pauvreté augmente et dépasse d'environ 20 p. 100 celle de la population canadienne en général.

Je voudrais également dire quelques mots au sujet des personnes handicapées, car il s'agit là d'un autre groupe qui est surreprésenté parmi les pauvres. Les personnes ayant un handicap sont 25 p. 100 plus susceptibles d'être pauvres que les autres Canadiens du même âge.

Une partie du problème réside dans le fait que la répartition du revenu se détériore au Canada. L'écart entre les riches et les pauvres se creuse davantage et, en fait, se situe aux niveaux enregistrés vers 1951. Les 20 p. 100 des ménages canadiens les plus riches touchent un revenu environ neuf fois supérieur aux 20 p. 100 des ménages les plus pauvres. Cet écart s'agrandit malgré certaines mesures prises dans les années 70 et 80.

Dans les années 80 et 90, le nombre de familles pauvres a augmenté de 18 p. 100, et l'une des augmentations les plus importantes a été enregistrée chez les jeunes familles. Nous avons réglé en grande partie le problème de la pauvreté chez les personnes âgées, car nous voulions que ces personnes, qui ont tant fait pour notre pays, puissent vivre leurs dernières années dans la dignité. Nous avons fondamentalement réglé le problème de la pauvreté chez les personnes âgées parce que nous avions la volonté politique de le faire.

Le gouvernement dit parfois qu'une meilleure éducation réglera le problème de la pauvreté ou permettra aux gens de se trouver du travail. Au cours des dix dernières années, on a assisté à une forte augmentation du nombre de familles pauvres dont les chefs possèdent des diplômes d'études postsecondaires. De 1980 à 1990, le nombre de familles pauvres où un ou plus d'un adulte possède un diplôme d'études postsecondaires a presque doublé. Avoir fait des études supérieures ne protège pas une personne contre la pauvreté, mais cela lui donne nettement plus de chances d'y échapper.

À moins d'une amélioration dans les emplois et les revenus, le nombre de pauvres ne cessera d'augmenter. Nous savons que les familles monoparentales sont très touchées par la pauvreté. Nous savons aussi que cette situation ne s'améliore pas.

Il ne faut pas non plus oublier que l'écart de pauvreté, c'est-à-dire l'écart entre ce dont les gens ont besoin pour vivre au seuil de la pauvreté et l'argent qu'ils reçoivent en fait en revenus ou en soutien de l'État, s'accentue. En fait, il s'est accentué de près de trois milliards de dollars au cours des années 90, en grande partie parce que le nombre de pauvres a augmenté.

Les statistiques sont de plus en plus alarmantes pour tout le monde. L'urgence de la situation nous dicte de nous en préoccuper.

Le nombre de gens, le nombre d'enfants qui vivent dans la pauvreté ne cessent d'augmenter. L'écart entre ce qu'ils reçoivent en revenus ou en soutien de l'État et ce dont ils ont besoin pour conserver un minimum de dignité s'accentue. Le nombre de gens qui travaillent à plein temps et qui, malgré tout, sont pauvres va en augmentant.

Sans une stratégie efficace pour régler ce problème, les Canadiens continueront de souffrir dans ce pays où l'on enregistre le taux de pauvreté chez l'enfant le deuxième plus élevé du monde industrialisé. Comme nous le savons, seuls les États-Unis ont un taux de pauvreté chez l'enfant plus élevé que le Canada. Et pourtant, ce gouvernement propose de réformer la sécurité sociale et d'adopter un système plus américanisé. Nous devons faire quelque chose en ce qui concerne notre système fiscal. Nous devons faire quelque chose en ce qui concerne notre système économique de façon à assurer au Canada des emplois adéquats aux personnes qui ont une famille à élever.

Le problème n'est pas que les gens ne veulent pas travailler, ou n'en sont pas capables. Le problème est qu'il n'y a pas assez d'emplois sur le marché du travail pour garantir un revenu aux personnes qui en ont besoin.

J'ai quelques solutions à proposer. Je ferai remarquer d'abord que les enfants qui ont eu la malchance de naître dans une famille pauvre – après tout, les enfants ne choisissent pas leurs parents –, où ils seront défavorisés sur les plans économique et social, naîtront aussi plus petits. Ils seront malades plus souvent et, quand ils le seront, ils seront plus malades que les enfants plus riches. Ils réussiront moins bien à l'école. Les risques sont plus grands qu'ils deviennent des décrocheurs. Ils auront plus d'accidents. Les risques sont plus grands qu'ils deviennent chômeurs. Quand ils le seront, ils le seront plus longtemps que les enfants de parents plus riches. Ils encourent plus de risques d'avoir des troubles de comportement, et ils mourront plus jeunes de plusieurs années que leurs concitoyens plus aisés. C'est l'héritage que nous offrons aux enfants pauvres et nous ne faisons rien pour que cela change.

Nous devrions avoir honte de ce que nous avons fait, au Canada, en ce qui concerne les enfants des familles moins aisées. Ce n'est pas vrai qu'il n'y a rien à faire. Si l'on considère notamment les pays du nord de l'Europe, et en particulier la Norvège, la Suède et l'Allemagne – certes, l'Allemagne de l'Ouest avant l'unification – on constate qu'ils ont un taux de pauvreté chez les enfants de 5 p. 100 environ. Notre taux de pauvreté chez les enfants est de 25 p. 100 environ; il est donc cinq fois plus élevé que celui des pays qui se sont engagés à résoudre ce problème.

Les prétendues solutions du passé n'ont rien donné. La pauvreté chez les enfants et la pauvreté en général se sont accrues pendant que, ces 20 dernières années, le gouvernement fédéral diminuait les programmes sociaux, réduisait les impôts des riches et des grandes sociétés, accumulait d'énormes déficits et adoptait des politiques commerciale, monétaire et fiscale qui faisaient perdre beaucoup d'emplois à l'économie canadienne. Rien n'a été fait pendant toutes ces années pour régler les problèmes structuraux de l'économie qui nous ont portés au deuxième rang des pays riches et industrialisés pour ce qui est de la pauvreté chez les enfants.

Je le répète, ce sont les États-Unis qui affichent les pires taux de pauvreté mais, cette semaine, le gouvernement cherche à parfaire l'américanisation de nos programmes sociaux, dans la plus belle tradition mulroneyiste.

La seule solution – et j'insiste – la seule façon de mettre fin à la pauvreté et à la pauvreté chez les enfants, c'est de s'efforcer sur le plan national de corriger de toute urgence l'apparente incapacité de l'économie canadienne à créer les emplois dont ont besoin les quatre millions de Canadiens qui ne font pas présentement partie de la main-d'œuvre rémunérée, les quatre millions de Canadiens qui veulent travailler afin de pouvoir nourrir leur famille.

D'autres réductions dans les programmes sociaux ne feront qu'empirer les choses et, pourtant, c'est ce que le gouvernement se propose de faire. Les programmes de formation ne valent qu'en fonction des emplois offerts.

Le véritable problème, ce ne sont pas les programmes sociaux, mais le chômage. Et c'est ce à quoi nous devrions nous attaquer sur le plan national. Si le gouvernement avait affecté à la création d'emplois les ressources humaines et financières qu'il a choisi d'affecter à la réforme des programmes sociaux, nous serions beaucoup mieux placés pour donner de l'espoir au 1,3 million d'enfants qui vivent actuellement dans la pauvreté. Ils auraient de bien meilleures chances de briser le cycle de la pauvreté.

Je veux soulever brièvement deux autres points. En tant que signataire de la Convention des Nations Unies relative aux droits des enfants, le Canada reconnaît « le droit de tout enfant à un niveau de vie suffisant pour permettre son développement physique, mental, spirituel, moral et social ».

Cet article oblige le Canada à prendre «les mesures appropriées pour aider les parents et autres personnes ayant la charge de l'enfant à mettre en œuvre ce droit et à offrir, en cas de besoin, une assistance matérielle et des programmes d'appui, notamment en ce qui concerne l'alimentation, le vêtement et le logement».

Nous n'avons pas fait cela. Nous ne nous sommes pas acquittés de nos responsabilités internationales. En tant que pays, nous n'avons pas respecté nos obligations envers nos enfants.

Enfin, je voudrais retourner au point que j'ai soulevé au début de mon intervention. Je sais que tous les députés reconnaîtront l'importance de cette question. Je crois que nous sommes tous d'avis que nous devrions travailler pour éliminer la pauvreté chez les enfants et aider ces enfants à se bâtir un avenir.

Je demande maintenant le consentement unanime de la Chambre pour que cette motion fasse l'objet d'un vote, afin de reconnaître le rôle crucial que les enfants joueront dans l'avenir de notre pays et l'importante responsabilité que nous avons aujourd'hui envers nos enfants. Je demande le consentement unanime de la Chambre pour que cette motion fasse l'objet d'un vote. Si la Chambre donnait son consentement, je suis certain que nous pourrions trouver un moment pour mettre cette motion aux voix.

Le président suppléant (M. Kilger) : Y a-t-il consentement unanime ?

Des voix : Non.

L'hon. Ethel Blondin-Andrew (secrétaire d'État [Formation et Jeunesse]) : Monsieur le Président, je suis très heureuse de pouvoir intervenir dans le débat sur la motion très importante présentée par le député.

Les enfants qui vivent dans la pauvreté préoccupent tous les Canadiens. Selon un sondage, 91 p. 100 des Canadiens estiment que la lutte à la pauvreté chez les enfants est une très grande priorité. Compte tenu de toutes les richesses que nous avons dans notre pays, le Canada n'a aucune excuse pour laisser vivre tant d'enfants dans la pauvreté.

Les estimations du nombre d'enfants vivant dans des familles à faible revenu varient, mais le chiffre le plus souvent cité est 1,25 million. Il est évident que cela est inacceptable. Certaines personnes croient que la pauvreté des enfants n'est pas une question isolée, mais qu'elle recoupe celle de la pauvreté des familles, des parents. C'est une question dont nous pouvons très bien saisir toute la complexité.

Il est évident que ce n'est pas simple. Les enfants qui vivent dans la pauvreté ne souffrent pas uniquement d'une mauvaise alimentation et du manque de vêtements chauds pour aller à l'école. Bien sûr, il y a cela, mais il y a beaucoup plus. Des enfants se retrouvent dans la pauvreté parce que leur famille est désunie, parce qu'un des deux parents, ou les deux, n'ont pas d'emploi ou encore parce qu'ils ont des emplois qui ne rapportent pas un revenu décent.

Que devons-nous faire ? **Nous devons travailler de concert avec nos partenaires des provinces et des organisations non gouvernementales pour trouver des solutions constructives aux problèmes sous-jacents de la pauvreté des enfants.** Prenons les bons moyens. Travaillons tous ensemble, dans un esprit constructif. Prenons les mesures nécessaires pour vraiment adoucir le sort de tous ces enfants canadiens.

J'invite tous les députés et tous nos partenaires à nous faire part de leurs idées. Pour moi, c'est cela le sens de la réforme des programmes sociaux. Ce n'est pas une question d'empiétement ou de changement au statu quo, mais il s'agit plutôt de trouver de véritables solutions à des problèmes bien réels qui frappent des êtres humains.

Étudions un large éventail d'idées, puis mettons l'accent sur les moyens les plus efficaces pour prévenir la pauvreté plutôt que de toujours devoir prendre des mesures correctives.

Toutefois, je peux dire que le gouvernement fédéral contribue déjà au bien-être des enfants canadiens grâce à un certain nombre d'initiatives. Ainsi, en 1994-1995, le crédit d'impôt pour enfants fera profiter les familles dont les revenus sont inférieurs à 30 000 $ de 1,6 milliard de dollars. Par l'intermédiaire du Régime d'assistance publique du Canada, le gouvernement fédéral versera aux provinces et aux territoires environ 1,3 milliard de dollars pour les prestations d'aide sociale, 315 millions de dollars pour les garderies et 440 millions pour l'aide sociale aux enfants.

Dans son livre rouge, le gouvernement a promis de dépenser 720 millions de dollars en trois ans pour accroître le nombre et la qualité des services de garderie. Le budget de février dernier a d'ailleurs prévu une certaine somme pour les deux premières années d'application de cette initiative.

Nous devrons établir un consensus en coopération avec nos homologues provinciaux et avec les parents de tout le Canada sur la façon dont cet argent devrait être dépensé. On a déjà entamé des discussions à ce sujet avec les gouvernements provinciaux et territoriaux, mais nous devons vraiment investir dans ce domaine, car investir dans les enfants c'est investir dans notre avenir.

Je suis heureuse de dire que le ministère du Développement des ressources humaines travaille également en collaboration avec le ministère des Affaires indiennes et du Nord canadien pour améliorer les services de garderie pour les enfants des Premières Nations vivant dans les réserves. Notre gouvernement a également mis en œuvre le programme Bon départ qui relève du ministère de la Santé.

Mes honorables collègues le savent, j'éprouve, tout comme eux sans doute, une empathie spéciale pour les enfants autochtones qui ont à vivre chaque jour dans des conditions révoltantes. Je me rappelle le rapport de 1990 du Réseau national des jeunes pris en charge. On calcule que sur plus de 303 000 enfants de 17 ans et moins, 51 p. 100 des enfants indiens et 27 p. 100 des enfants métis vivent dans la pauvreté.

Il n'est pas étonnant que nous observions une terrible pauvreté enfantine dans les localités autochtones. Le revenu des autochtones est en moyenne inférieur de moitié ou du tiers à celui des autres Canadiens en général. C'est un chiffre qui a été cité très souvent dans le cadre de différents efforts pour assurer une mesure de justice.

Le taux de chômage et le taux d'analphabétisme sont deux fois supérieurs à ceux de la population canadienne. Les jeunes autochtones ont deux fois moins de chance de faire des études postsecondaires que les Canadiens en général. Il y a beaucoup moins d'élèves autochtones qui terminent leurs études secondaires. Dans certaines localités du Nord, aussi peu que 5 p. 100 des jeunes autochtones terminent leur 12e année.

Cette situation dont nous devrions avoir particulièrement honte réclame une attention immédiate. Le Conseil canadien de développement social nous a rappelé la semaine dernière que tout en nous concentrant sur la réforme de la politique de sécurité sociale pour rendre nos programmes plus efficaces, nous devons également examiner le marché du travail pour voir comment il peut fournir de bons emplois rémunérateurs.

Tout cela est évidemment interrelié. Les députés en conviendront sûrement, la pauvreté enfantine est liée à l'éducation et à l'emploi.

Le député a dit que des gens instruits, diplômés, chefs de famille, vivent dans la pauvreté. Le gouvernement est conscient que, dans les études et la formation qui dure toute la vie, ce n'est pas tant ce qu'on apprend qui compte, ni les compétences et les talents, mais plutôt la correspondance entre les compétences et les débouchés.

Nous savons qu'il faut aborder toute la question différemment. Non seulement nous allons devoir faire des choix difficiles, mais nous allons aussi devoir aider les gens à faire de bons choix, des choix plus éclairés pour avoir des possibilités de travail et d'épanouissement.

En 1993, il y a eu une augmentation de 17 p. 100 des emplois pour les étudiants de niveau postsecondaire. L'augmentation a été nulle pour ceux qui ont fait leur secondaire, et il y a eu diminution de 17 p. 100 pour ceux qui n'ont pas fait leur secondaire.

Le Conseil des arts du Canada dit que les enfants de familles pauvres ont deux fois plus de risques de devenir des décrocheurs. Il faut voir les choses en face. Plus on a d'instruction et de formation professionnelle, plus on a de chance de trouver un emploi bien rémunéré.

Le printemps dernier, avec mon collègue, le ministre du Développement des ressources humaines, nous avons collaboré avec nos partenaires des provinces et de l'industrie pour mettre en œuvre une stratégie d'emploi et de formation à l'intention des jeunes. Cette stratégie, pour laquelle 684,5 millions de dollars sont prévus dans l'exercice financier en cours, aide nos jeunes à faire la difficile transition entre l'école et le monde du travail. Elle s'attaque à des obstacles comme un taux élevé de décrochage scolaire, les difficultés d'accès aux études supérieures, le manque d'expérience de travail et l'absence de bonne formation en cours d'emploi.

Service Jeunesse Canada est l'une des mesures stratégiques visant à redonner du travail à des jeunes qui ont quitté l'école et qui sont au chômage. L'objectif de ce programme est de donner à ces jeunes une plus grande fierté devant leurs réalisations, plus d'autonomie, une meilleure estime de soi et de les aider à acquérir une expérience de travail conséquente.

Je signale que la majeure partie des fonds affectés au programme ira directement aux jeunes et que les participants admissibles recevront une aide financière pour payer les services de garde pendant leurs heures de travail.

À mesure que nous réformerons nos programmes de sécurité sociale, la stratégie globale en matière d'emploi et d'apprentissage contribuera à garantir que les jeunes, les dirigeants de demain, les futurs édificateurs de notre grand pays, que les jeunes, dis-je, auront la chance de devenir productifs et autosuffisants.

Tel est l'objectif de la réforme de la sécurité sociale. C'est un tremplin et non un coussin qui enlève aux gens leur esprit d'initiative et leur autosuffisance. C'est un effort qui vise à réintégrer les gens dans la population active et non pas à les marginaliser ni à les rendre dépendants.

Il y a également la réalité du 1,25 million d'enfants membres de familles à faible revenu, dont plus de 40 p. 100 sont des familles monoparentales dont le chef est une femme. Dans les Territoires du Nord-Ouest, en 1991, le salaire moyen des familles monoparentales était de 17 000 $. Quiconque est au courant des questions politiques, démographiques et économiques du pays, entre autres, sait que le coût de la vie dans les Territoires du Nord-Ouest est plus élevé de 30 ou 40 p. 100 que dans les régions au sud du 60e parallèle, que le coût de la vie est vraiment différent, sans parler du manque d'infrastructures et de grandes perspectives d'emploi. Nous sommes assez limités et, par conséquent, défavorisés au départ.

Nous devons faire davantage pour aider les parents uniques, des mères surtout, en leur offrant, par exemple, des services de garderie de qualité abordables. En aidant ces parents à devenir plus autonomes, nous atténuerons de beaucoup le problème des enfants pauvres.

À titre d'exemple de programme favorisant l'autonomie, je voudrais mentionner un projet annoncé par le gouvernement il y a deux semaines, le 16 septembre, à Rimouski, et qui durera 27 semaines à compter du milieu du mois prochain. **Le gouvernement et ses partenaires de la région de Rimouski permettront à des femmes n'ayant pas de revenu de suivre un programme de formation** grâce auquel elles pourront entrer sur le marché du travail en créant leur propre entreprise. Il s'agit là d'un programme de promotion sociale. Ces femmes ont de bonnes idées, mais elles ne disposent d'aucun capital pour mettre sur pied leur entreprise. En leur assurant une formation, en leur permettant d'acquérir des compétences précises, nous les aiderons à se lancer en affaires.

Le ministère du Développement des ressources humaines appuie cette initiative à Rimouski. Chaque participante recevra une aide financière sous forme d'allocations hebdomadaires qui couvriront aussi les frais de garde d'enfants, le cas échéant. Nous savons que nous contraignons énormément les gens lorsque nous exigeons qu'ils consacrent des heures supplémentaires pour apprendre ou exécuter une tâche liée à leur travail sans qu'on leur offre une certaine forme d'aide.

À Winnipeg, il y a trois semaines, le gouvernement fédéral et le gouvernement du Manitoba ont signé une entente concernant le programme *Taking Charge* qui viendra en aide à 4 000 parents seuls vivant de l'aide sociale. Grâce à **ce projet quinquennal, ces parents auront accès à un bureau de quartier où ils pourront obtenir de l'aide dans divers domaines, de la formation en garde d'enfants à la recherche d'emploi, en passant par les services de soutien à la famille.**

En terminant, **j'espère que nous ne verrons plus jamais de cynisme et de défaitisme. En mettant nos efforts en commun, on peut accomplir de grandes choses. Il y a beaucoup d'optimisme chez les Canadiens.** Nous devons exploiter cette richesse et élaborer un système de sécurité sociale qui sera utile pour les Canadiens des années 90 et des décennies à venir. Les pauvres n'ont pas choisi d'être pauvres, ils le sont à cause des circonstances.

Je prie mes collègues de prendre à cœur la cause des enfants pauvres du Canada. Ils n'ont pas voulu leur sort. Ils sont victimes d'une situation. Nous devons y remédier pour qu'ils puissent profiter d'un meilleur avenir au Canada.

M. Antoine Dubé (Lévis) : Monsieur le Président, il me fait plaisir à titre de porte-parole de l'opposition officielle en matière de formation et jeunesse de prendre la parole aujourd'hui pour appuyer la motion du député de Saskatoon-Clark's Crossing, motion qui se lit comme suit :

Que, de l'avis de la Chambre, le gouvernement devrait envisager de réaffirmer son engagement à se donner comme objectif d'éliminer la pauvreté chez les enfants canadiens d'ici à l'an 2000.

Il peut paraître bizarre dans un pays qui s'est déjà mérité la reconnaissance internationale au niveau de la qualité de vie, de devoir suggérer au gouvernement de s'occuper d'un problème aussi dramatique que les enfants qui vivent dans la pauvreté. Les enfants sont la plus grande richesse d'un pays, ce sont eux qui font en sorte que les peuples évoluent et se développent. C'est grâce à eux que l'on peut compter sur un avenir intéressant.

Mais selon une récente étude de l'Institut canadien de santé infantile, en 1991, il y aurait 1,2 million d'enfants qui vivraient dans la pauvreté au Canada, soit 500 000 de plus qu'en 1981. C'est maintenant 20 p. 100 des enfants qui vivent dans la pauvreté au Canada.

Mon collègue, qui a présenté la motion, parlait de chiffres plus récents, 1,3 million d'enfants. Voilà qui indique une tendance qui continue, et cela illustre que la situation continue de se détériorer.

Quarante-deux pour 100 des décès d'enfants qui meurent avant d'atteindre l'âge d'un an sont attribuables à leurs conditions de vie prénatales. Donc, la qualité de la vie de la mère avant la naissance est cruciale pour l'espérance de vie des enfants. Les problèmes de santé mentale et d'apprentissage scolaire sont deux fois plus élevés chez les enfants issus de familles pauvres que dans le reste de la population.

J'ouvre ici une parenthèse. Il m'a été démontré dernièrement que, même dans des régions soi-disant plus prospères, des enfants, encore aujourd'hui de plus en plus d'enfants, vont à l'école sans petit déjeuner, sans avoir ce qu'il faut pour un menu de qualité le midi. Après cela, on s'étonne du taux d'échec de certains enfants et lorsqu'ils sont adolescents, du décrochage scolaire.

Parler de la pauvreté des enfants, c'est aussi parler de la pauvreté des familles. Comme on le sait, le revenu familial moyen n'augmente plus aussi rapidement que le coût de la vie depuis quelques années.

Toujours selon le même rapport que je citais plus tôt sur la santé des enfants, en 1993, un parent seul employé au salaire minimum devrait travailler 73 heures par semaine, au Québec, pour avoir un revenu atteignant le seuil de la pauvreté. Ce même parent seul, vivant de l'aide sociale, avec un enfant à charge, recevrait, au Canada, en moyenne, 65 p. 100 de ce que représente le seuil de pauvreté. En 1991, il y avait 453 200 femmes chefs de famille monoparentale au Canada contre seulement 83 600 chez les hommes. Donc, on parle de la pauvreté des enfants, mais on parle aussi de la pauvreté que vivent les mères, chefs de famille monoparentale tout particulièrement.

Les familles monoparentales représentent 20 p. 100 de toutes les familles, mais la situation la plus alarmante est celle des femmes seules avec des enfants. En effet, près de 90 p. 100 des enfants vivant avec leur mère seule vivent, au Canada, dans la pauvreté.

Ainsi, nos jeunes, et cela inclut naturellement les enfants, se retrouvent dans une situation que l'on n'avait pas vue depuis la grande crise économique des années 1930, à savoir qu'ils vivent maintenant une situation plus difficile que la génération précédente. Ils ont moins de possibilités que leurs parents. Le rapport sur la santé des enfants du Canada, qui est paru cette semaine et auquel je me suis référé pour mes statistiques, a été financé en grande partie par le gouvernement fédéral. J'ose espérer que le gouvernement fédéral réagira rapidement et concrètement devant ce constat troublant, car il serait indécent pour le gouvernement de payer une étude pour ensuite en ignorer les résultats, tout particulièrement lorsqu'il s'agit de la santé de nos enfants.

Ce n'est pas la première fois, comme le rappelait mon collègue qui a présenté la motion, que la Chambre des communes s'intéresse à la pauvreté des enfants. En effet, le 24 novembre 1989, à l'initiative du député d'Oshawa de l'époque, la Chambre avait adopté à l'unanimité une résolution semblable à celle déposée aujourd'hui visant à mettre fin à la pauvreté des enfants d'ici l'an 2000.

Je tire une parenthèse ici pour illustrer un peu ma déception qu'on n'ait pas obtenu l'unanimité tout à l'heure pour que cette motion soit soumise au vote, alors qu'elle avait été votée en 1989 et tous les députés présents à la Chambre avaient voté en sa faveur. Il y a de cela cinq ans. Mais au lieu de s'améliorer, la situation s'est détériorée. Pourquoi ? On avait adopté une résolution, mais pourquoi la situation s'est-elle détériorée ? Je dis que c'est parce que le gouvernement conservateur de l'époque n'avait rien fait pour corriger la situation et depuis un an, le gouvernement libéral continue – on l'a entendu encore cette semaine – de consulter les citoyens sur la réforme des programmes sociaux qui n'entrerait en vigueur que l'an prochain, donc dans un an.

Cela fera six ans qu'on a adopté, à l'unanimité, une résolution pour lutter contre la pauvreté des enfants. Pourtant, le Parti libéral de l'époque s'y était montré favorable, puisqu'elle avait été adoptée à l'unanimité, cette motion, en 1989. Il y a d'ailleurs plusieurs extraits de discours qui ont été prononcés, à cette époque, par des députés et même par des ministres actuels. Même le député de Saint-Boniface, que je vois en face de moi, s'était exprimé en faveur de cette motion en 1989.

M. Duhamel : Je suis toujours en faveur de la réforme politique, cher ami !

M. Dubé : Je vais y aller plus rapidement, mais il y a quand même un extrait particulier qui a attiré mon attention, parce que ce discours avait été prononcé par l'actuel ministre du Développement des ressources humaines. Il disait : « Les députés devraient remiser les beaux discours préparés par les ministères et ils devraient ouvrir les yeux et leur cœur un peu.

« Ils devraient essayer de voir la réalité telle qu'elle est et parler des vrais problèmes que nous avons au Canada. Il ne se passait pas une journée à la Chambre sans qu'on entende un ministre ou un député du gouvernement conservateur parler du déficit. » Ils disaient cela à l'époque.

Je n'ai jamais entendu le ministre des Finances de l'époque parler du vrai déficit du Canada, celui d'un million d'enfants qui vivent dans la pauvreté. C'est là que nous devrions investir. C'est cela, le vrai drame. Ces enfants, dans dix ans, devraient être nos éducateurs, nos gens d'affaires, nos politiciens et nos journalistes. Ils n'y arriveront jamais, parce qu'ils ne pourront pas démarrer. Quand un million d'enfants vivent dans la pauvreté, c'est une perte considérable. C'est le grand déficit que nous devons affronter. Pourtant, rien ne se fait pour régler ce problème.

En 1989, l'actuel ministre du Développement des ressources humaines, le même député aujourd'hui devenu ministre, a permis la coupure d'un programme d'assurance-chômage, n'a pas accordé plus de place dans les garderies, a manifesté son intention de couper dans les programmes sociaux pour lutter contre le déficit. Il n'a pas, à mon avis, présenté de véritable programme de création d'emplois permanents. Je vous donne un exemple : Service jeunesse Canada, un programme à 150 $ par semaine pour les jeunes. En d'autres temps, ce serait bien, pour des emplois à temps partiel, mais ce ne sont pas de véritables emplois pour les jeunes.

Il maintient des dédoublements au niveau de la formation professionnelle, coûteux pour tout le monde, et pendant ce temps, son collègue d'Industrie et Commerce refuse d'accorder des fonds pour la reconversion des industries militaires et civiles. J'en parle, parce qu'il y a une industrie chez nous qui s'appelle la MIL Davie, qui a attendu les réponses du gouvernement du Parti conservateur pendant un an pour un simple traversier, mais qui attend encore depuis un an la réponse du nouveau gouvernement libéral, qui créerait au moins 700 emplois.

À cause du déficit, on est pauvres. On ne peut pas aider les enfants pauvres, puisqu'on est pauvres. Pendant ce temps, il y a les dépenses. Je suis vraiment déçu, parce que les députés de cette Chambre – et certains ont l'air d'être en faveur – ne prendront même pas la chance de voter et d'inscrire à nouveau notre engagement pour combattre la pauvreté des enfants.

M. Ed Harper (Simcoe-Centre) : Monsieur le Président, j'interviens aujourd'hui pour me prononcer sur la motion qui nous invite à nous engager de nouveau à éliminer la pauvreté chez les enfants d'ici l'an 2000.

Qu'est-ce que la pauvreté ? Selon le dictionnaire, c'est le fait d'être pauvre, de ne pas avoir les moyens de se procurer les choses essentielles à la vie, d'être dans le besoin, dans un grand dénuement.

Il faut faire **une distinction entre les besoins de base que l'on peut combler à l'aide de solutions économiques et le dénuement social, c'est-à-dire le fait que certains sont inférieurs aux autres sur le plan affectif** ou sur d'autres plans, et le remède à ce dénuement n'est pas simplement d'ordre financier.

Sur le plan social, chacun peut se sentir pauvre et démuni sous l'angle d'un aspect de sa vie par rapport à d'autres et les autres n'y peuvent rien. Les programmes sociaux du gouvernement n'ont pas pour but de rendre tous les gens égaux sous tous les rapports.

Néanmoins, le gouvernement est en mesure de trouver des solutions à des problèmes financiers de longue durée en réduisant les impôts, la dette et les dépenses. Il faut comprendre qu'il existe tout un monde entre la pauvreté qui signifie l'incapacité de satisfaire aux besoins essentiels à la vie et la pauvreté dans laquelle se trouve une partie de la population canadienne dont les revenus sont dérisoires par rapport à la majorité.

Ces Canadiens à faible revenu pourraient être considérés à l'aise en comparaison des citoyens de la plupart des autres pays. En effet, nous avons souvent tendance à nous comparer à nos voisins du Sud, plutôt qu'avec les habitants du Brésil ou du Maroc, et cette comparaison sert d'argument au lobby antipauvreté au Canada.

À l'heure actuelle, il n'existe pas de définition de la pauvreté sur le plan financier. Au Canada, de nombreux groupes d'intervention se servent, à tort, du bas niveau de revenu comme seuil de la pauvreté. C'est ce que Statistique Canada appelle le seuil de faible revenu.

Statistique Canada a toujours dit que le seuil de faible revenu ne servait pas à mesurer la pauvreté. En supposant que toute famille qui a un revenu inférieur au seuil de faible revenu était pauvre, les groupes de défense des enfants pauvres ont conclu, à tort, que plus de 1,2 million d'enfants, c'est-à-dire un enfant sur cinq, vivaient dans la pauvreté.

Barbara Greene qui, au cours de la trente-quatrième législature, présidait le sous-comité de la Chambre sur la pauvreté, a déclaré qu'il était impossible d'atteindre l'objectif que l'on s'était fixé d'éliminer la pauvreté chez les enfants parce que le seuil de faible revenu est une mesure relative.

Comme le seuil de faible revenu est une mesure relative, nous ne pourrons jamais éliminer la pauvreté si elle est définie ainsi parce qu'il y aura toujours un pourcentage semblable de familles canadiennes qui, du point de vue statistique, seront décrites comme des familles à faible revenu.

Pour montrer à quel point le mot « pauvreté » n'est pas synonyme de faible revenu, disons que 18 p. 100 des gens à faible revenu n'ont pas d'hypothèque sur leur maison.

On peut faire quelques généralisations à partir des études portant sur les personnes à faible revenu. On retrouve, parmi les personnes à faible revenu, des jeunes, des chômeurs, des immigrants récemment arrivés au pays, des chefs de famille monoparentale et des autochtones. Les trois premiers groupes, c'est-à-dire les jeunes, les chômeurs et les immigrants récemment arrivés, augmenteront sans aucun doute leurs gains moyens à un moment donné, car les perspectives d'emploi seront plus nombreuses, étant donné leurs compétences et leur expérience.

Les parents seuls recevront sûrement de l'aide grâce à la nouvelle politique sur la famille que propose le Parti réformiste, une politique qui favorise la famille sur le plan fiscal et qui permet de mettre fin à la dépendance de l'aide sociale au moyen de la réforme des programmes sociaux.

Les collectivités autochtones profiteront de la promesse des réformistes d'abolir le ministère des Affaires indiennes pour les faire participer pleinement à la société canadienne.

J'ai parlé de la confusion qui règne et j'ai montré la distinction qui existe entre la pauvreté réelle, financière, et le faible revenu au Canada. Peu importe que l'on soit d'accord ou non sur le fait que la pauvreté réelle, qui signifie le manque de nourriture, de vêtements et d'abri, n'existe pas au Canada, la question qui nous intéresse ici est celle de la pauvreté chez les enfants. Cette situation préoccupe vivement tous les Canadiens. Les réformistes estiment que l'application adéquate des lois et la promotion des valeurs familiales dans la société constituent les moyens les plus efficaces pour affronter une telle tragédie.

Il est possible que certains enfants soient confrontés à des situations aussi désespérées, sans y être pour rien, étant donné qu'un enfant est une personne à charge qui dépend d'une autre. À ce titre, un enfant n'est pas censé avoir un revenu ou subvenir à ses propres besoins. Le droit canadien reconnaît ce fait dans le Code criminel. L'article 215 précise, en effet, que toute personne est légalement tenue, en tant que parent, de fournir les choses nécessaires à l'existence d'un enfant de moins de 16 ans. En vertu de la loi canadienne, les enfants qui ne reçoivent pas ces choses nécessaires à l'existence ne sont pas victimes de pauvreté, mais sont plutôt maltraités et négligés.

Les intervenants dans le domaine de la pauvreté chez les enfants prétendent qu'ils veulent simplement aider les enfants souffrant de la faim, mais y a-t-il vraiment 1,2 million d'enfants canadiens dans cette situation comme ils l'affirment ? A-t-on des preuves que nous sommes confrontés à une crise aussi grave ? De façon réaliste, on peut dire qu'il y a des enfants qui vivent dans des foyers brisés, des familles à faible revenu, mais cela ne signifie pas pour autant qu'on ne peut répondre ou qu'on ne répond pas aux besoins physiques essentiels de ces enfants.

Au Canada, le système généreux d'assistance sociale déjà en place est plus que suffisant pour permettre aux parents, quelle que soit leur situation familiale ou leur situation sur le plan du travail, de répondre aux besoins physiques fondamentaux de leurs enfants. Cependant, le gouvernement ne peut jamais satisfaire à tous les besoins des enfants. Comment le gouvernement pourrait-il leur offrir amour et affection ? Par contre, en pratiquant une politique non interventionniste, il est en mesure d'établir un climat économique favorable pour que les familles puissent prospérer et se développer.

Les réformistes croient qu'il n'incombe pas à l'État d'essayer d'élever les enfants du pays et que cette responsabilité revient plutôt à leurs parents ou à leurs tuteurs. Ce n'est que lorsqu'il est manifeste que des enfants sont négligés ou maltraités que l'État doit intervenir. Lorsque des parents se retrouvent dans des situations où il est difficile pour eux de fournir à leurs enfants les choses nécessaires à l'existence, ils doivent néanmoins assumer cette responsabilité. Ces parents peuvent, dans ces cas-là, chercher de l'aide tout d'abord auprès de parents ou, faute de soutien familial, auprès d'organismes sociaux privés. Ils ne doivent s'adresser aux organismes gouvernementaux qu'en dernier recours.

Il existe peut-être des cas isolés d'enfants qui souffrent parce qu'ils sont négligés ou maltraités par leurs parents, tout comme il y a des enfants agressés sexuellement, victimes d'infanticide ou exploités à des fins pornographiques.

Des chercheurs du domaine de la santé et d'autres groupes ont souligné avec raison que, selon les statistiques, les personnes ayant un faible revenu sont plus susceptibles que les autres d'éprouver des problèmes comme des taux de décrochage scolaire plus élevés, une plus grande violence familiale et des soucis de santé plus nombreux. Il est évident que ces problèmes ne découlent pas d'un faible revenu, mais de l'éclatement des familles, de mères célibataires, du chômage structurel et d'un relâchement des valeurs de la société.

Toutefois, les groupes qui luttent contre la pauvreté des enfants estiment que le problème est bel et bien un faible revenu. Un faible revenu ou la pauvreté n'est pas une maladie contagieuse, mais une situation qui découle d'autres facteurs.

Les groupes qui luttent contre la pauvreté des enfants ont proposé certaines solutions à la situation des gagne-petit. **Ils veulent davantage de garderies, de prestations d'aide sociale et une plus grande intrusion de l'État** dans la vie des familles. Cependant, des études menées par le Dr Doug Allen, de l'Université Simon Fraser, montrent que 80 p. 100 des familles à faible revenu ne touchent pas de prestations d'aide sociale. De toute évidence, pour la vaste majorité des familles à faible revenu, un plus grand nombre de programmes sociaux n'est pas la solution au problème.

Le Parti réformiste reconnaît qu'un faible revenu ne constitue pas le problème comme tel, mais bien un symptôme d'un problème beaucoup plus profond dans notre société. Les familles éclatées, le divorce, les enfants illégitimes et le chômage sont bon nombre des facteurs qui mènent à une situation de faible revenu. Ces problèmes ont augmenté rapidement ces 30 dernières années, en raison des politiques d'ingérence des gouvernements libéral et progressiste-conservateur.

Je parle des politiques fiscales injustes à l'endroit des parents qui restent à la maison ou de certains types de famille. Je parle des programmes de sécurité sociale qui dissuadent les gens de trouver du travail et qui encouragent et maintiennent le célibat des mères. Je parle des politiques qui ne prévoient pas de juste punition de la délinquance, surtout de la délinquance juvénile, et de la dette imposante qui est à l'origine du chômage structurel dans notre économie.

Quelles solutions avons-nous à proposer ? Nous croyons que le gouvernement n'a pas à s'occuper des questions de places en garderie. Nous croyons en une politique fiscale qui ne soit pas discriminatoire envers certains types de famille. Nous croyons en un système de programmes sociaux discrets qui aident ceux qui en ont vraiment besoin. Nous croyons en une politique fiscale qui continue à reconnaître les coûts associés à l'éducation des enfants. Nous croyons en une réduction des dépenses dans tous les domaines, pour régler le problème de la dette et du déficit. Nous croyons que des allégements fiscaux à long terme doivent être offerts, afin que les familles soient plus libres de faire leurs propres choix.

Les réformistes veulent préserver la santé des familles canadiennes et aider ceux qui sont vraiment dans le besoin. Nous ne croyons pas que la création de nouveaux programmes sociaux règle les problèmes de la société. Nous croyons que la promotion de la famille est la meilleure solution possible à la plupart des problèmes sociaux du Canada.

Mme Maria Minna (Beaches-Woodbine) : Monsieur le Président, c'est avec plaisir mais aussi avec tristesse que je prends part au débat sur cette question.

La pauvreté chez les enfants au Canada est un signe évident de l'échec des programmes sociaux. Je suis fermement convaincue que c'est un problème que nous devons prendre en main en tant que nation, sans délai.

L'enfant pauvre ne l'est pas en soi. Il est pauvre parce que ses parents le sont. La pauvreté chez les enfants n'est pas une chose saine pour l'avenir de notre société. Notre déficit humain sera le futur déficit de notre pays. J'en suis fermement convaincue.

Nous parlons sans cesse à la Chambre de la nécessité d'avoir une main-d'œuvre mieux éduquée, mieux qualifiée. Nous parlons sans cesse du manque de formation de la main-d'œuvre. Nous parlons toujours de la nécessité de former et d'éduquer. Nous parlons à la Chambre de criminalité parmi les jeunes et de rétribution. Nous disons toujours que nous devons punir les jeunes délinquants, les mettre en prison et dans certains cas, jeter la clé. Nous parlons de punitions rigoureuses en ce qui concerne les jeunes enfants.

Nous n'abordons jamais ouvertement et franchement la question de savoir pourquoi ils sont comme ça. La pauvreté chez les enfants est une horrible tache sur la réputation du Canada. Que ce pays se trouve dans une telle position est une honte. Nous devons éliminer ce problème.

Les enfants ne deviennent pas des délinquants comme ça. La société y est pour quelque chose depuis qu'ils sont nés, que ce soit parce qu'ils sont pauvres, parce qu'ils sont maltraités à la maison ou pour d'autres raisons.

À mon avis, la pauvreté n'est pas seulement le fait pour un enfant de ne pas avoir assez à manger, d'être sans abri ou de ne pas avoir de vêtements, la pauvreté, c'est aussi la pauvreté de la société et du cadre qui l'entoure. À tout instant, des enfants sont maltraités à la maison.

C'est vrai. Il ne sert à rien d'arguer. **Les programmes sociaux ne sont pas adaptés aux besoins des enfants.** Des programmes de santé mentale ont été éliminés alors que des enfants qui ont besoin de tels programmes font la queue dans tout le pays. Ce n'est pas acceptable. Comment espérons-nous les voir s'en tirer si nous ne leur apportons pas l'appui nécessaire ? Nous n'avons pas dans ce pays de programme adéquat d'aide à l'enfance. Il faut que nous en ayons un. Les parents ont besoin d'aide. Nous devons avoir un système d'aide suffisamment complet pour permettre aux parents de faire face à la situation.

Le député d'en face vient de dire que la seule façon de reconnaître la pauvreté est de regarder les carences fondamentales. Il disait que nous plaçons le seuil de la pauvreté trop haut et qu'on la confond ainsi avec les faibles revenus. Il citait avec fierté une ancienne députée de cette assemblée, Barbara Greene, qui essayait d'abaisser le seuil de la pauvreté de façon à éliminer celle-ci de nos livres, sinon dans les faits. Les enfants et les adultes dans la pauvreté seraient toujours là. Ils ne disparaîtraient pas. On peut changer le jargon et le verbiage, on ne peut pas changer les faits.

Cela regarde l'État, car il doit se soucier du sort des enfants de la nation. Nous avons une responsabilité collective à l'égard des enfants. Ils sont notre meilleure ressource si l'on veut survivre en tant que nation. Collectivement, nous prenons des décisions sur le minerai de fer, la foresterie et des tas d'autres choses, mais lorsqu'on en arrive aux enfants on dit : « Oui, mais la famille c'est sacré. On ne peut rien faire. Nous n'avons rien à dire et à faire en tant que société. » Ce n'est pas vrai, la société a une rôle puissant à jouer.

Les garderies, c'est important. Des systèmes d'aide adéquats, c'est important. Les bas revenus existent. Les carences, qu'elles soient sociales, physiques ou autres, sont importantes. Des services d'aide au sein des programmes sociaux sont d'extrême importance. Nous ne pouvons pas blâmer les enfants. Nous devons admettre qu'élever les enfants et les préparer à diriger le pays est une responsabilité collective que l'on ne saurait négliger. Le député n'est pas d'accord.

L'ONU disait que le Canada est le pays du monde où la qualité de vie est la meilleure. C'est une chose merveilleuse dont nous pouvons être fiers, mais pour certains, dont beaucoup d'enfants, la qualité de vie n'est pas si bonne que cela, et c'est une chose dont nous devrions avoir honte et au sujet de laquelle nous devrions agir immédiatement.

J'estime que si nous devons accomplir quelque chose, ce devrait être l'éradication de la pauvreté chez les enfants, sous toutes ses formes. Nous devons concevoir un système d'aide qui soit complet et apte à aider les enfants et leur famille.

J'aimerais travailler à la révision du système de sécurité sociale qui s'en vient, travailler dur avec mes collègues à la Chambre et avec tous les Canadiens afin de créer un système qui répondra, à tout le moins, aux besoins fondamentaux des familles et des enfants de ce pays. J'espère que tous les députés participeront à cette entreprise et qu'elle conduira à quelque chose dont nous pourrons être fiers.

Le président suppléant (M. Kilger) : J'accorde le droit de réplique, pendant au plus deux minutes, au député de Saskatoon-Clark's Crossing.

M. Chris Axworthy (Saskatoon-Clark's Crossing) : Monsieur le Président, je suis heureux d'avoir la possibilité de répondre. Nous avons de toute évidence des préoccupations divergentes. Certains d'entre nous estiment urgent de s'attaquer à ce problème alors que d'autres préfèrent parler de questions philosophiques pendant que des enfants ont faim. Je trouve choquant que nous tenions une discussion philosophique au sujet des causes de la faim chez les enfants sans avoir pris l'engagement de résoudre ce problème.

Comment les députés réformistes peuvent-ils regarder en face des enfants affamés et leur dire qu'ils n'ont pas faim ? Il est honteux d'entendre des Canadiens tenir de tels propos. Vous dites que c'est une question de responsabilité parentale. Peut-être, mais que faire dans le cas des enfants qui ont faim parce que leurs parents n'assument pas leurs responsabilités à leur égard ? Allez-vous les laisser dans cette situation simplement parce que vous n'aimez pas la façon dont…

Le président suppléant (M. Kilger) : À l'ordre. Je rappelle aux députés qu'ils doivent s'adresser à la présidence et je demanderais au député de Saskatoon-Clark's Crossing d'abréger.

M. Axworthy (Saskatoon-Clark's Crossing) : Monsieur le Président, veuillez m'excuser si je me mets en colère, mais je vois tous les jours des enfants pauvres dans ma circonscription et je trouve aberrant qu'on ne prenne pas les moyens voulus pour remédier à leur triste situation. Ces enfants ont faim et ils ont besoin d'aide immédiatement, non pas dans dix ans.

Nous devons nous engager collectivement à résoudre les problèmes auxquels nous sommes confrontés. Certains enfants sont pauvres parce qu'ils sont nés de parents pauvres. Ils n'ont pas choisi leur état, mais c'est ainsi.

Le député trouve peut-être cela drôle, mais ce ne l'est pas. Nous connaissons un grave problème de la faim au Canada et il devrait le prendre au sérieux et non pas à la légère comme il le fait.

Les Canadiens doivent s'engager collectivement à créer des emplois. Quatre millions d'entre eux sont pauvres parce qu'ils n'ont pas d'emploi. Nous devons procéder à une réforme fiscale réelle et progressiste qui donnera au Canada les moyens de lutter contre la pauvreté. **Nous devons modifier nos politiques commerciale et monétaire afin de pouvoir résoudre les problèmes de la pauvreté chez les enfants.** Si nous ne nous attaquons pas avec détermination à ces problèmes réels, nous ne trouverons pas la vraie solution.

Nous connaissons sans doute tous des enfants pauvres. Nous savons quelle souffrance, quelle faim ils doivent supporter et nous nous devons de les traiter le plus humainement possible et de leur prodiguer les meilleurs soins possibles. Ils n'ont pas besoin d'un débat idéologique, mais de réponses. Ils ont besoin de nourriture et de soutien. J'aurais souhaité que le Parti réformiste appuie cette motion pour qu'elle puisse faire l'objet d'un vote.

Le président suppléant (M. Kilger) : Comme il est 18 h 52 et qu'il n'y a plus de députés voulant prendre la parole au cours du débat d'ajournement, la Chambre ajourne à 10 heures demain, conformément au paragraphe 24(1) du Règlement.

Discours du Trône ouvrant la première session

37e législature du Canada

Adrienne Clarkson ▪ Ottawa (Canada) ▪ 2001

Honorables sénateurs et sénatrices,
Mesdames et Messieurs les députés,
Mesdames et Messieurs,

*I*l me fait grand plaisir de vous accueillir en ce premier jour de la trente-septième législature depuis la Confédération. Ce que nous célébrons aujourd'hui par notre histoire, nos coutumes et notre symbolisme, c'est le lien vital qui unit les Canadiens et le Parlement.

C'est également avec plaisir que je souhaite la bienvenue à de nouveaux députés à la Chambre des communes, et je voudrais que tous les parlementaires sachent à quel point j'apprécie les idéaux qui vous incitent à servir votre pays. Je suis également consciente des sacrifices qu'entraîne votre charge et que vous faites dans l'intérêt du bien commun et du leadership. Dans une démocratie saine, le leadership n'est pas réservé à quelques-uns, mais il est le bien de tous, puisque c'est une question de savoir réellement ce que l'on veut et ce que l'on peut apporter.

Il y a un peu plus d'un an, je devenais le 26e Gouverneur général du Canada. J'avais décidé, comme principal objectif pour la première année de mon mandat, de visiter chaque province et territoire pour y rencontrer le plus de Canadiens et de Canadiennes possible, là où ils vivent et font leur vie, afin d'engager avec eux un véritable dialogue. J'ai donc vu beaucoup d'endroits que les Canadiens appellent leur « chez-soi », de grandes villes comme de petits hameaux, de l'île de Montréal à l'île d'Ellesmere.

Mais ce que nous appelons notre chez-soi, c'est bien plus qu'un nom sur une carte : c'est notre appartenance à une communauté d'idées et d'idéaux, c'est le fait de savoir que nous pouvons dire quelque chose et que l'on nous écoutera et d'avoir la certitude que nous pouvons nous respecter les uns les autres, compter les uns sur les autres et nous entraider.

En rencontrant des Canadiens d'un bout à l'autre du pays, j'ai pu les entendre parler des différents enjeux qui les préoccupent. Face à ces questions, nous nous rappelons évidemment que nous avons démontré à maintes reprises que nous sommes assez confiants pour agir, et avec succès. Le changement ne nous fait pas peur; nous avons toujours su le maîtriser à notre avantage.

On dit souvent que la force de notre pays, c'est sa diversité. Mais pourquoi ? Parce que la diversité impose de graves responsabilités. En effet, si nous acceptons notre place dans une société riche et accomplie, nous devons également reconnaître les groupes de notre société qui sont désavantagés et aller à leur rencontre.

Le gouvernement s'est vu confier un troisième mandat par les Canadiens. En ce début de millénaire, son objectif primordial sera de poursuivre ses efforts en vue de renforcer le Canada, d'en faire un pays encore plus inclusif et de garantir à toute la population canadienne une meilleure qualité de vie. C'est dans cette optique qu'il veillera à remplir les engagements qu'il a pris dans son programme électoral.

Le Canada est un pays fier et fort où règne l'optimisme. Le gouvernement a atteint l'objectif capital qu'il s'était fixé : mettre de l'ordre dans nos finances. Notre économie poursuit la période d'expansion qui s'avère la plus longue depuis les années 60. Les taux d'inflation et d'intérêt demeurent faibles. Plus de 2 millions d'emplois ont été créés depuis 1993. Des sommes considérables sont investies pour nos enfants et nos jeunes, l'innovation et le perfectionnement de nos compétences professionnelles, les soins de santé et notre environnement.

À l'aube de ce nouveau siècle, c'est un parcours jalonné de défis de toutes sortes qui s'ouvre au Canada et aux Canadiens : être concurrentiels dans une économie mondiale où tout va de plus en plus vite et où la technologie règne en maître; faire face aux incertitudes économiques chez nos partenaires commerciaux; viser à une plus grande cohésion sociale dans le contexte d'une mondialisation croissante; promouvoir les intérêts et les valeurs du Canada sur la scène internationale.

Nous devons faire en sorte que, dans chaque région, chaque province, chaque territoire et chaque collectivité, tous les citoyens soient en mesure de se faire entendre et de se joindre aux autres bâtisseurs du pays; que les avantages de notre prospérité soient à la portée de toutes les collectivités, urbaines ou rurales, y compris les populations des régions isolées et celles du Nord; que soient promus l'innovation, la croissance et le développement de tous les secteurs de notre économie, notamment ceux de l'agriculture et des ressources naturelles ainsi que ceux de l'industrie manufacturière et des services.

Les Canadiens devront se montrer à la hauteur de la tâche qui les attend. Pour réussir dans un monde plus interdépendant et plus complexe que jamais, chacun devra fournir son effort. Le gouvernement du Canada, quant à lui, se consacrera :

– à faire de notre économie un chef de file qui s'appuie sur l'innovation, les idées et le talent;

– **à créer une société plus inclusive qui permette aux enfants de bien commencer dans la vie, où l'on puisse compter sur**

des soins de santé de qualité et où les familles puissent s'épanouir au sein de communautés fortes et sûres;

- à offrir aux Canadiens un environnement propre et sain et à préserver nos espaces naturels;
- à rehausser la présence du Canada sur la scène internationale ainsi qu'à raffermir notre sentiment d'une citoyenneté partagée.

Dans l'exercice de ses responsabilités, le gouvernement du Canada se fondera sur les valeurs des Canadiens. Il travaillera de concert avec les autres paliers de gouvernement, le secteur privé, le secteur bénévole et les citoyens.

Le gouvernement continuera de se fixer des objectifs audacieux et s'emploiera à les atteindre d'une façon pragmatique et graduelle. Constamment à l'écoute des priorités des Canadiens, il veillera encore et toujours à gérer prudemment les finances du pays. Ses efforts devront rester à la mesure de nos moyens et entraîner des effets durables. Le gouvernement reste déterminé aussi à produire des budgets équilibrés.

Pour aider le gouvernement à s'acquitter de ses responsabilités, le Canada doit pouvoir compter sur une fonction publique dont l'excellence est reconnue et qui possède les compétences requises dans une économie et une société fondées sur le savoir. C'est dans cette optique que le gouvernement se mettra à la recherche de jeunes, hommes et femmes, qui se distinguent déjà par leur talent et leur dynamisme et qui sont prêts à relever le défi de servir leur pays au sein de la fonction publique fédérale. Il est déterminé à aller au bout des réformes nécessaires pour que la fonction publique du Canada continue d'évoluer et de s'adapter. Innovation et dynamisme, tels seront les attributs d'une fonction publique à l'image de la diversité canadienne. Elle sera ainsi en mesure d'attirer et de développer les talents nécessaires pour servir les Canadiens au XXIe siècle.

Le gouvernement contribuera de la sorte à créer et à offrir des possibilités nouvelles à toute la population. Telle est la voie canadienne pour le XXIe siècle.

Des possibilités nouvelles

Une économie novatrice est essentielle pour offrir des possibilités nouvelles aux Canadiens et aux Canadiennes.

Une économie novatrice s'appuie sur la recherche et le développement. Elle suppose une main-d'œuvre hautement spécialisée et des investissements dans la technologie de pointe; un environnement commercial et des politiques fiscales qui encouragent la prise de risques bien calculés et l'esprit d'entreprise, et qui récompensent la réussite; un environnement propre à attirer les investissements; une image de marque, partout dans le monde, fondée sur l'excellence canadienne.

Une économie novatrice met les avantages qui découlent des idées nouvelles à la portée de tous les secteurs et de toutes les régions, tant de l'est et de l'ouest que du nord, autant pour les employés de bureau que pour les familles agricoles.

Le Canada s'est donné des bases solides pour réussir dans la nouvelle économie. Nos facteurs économiques fondamentaux nous assurent une place enviable sur la scène internationale. À l'escalade effrénée de la dette et du déficit ont succédé des investissements sociaux et économiques, des réductions d'impôts et des mesures de remboursement de la dette. Le 1er janvier de cette année, la plupart des éléments du programme d'allégement fiscal du gouvernement sont entrés en vigueur. Exhaustif et généralisé, ce programme totalise 100 milliards de dollars de réductions.

Jamais au cours des trois dernières décennies n'avons-nous été si bien placés pour saisir les possibilités qu'offre l'économie mondiale et résister aux ralentissements à court terme que pourraient subir les principaux partenaires commerciaux du Canada.

Innovation

Pour que nos efforts demeurent fructueux au XXIe siècle, les Canadiens doivent être parmi les premiers à acquérir des connaissances nouvelles et à les mettre à profit.

Notre objectif, audacieux s'il en est, doit être de nous faire reconnaître comme l'un des pays les plus novateurs du monde. Pour y arriver, nous devrons adopter une approche globale et miser sur l'appui et la participation de tous les gouvernements, des entreprises, des établissements d'enseignement et des citoyens.

Nous devons voir à hisser le Canada au rang des cinq pays les plus avancés au chapitre de la recherche-développement, et ce, d'ici 2010. C'est un défi pour tous les Canadiens, mais tout particulièrement pour le secteur privé, en sa qualité de premier investisseur dans le domaine de la recherche au Canada.

De son côté, le gouvernement compte à tout le moins doubler d'ici 2010 les sommes qu'il consacre déjà à la recherche-développement. Ces nouveaux investissements permettront :

– de nous maintenir sur la voie de l'excellence en renforçant la capacité de nos universités, de nos laboratoires et organismes gouvernementaux en matière de recherche;

– d'accélérer notre capacité de mettre en marché nos dernières découvertes et d'offrir ainsi de nouveaux produits et de nouveaux services;

– de poursuivre, dans les domaines des sciences et de la technologie, une stratégie globale favorisant une collaboration accrue à la recherche internationale aux frontières du savoir.

Les nouveaux investissements fédéraux se traduiront par des recherches ciblées de façon stratégique et coordonnées avec les différents partenaires. Ils bénéficieront directement aux Canadiens dans des domaines comme la santé, la qualité de l'eau, l'environnement, la gestion des ressources naturelles et la recherche océanographique. Entre autres mesures, le gouvernement accroîtra le soutien destiné à la mise au point de technologies nouvelles pour les Canadiens ayant des handicaps.

La recherche en sciences de la vie profitera à tout le Canada, tout particulièrement aux secteurs agricole et rural. Le gouvernement appuiera le secteur agricole pour qu'il aille au-delà de la simple gestion de crise. Cela entraînera une plus grande diversification et une croissance fondée sur la valeur ajoutée, une multiplication des investissements et des emplois, une meilleure utilisation des sols ainsi que des normes élevées en matière de protection de l'environnement et de sécurité alimentaire.

Compétences et apprentissage

Le Canada ne réalisera son plein potentiel que dans la mesure où il investira à plein régime dans les compétences et le talent des Canadiens.

Pour réussir dans l'économie du savoir, le Canada devra compter sur des hommes et des femmes entreprenants et hautement qualifiés. Nos jeunes sont optimistes, bien au fait des derniers progrès technologiques, branchés avec le reste du monde et plus instruits que toutes les générations qui les ont précédés.

Le gouvernement continuera de leur fournir les moyens de contribuer au mieux-être de leur pays, de se trouver un emploi ainsi que de mettre en application leur esprit d'entreprise et leur créativité.

Se donner une main-d'œuvre qualifiée exige un effort national. Avec les provinces et les territoires ainsi qu'avec les organismes non gouvernementaux, le gouvernement du Canada veillera à ce que tous les Canadiens, jeunes et vieux, puissent atteindre leurs objectifs en matière d'apprentissage. D'ici cinq ans, il faudra faire en sorte qu'au Canada au moins un million d'adultes de plus profitent des possibilités d'apprentissage.

Le gouvernement aidera en outre les adultes qui veulent se perfectionner, mais qui arrivent difficilement à trouver le temps ou les ressources nécessaires pour le faire tout en subvenant à leurs propres besoins et à ceux de leur famille. Il créera donc un régime enregistré d'apprentissage personnel pour aider ces Canadiens à trouver les sommes nécessaires à leur formation. Son programme de prêts aux étudiants à temps partiel sera amélioré afin qu'un plus grand nombre de travailleurs puissent étudier tout en ayant un travail rémunéré.

Certains Canadiens éprouvent plus de difficultés que d'autres à relever leur niveau de compétence ou d'instruction. Le gouvernement adoptera certaines mesures propres à leur faciliter la tâche.

Les jeunes à risques sont parmi les plus susceptibles d'abandonner leurs études ou d'avoir du mal à trouver un emploi à la sortie de l'école. Avec ses partenaires, le gouvernement veillera à ce que ceux et celles qui ont le plus besoin d'aide pour poursuivre leurs études ou pour décrocher un premier emploi reçoivent l'appui nécessaire.

À l'heure actuelle au Canada, bon nombre d'adultes n'ont pas toutes les capacités de lecture et d'écriture avancées qu'exige la nouvelle économie. Le gouvernement du Canada invitera donc les provinces et les territoires, ainsi que le secteur privé et les organisations bénévoles, à lancer une initiative nationale destinée à augmenter de façon importante la proportion des adultes possédant ces compétences avancées.

Divers obstacles empêchent souvent les personnes ayant un handicap de participer pleinement à la vie économique et sociale. Le gouvernement du Canada travaillera donc avec les provinces et les territoires et avec d'autres partenaires en vue d'arrêter une stratégie globale d'inclusion au marché du travail des personnes ayant un handicap.

Un nombre croissant d'Autochtones s'emploient à améliorer leurs aptitudes commerciales et à se tailler une place dans la nouvelle économie. Le gouvernement entend travailler avec eux à renforcer leur savoir-faire et leur esprit d'entreprise.

Les immigrants ont apporté avec eux un bagage d'idées et de talents dont s'est enrichi le Canada. Le gouvernement prendra des mesures pour aider le Canada à attirer les travailleurs spécialisés dont il a besoin. De concert avec les provinces et les territoires, il veillera également à aider les néo-Canadiens à mieux faire reconnaître leurs titres de compétence et à s'intégrer plus rapidement à la société. Il déposera de nouveau son projet de loi visant à rationaliser et à améliorer le système d'immigration.

Brancher les Canadiens

Le gouvernement a contribué à faire de notre pays l'un des plus branchés du monde. Cela dit, le rythme du changement se fait toujours plus rapide. Le Canada doit continuer de développer et de renforcer son infrastructure de l'information.

Dans plusieurs régions, le secteur privé travaille à rendre accessibles au plus grand nombre les services Internet à haute vitesse. Le Groupe de travail sur les services Internet à large bande conseillera le gouvernement sur la façon dont nous pouvons atteindre ensemble l'objectif critique consistant à rendre ces services accessibles aux citoyens, aux entreprises, aux organismes publics et à l'ensemble des collectivités d'ici 2004.

Le gouvernement continuera d'appuyer le Programme d'accès communautaire et le Réseau scolaire canadien, assurant ainsi aux

Canadiens, à leurs communautés et à leurs écoles un accès à l'autoroute de l'information. Ces programmes jouent un rôle essentiel dans les efforts déployés pour combler le fossé digital, notamment pour les populations rurales, les gens des régions isolées et du Nord ainsi que les Autochtones. Le gouvernement veillera également à rehausser le Réseau scolaire canadien en y augmentant les contenus de formation en ligne et en les améliorant.

Le gouvernement continuera de travailler à offrir d'ici 2004 tous ses services en direct, de manière à être mieux branché avec les citoyens.

Il modernisera aussi la législation fédérale relative à la protection de la vie privée de manière à protéger les renseignements personnels touchant les Canadiens. Il étendra aux idées et aux connaissances nouvelles la protection du droit d'auteur.

Commerce et investissement

Les investissements du gouvernement dans l'innovation, le perfectionnement des compétences et la connectivité, de même que ses allégements fiscaux à l'intention des entreprises et un meilleur traitement des gains en capital, font du Canada l'un des pays les plus aptes à intéresser les investisseurs et les gens d'affaires. Le gouvernement compte également :

– s'assurer que nos lois et règlements, y inclus ceux qui concernent la propriété intellectuelle et la compétitivité, demeurent parmi les plus modernes et les plus progressifs du monde;

– déposer de nouveau son projet de loi visant à rendre le secteur des services financiers plus solide et plus efficace, pour le plus grand bien de l'économie et de tous les Canadiens.

En étroite collaboration avec les États-Unis, notre plus important partenaire commercial, le gouvernement s'emploiera à assurer de part et d'autre un accès plus sûr et plus efficace aux marchés. Il continuera en outre le travail conjoint déjà entrepris pour moderniser notre frontière commune.

À l'occasion du Troisième Sommet des Amériques, qui se tiendra à Québec en avril prochain, le gouvernement fera avancer le projet de Zone de libre-échange des Amériques.

Le gouvernement lancera également une stratégie d'image de marque pour sensibiliser les investisseurs aux avantages qu'ils auraient à choisir le Canada. À cette fin, il continuera à mener des missions commerciales d'Équipe Canada, qui connaissent du succès, et il projette des missions d'Équipe Canada Investissement aux États-Unis et en Europe.

Des possibilités pour tous

Croissance économique et développement social sont deux objectifs indissociables qui font partie intégrante de la voie canadienne. Nous ne pouvons bâtir une société prospère sans croissance économique, pas plus que nous ne pouvons être des chefs de file sur le plan de l'innovation et des nouvelles idées sans assurer la santé et la sécurité des citoyens. Nous ne pouvons faire valoir nos intérêts dans le monde sans en même temps renforcer notre culture distincte et nos valeurs chez nous.

Les Autochtones, plus que quiconque, doivent avoir accès aux possibilités nouvelles. Ils sont trop nombreux à vivre encore dans la pauvreté, dépourvus des outils nécessaires pour se donner un meilleur avenir, à eux-mêmes et à leurs communautés. En tant que pays, nous devons aborder carrément ce défi dans toute son ampleur et faire preuve de détermination dans notre engagement à aider à résoudre les problèmes les plus urgents auxquels ils font face. Nous aurons besoin de temps pour atteindre nos objectifs, mais la longueur de la route à parcourir et les obstacles qui la jonchent ne doivent pas nous décourager.

Le gouvernement est résolu à raffermir sa relation avec les Autochtones. Il appuiera le travail des communautés des Premières Nations en vue de renforcer la gouvernance, entre autres par l'adoption de pratiques administratives plus efficaces et transparentes. Il veillera en outre à répondre aux besoins fondamentaux dans les domaines de l'emploi, de la santé, de l'éducation, du logement et de l'infrastructure. Le gouvernement fera en sorte que chacune de ses priorités reflète cet engagement.

Enfants et familles

La seule façon de nous assurer que nos enfants seront bien disposés à apprendre et que, une fois devenus adultes, ils seront prêts à saisir les occasions et à édifier leur pays, c'est de leur offrir un bon départ dans la vie.

Au Canada, il fut un temps où la retraite était souvent synonyme de privation. Les Canadiens de la génération précédente s'étaient fixé pour objectif national d'éliminer la pauvreté chez les personnes âgées. Les progrès en ce sens ont été remarquables.

Il fut un temps où la maladie risquait de mettre en péril les économies de toute une vie. Unissant leurs efforts, les Canadiens se sont donné un régime public de soins de santé afin de garantir à tous les citoyens, peu importe leur revenu, l'accès à des soins de qualité.

Il fut un temps où les travailleurs qui perdaient leur emploi n'avaient plus de revenu pour assurer leur subsistance et celle de leur famille. Les Canadiens ont alors créé l'assurance-emploi.

Aujourd'hui, un autre projet national s'impose aux Canadiens : veiller à ce que tous les enfants soient à l'abri des affres de la pauvreté.

La population canadienne et les gouvernements ont déjà pris des mesures importantes en ce sens.

Une économie forte et la création d'emplois ont été essentielles pour réduire la pauvreté et assurer aux parents les ressources nécessaires pour prendre soin de leurs enfants. La croissance économique ne peut toutefois suffire. Les gouvernements ont eux aussi un rôle essentiel à jouer en aidant les familles laissées pour compte et en fournissant un soutien aux familles et aux enfants.

Tous les gouvernements ont adopté une gamme de mesures pour aider les familles et les enfants. La Prestation nationale pour enfants constitue la pierre angulaire de nos efforts communs pour offrir aux enfants un meilleur départ dans la vie. Il s'agit sans contredit du plus important programme social mis en place auCanada depuis la création du régime d'assurance-maladie dans les années 60. La part que le gouvernement du Canada versera au titre de la Prestation nationale pour enfants continuera d'augmenter pendant les quatre prochaines années.

Dernièrement, le gouvernement du Canada ainsi que des provinces et les territoires ont mis en œuvre l'initiative du Développement de la petite enfance dans le but d'élargir et d'**améliorer l'accès aux services pour toutes les familles** et tous les enfants. Le gouvernement y consacrera plus de 2 milliards de dollars sur cinq ans. Dans cette entente, les gouvernements se sont engagés à faire rapport des résultats obtenus à la population. Le gouvernement du Canada et ses partenaires auront ainsi les renseignements nécessaires pour prendre d'autres mesures, au besoin, afin que tous les enfants aient un meilleur départ dans la vie.

De plus, le gouvernement du Canada adoptera immédiatement avec ses partenaires les mesures qui s'imposent là où les besoins sont les plus criants.

Les familles monoparentales font souvent face à des difficultés particulières pour sortir de la pauvreté. Les gouvernements du Canada, du Nouveau-Brunswick et de la Colombie-Britannique ont mis à l'essai de nouvelles stratégies pour aider les parents seuls à devenir financièrement indépendants. Le gouvernement du Canada est prêt à faire de même avec d'autres provinces et territoires, l'objectif à long terme étant de trouver de nouveaux moyens d'aider ces parents à sortir de la pauvreté.

Le gouvernement s'emploiera avec ses partenaires à améliorer la législation touchant les pensions alimentaires, la garde des enfants et le droit de visite afin de s'assurer qu'elle favorise l'intérêt supérieur des enfants lorsque survient une rupture familiale.

Dans les cas de crise familiale, le gouvernement accroîtra le soutien aux parents et à ceux qui fournissent les soins. Aucun Canadien ne devrait avoir à choisir entre garder son emploi et fournir des soins palliatifs à un enfant. Le gouvernement prendra des mesures pour permettre aux parents de s'occuper d'un enfant gravement malade, sans craindre de perdre leur revenu ou leur emploi.

Pour assurer un meilleur avenir aux enfants autochtones, le gouvernement travaillera de concert avec les Premières Nations pour améliorer les programmes et les services offerts dans leurs communautés pour le développement de la petite enfance, et pour en accroître la portée. En outre, il élargira considérablement l'accès au Programme d'aide préscolaire aux Autochtones dans le but de mieux préparer à l'école un plus grand nombre d'enfants et d'aider ceux qui ont des besoins particuliers.

Le gouvernement du Canada collaborera aussi avec les communautés autochtones, les provinces et les territoires afin de prendre les mesures requises pour réduire l'incidence du syndrome d'alcoolisme fœtal chez les nouveau-nés. Aucun enfant ne devrait avoir à souffrir de ce syndrome, et le Canada doit immédiatement se donner comme objectif de réduire considérablement son incidence chez les populations autochtones d'ici la fin de la présente décennie.

Santé et soins de qualité

La vitalité de la société canadienne repose sur la santé et le bien-être des individus qui la composent ainsi que sur la santé de leurs collectivités.

Les Canadiens accordent une grande importance à la santé et à leur système de soins de santé. Nous savons tous que notre régime d'assurance-maladie, qui assure à tous les citoyens l'accès aux services nécessaires, peu importe leur revenu et leur lieu de résidence, est un élément capital de notre qualité de vie. C'est un atout auquel les citoyens sont profondément attachés.

Le gouvernement du Canada veillera à défendre la Loi canadienne sur la santé. De concert avec les provinces et les territoires, il s'assurera que tous les gouvernements respectent les principes de l'assurance-maladie, principes auxquels ils ont souscrit.

Les gouvernements se sont concertés pour renforcer et renouveler le régime canadien de soins de santé. En septembre dernier, les premiers ministres ont confirmé que leurs gouvernements s'engageaient à respecter les principes de la Loi canadienne sur la santé. À cette fin, ils ont souscrit à un plan d'action qui leur permettra de donner à la population canadienne un système de soins de santé moderne, intégré et viable.

Au cours des trois prochaines années, les gouvernements adopteront des mesures concrètes pour réformer les soins primaires et encourager l'innovation, adopter des technologies modernes d'information sur la santé et se procurer les équipements diagnostiques et médicaux nécessaires. Le gouvernement du Canada s'engage, pour sa part, à verser aux provinces et aux territoires un montant additionnel de plus de 21 milliards de dollars sur cinq ans par l'entremise du Transfert canadien en matière de santé et de programmes sociaux.

Le gouvernement parrainera également diverses mesures locales visant à promouvoir la santé et à prévenir la maladie.

Il intensifiera ses efforts pour encourager le conditionnement physique et la pratique des sports, ainsi que pour continuer à lutter contre l'abus d'alcool et de stupéfiants, à réduire le tabagisme, à prévenir les blessures et à promouvoir la santé mentale.

Il s'emploiera à promouvoir la prévention, dans le but notamment de réduire l'incidence des formes de diabète évitable et de tuberculose, surtout chez les Autochtones, où le nombre de cas est tout particulièrement élevé.

Le gouvernement augmentera à nouveau de manière substantielle les fonds destinés aux Instituts de recherche en santé du Canada. Ces fonds additionnels leur permettront d'accroître la recherche sur la prévention et le traitement des maladies, les déterminants de la santé et l'efficacité du régime de soins.

Les parties au plan d'action en matière de santé s'étant engagées à présenter des rapports à la population, le gouvernement du Canada travaillera, de concert avec les provinces et les territoires, à mettre en place un conseil de citoyens sur la qualité des soins de santé. Ce conseil veillera à ce que le point de vue de la population soit pris en compte au moment de concevoir des indicateurs de rendement significatifs.

En ce qui a trait aux rapports publics destinés à déterminer si le système de santé répond aux besoins de la population, les gouvernements se serviront des renseignements qu'ils contiendront pour poursuivre la réforme de l'assurance-maladie.

Un environnement sain

Le Canada peut s'enorgueillir de la beauté de ses vastes espaces et de la richesse de ses ressources naturelles. Mais ce privilège va de pair avec la responsabilité de préserver ces trésors. Un environnement sain est essentiel pour assurer une économie durable et garantir notre qualité de vie.

Les trois priorités du gouvernement seront donc d'assainir l'air, d'assainir l'eau et de protéger les milieux naturels du Canada.

En décembre dernier, le gouvernement du Canada a signé avec les États-Unis un accord visant à réduire sensiblement les émissions qui causent le smog. Dans le cadre de cet accord, on vise d'ici 2010 une baisse de 90 p. 100 des émissions de véhicules qui causent le smog, ce qui contribuera à assainir l'air que respirent des millions de citoyens des deux pays. Le gouvernement s'emploiera à mettre rapidement en œuvre cet accord et d'autres mesures d'assainissement de l'air, de concert avec les provinces et les territoires.

Comme le Canada est le dépositaire de l'une des plus importantes réserves mondiales d'eau douce, il lui appartient de protéger cette ressource vitale. En fait, la préservation de l'eau est la responsabilité commune des gouvernements, des entreprises et des citoyens. Le gouvernement du Canada s'acquittera de ses obligations directes à cet égard et veillera notamment à la sécurité de l'approvisionnement en eau dans les réserves et les terres fédérales.

Le gouvernement guidera l'élaboration de lignes directrices nationales plus strictes sur la qualité de l'eau en améliorant la recherche scientifique et en poursuivant sa collaboration avec ses partenaires. Il misera sur des spécialistes tant au sein du gouvernement qu'ailleurs au Canada pour renforcer sensiblement le rôle de l'Institut national de recherche sur les eaux.

Il financera l'amélioration des réseaux municipaux d'aqueducs et d'égouts au moyen du partenariat fédéral-provincial-municipal Infrastructures Canada.

Il investira également dans la recherche-développement et dans les systèmes d'information de pointe afin d'améliorer l'utilisation des sols et de protéger les eaux superficielles et souterraines contre la pollution industrielle et agricole.

Les Canadiens sont les gardiens d'une part importante de la faune et de la flore de la planète. Le gouvernement investira donc dans la création de parcs nationaux et mettra en œuvre un plan pour rétablir l'intégrité écologique de ceux qui existent déjà. Il travaillera de concert avec ses partenaires en faveur d'une gestion durable plus intégrée des océans du Canada. Et il présentera à nouveau le projet de loi sur les aires marines de conservation et sur la protection des espèces en péril.

Au nombre de ses efforts de promotion du développement durable à l'échelle de la planète, le gouvernement veillera à ce que le Canada fasse sa part pour réduire les émissions de gaz à effet de serre. Avec ses partenaires provinciaux et territoriaux, il mettra en œuvre le premier plan d'action national sur le changement climatique, annoncé dernièrement.

Pour protéger la santé des Canadiens contre les substances toxiques et les autres polluants, le gouvernement renforcera également les lois, accroîtra les efforts consacrés à la recherche et raffermira d'autres mesures en ce sens. Il établira notamment des normes environnementales qui tiendront compte de la vulnérabilité particulière des enfants.

Des communautés fortes et sûres

Des communautés fortes et sûres sont une composante essentielle du tissu de notre société. Elles insufflent un sentiment de sécurité qui incitera les Canadiens à bâtir un meilleur avenir pour eux-mêmes et leurs familles. Elles contribuent aussi à attirer chez nous des gens de talent venant des quatre coins du globe.

Quelle que soit leur taille, les communautés canadiennes – urbaines ou rurales, autochtones ou multiculturelles – ont toutes sortes de défis à relever et des besoins bien particuliers. Le gouvernement du Canada veillera à ce que, dans toute la mesure du possible, ses initiatives et ses programmes contribuent à des solutions locales pour des problèmes locaux. Aidé de ses partenaires à travers le Canada, le gouvernement amorcera un dialogue sur les multiples possibilités qui s'offrent aux centres urbains et sur les défis qui les attendent. Avec les administrations provinciales et municipales, il collaborera en outre à améliorer les infrastructures de transport public. Et il aidera à stimuler la construction de logements abordables plus nombreux.

La sécurité des communautés canadiennes est un atout important pour attirer les talents dont dépend la prospérité de la nouvelle économie. Les taux de criminalité diminuent de manière constante depuis près de 10 ans.

Le gouvernement du Canada continuera de collaborer avec les provinces et les territoires, les collectivités et tous ses partenaires en vue d'établir une approche équilibrée pour contrer la criminalité, axée autant sur la prévention que sur les sanctions. Il durcira les peines pour les crimes graves et veillera aux besoins des victimes.

Le gouvernement s'emploiera à protéger les Canadiens contre les nouvelles formes de crime. Il prendra des mesures énergiques pour combattre le crime organisé, par exemple en adoptant des lois antigang plus sévères et en protégeant les représentants de la justice contre toute intimidation. Il dotera les forces de l'ordre d'outils de pointe pour contrer les récentes menaces à la sécurité, comme le cybercrime et le terrorisme. Il interviendra pour mieux protéger les enfants face au crime, y compris des criminels sur l'Internet. Le gouvernement prendra des mesures pour s'assurer que nos lois protègent les enfants contre ceux qui pourraient abuser de leur vulnérabilité.

Le gouvernement déposera de nouveau un projet de loi modifiant la façon dont le système de justice traite les jeunes contrevenants. Il proposera des peines plus sévères pour les jeunes les plus violents et, pour ceux qui ne sont pas violents, il favorisera des moyens autres que la détention, notamment la réadaptation et la réinsertion sociale.

De concert avec les provinces, les territoires et les collectivités, le gouvernement accroîtra la capacité de ces dernières à régler les conflits, à prévenir le crime et à lutter contre l'abus des stupéfiants.

Par ailleurs, et c'est une réalité tragique, une trop forte proportion d'Autochtones ont des démêlés avec la justice. Le Canada doit s'employer à réduire sensiblement le pourcentage d'Autochtones aux prises avec l'appareil de justice pénale, de manière à niveler cette proportion avec la moyenne canadienne d'ici une génération.

Une culture canadienne dynamique
Le Canada se définit bien plus que par ses frontières politiques ou ses relations économiques. À l'heure des changements rapides et de la

mondialisation, il est plus important que jamais que nous sachions qui nous sommes en tant que Canadiens et ce qui nous unit.

Nos politiques culturelles devront viser l'excellence en matière de créativité, encourager la diversité du contenu canadien et favoriser l'accès aux arts et au patrimoine pour tous les Canadiens.

Les réseaux français et anglais de la Société Radio-Canada sont depuis longtemps les pierres d'assise de la politique culturelle canadienne. La SRC contribue à rapprocher les Canadiens et à les mettre en contact avec leur histoire et leur pays. Elle diffuse ses émissions dans tous les coins du Canada, des grandes villes aux petites villes, jusqu'aux populations du Nord et aux communautés autochtones. Elle offre une voix canadienne distinctive dans les deux langues officielles ainsi que des débouchés importants pour nos créateurs. Le gouvernement accroîtra son appui à la SRC pour l'aider à mieux remplir son rôle distinct de diffuseur public au service de tous les Canadiens.

De même, le gouvernement aidera les milieux de l'édition et de l'enregistrement à prospérer dans la nouvelle économie. Il continuera de soutenir le développement de contenu numérique sur l'Internet et dans les autres nouveaux médias, tant en français qu'en anglais, et aidera les produits et les services culturels canadiens à percer les marchés étrangers.

Les communautés canadiennes sont de plus en plus conscientes que qualité de vie et capacité à attirer le talent, ainsi qu'investissement et tourisme riment avec arts et patrimoine. Le gouvernement du Canada continuera donc de travailler avec les secteurs privé et à but non lucratif ainsi qu'avec d'autres gouvernements pour renforcer l'infrastructure culturelle du Canada. Il aidera les communautés à établir des programmes viables dans les domaines des arts et du patrimoine qui répondent à leur situation et à leurs aspirations particulières.

Des possibilités nouvelles et pour tous à l'échelle mondiale

Le bien-être du Canada et des Canadiens est tributaire de la sécurité humaine, de la prospérité et du développement à l'échelle du monde.

Le gouvernement du Canada s'est engagé à travailler de concert avec ses partenaires internationaux pour promouvoir la paix et la sécurité, et ce, en améliorant les mécanismes axés sur la prévention et le règlement des conflits. Il veillera à renforcer la gouvernance à l'échelle du monde et à améliorer les institutions multilatérales existantes et nouvelles. Celles-ci comprennent entre autres le G20. Ce nouveau forum, dont le Canada assure la première présidence, a pour but d'accroître la stabilité de l'économie mondiale et d'assurer que la mondialisation profite à tous ses membres.

Le gouvernement augmentera l'aide canadienne au développement international et il mettra à profit ses investissements autant dans la lutte contre la pauvreté que dans les efforts visant à renforcer la démocratie, la justice et la stabilité sociale dans le monde.

Les Canadiens sont passés maîtres dans la mise en valeur de la technologie pour bâtir une société plus inclusive. L'expérience canadienne est aujourd'hui un modèle à suivre. Grâce à sa participation aux travaux du Groupe d'experts sur l'accès aux nouvelles technologies, créé par le G8, ainsi qu'à ses propres investissements dans les pays en développement, le Canada contribuera à combler le fossé digital à l'échelle mondiale.

Le gouvernement poursuivra ses efforts de maintien de la paix, qui font la fierté des Canadiens. Dans son budget de 2000, le gouvernement a alloué plus d'argent aux Forces canadiennes afin de les aider à être équipées et prêtes à répondre rapidement aux demandes d'aide provenant du Canada et de l'étranger.

Le Sommet des Amériques qui se tiendra cette année offre aux pays de l'hémisphère occidental une occasion exceptionnelle de mettre de l'avant une vision équilibrée et cohérente afin de raffermir leur collaboration. La déclaration et le plan d'action à l'issue du Sommet viendront appuyer l'intérêt du Canada en faveur du renforcement de la démocratie et des droits de la personne, de l'expansion du commerce grâce à la Zone de libre-échange des Amériques et d'un meilleur accès aux avantages de la croissance. Ces initiatives fourniront aux populations l'accès aux avantages de la croissance et donneront également à tous les pays des Amériques l'occasion d'améliorer la qualité de vie de leurs citoyens.

Lors du Sommet des Amériques, ainsi qu'en sa qualité de président du G8 en 2002, le Canada s'emploiera à amener d'autres pays à tirer parti de la mondialisation, tout en se faisant le défenseur de la paix et de la sécurité dans le monde.

Hommage à notre citoyenneté canadienne

Le Canada est né d'une vision noble et d'un acte de volonté.

Notre citoyenneté canadienne s'est forgée au fil du temps, au gré de l'expérience partagée…

… lorsque nous célébrons le succès de nos scientifiques, de nos chercheurs, de nos athlètes, de nos artistes, de nos dirigeants sur la scène mondiale et de nos casques bleus, et que nous rendons hommage à nos anciens combattants.

… lorsque nous visitons d'autres régions du pays ou voyageons à l'étranger, et que nous voyons comment les autres nous perçoivent.

… lorsque, chaque année, des milliers de néo-Canadiens, debout, fièrement, aux côtés de leur famille, s'apprêtent à assumer les responsabilités allant de pair avec la citoyenneté canadienne.

… lorsque, en période difficile, nous venons en aide aux autres. Et lorsque des millions de bénévoles donnent généreusement de leur temps pour aider leurs collectivités à devenir meilleures.

Le gouvernement aidera les Canadiens à resserrer les liens qui les unissent pour mieux se comprendre et se respecter, à célébrer leurs réalisations et leur histoire, et à assumer la citoyenneté qu'ils partagent avec les autres.

Il continuera d'élargir les programmes d'échanges à l'intention des jeunes afin que soit atteint l'objectif de 100 000 échanges par an.

La dualité linguistique du Canada est au cœur de notre identité canadienne et constitue un élément clé de notre société dynamique. La protection et la promotion de nos deux langues officielles sont une priorité du gouvernement, d'un océan à l'autre. Le gouvernement renouvellera son engagement à l'égard des communautés minoritaires de langue officielle viables et du renforcement de la culture et de la langue françaises, tout en mobilisant ses efforts pour que tous les Canadiens puissent communiquer avec le gouvernement dans la langue officielle de leur choix.

Nous continuerons à renforcer les institutions du gouvernement. Depuis 1993, celui-ci a adopté un ensemble de mesures pour permettre aux députés de mieux représenter leurs électeurs. Les députés ont participé à des consultations publiques prébudgétaires à la suite desquelles on a fait des recommandations au gouvernement. En outre, l'on a tenu compte d'un nombre plus grand de projets de loi émanant des députés et des sénateurs, et on leur a consacré plus d'attention que jamais auparavant.

Au cours de cette nouvelle session du Parlement, le gouvernement proposera de nouvelles améliorations aux procédures de la Chambre et du Sénat. Entre autres mesures, les procédures de vote à la Chambre des communes seront modernisées. Pour aider les parlementaires à s'acquitter de leurs tâches, le gouvernement compte accroître les ressources de la Bibliothèque du Parlement pour qu'elle réponde mieux aux besoins des comités permanents de la Chambre et du Sénat en matière de recherche.

Tous les Canadiens sont appelés à contribuer au développement de notre pays et à faire en sorte que le Canada remplisse sa promesse au XXIe siècle. La *voie canadienne* doit demeurer le meilleur exemple qui soit pour les hommes et les femmes de tous horizons et de toutes origines afin qu'ils unissent leurs forces pour créer un avenir meilleur.

Mesdames et Messieurs les députés,

Vous serez appelés à voter les crédits nécessaires pour financer les services et les dépenses approuvés par le Parlement.

Honorables sénateurs et sénatrices,

Mesdames et Messieurs les députés,

Puisse la Divine Providence vous guider dans vos délibérations.

ENFANTS ET FAMILLES

LE DISCOURS DU TRÔNE DE 2001

Adrienne Clarkson ▪ Ottawa (Canada) ▪ 30 janvier 2001

*D*ans la nouvelle économie, où le succès national s'appuie sur le savoir et la créativité, améliorer la qualité de vie nécessitera – plus que jamais – une population adaptable, souple et prête à poursuivre son apprentissage pendant toute sa vie.

Il va également de soi que c'est dès la tendre enfance que s'acquièrent les qualités qui assureront notre future prospérité et une meilleure qualité de vie.

Il est essentiel pour son bien-être et son succès futurs que tout enfant prenne un bon départ. La force de notre société dépendra des investissements que nous ferons aujourd'hui – comme pays – dans les familles et les enfants.

Les Canadiens souhaitent que leurs gouvernements veillent, en partenariat avec les parents, le secteur privé et les organismes bénévoles, à ce que tous les enfants soient prêts à apprendre lorsqu'ils commencent l'école, qu'ils puissent grandir en santé et devenir des adultes productifs.

Il y a une génération, les Canadiens ont relevé le défi d'éliminer la pauvreté parmi les aînés. Aujourd'hui, l'une des premières priorités de notre gouvernement est de faire en sorte qu'aucun enfant au Canada n'ait à subir les effets débilitants de la pauvreté.

Nos réalisations

Nous nous sommes engagés à consacrer 2,2 milliards $ d'ici cinq ans à l'Accord sur le développement de la petite enfance que nous avons conclu avec les provinces.

Nous avons doublé la durée du versement des prestations parentales et de maternité au titre de l'assurance-emploi à compter du 1er janvier de cette année.

Nous avons continué de hausser la Prestation fiscale canadienne pour enfants, de sorte que, d'ici 2004, une famille touchera plus de 2 500 $ pour le premier enfant – et nous avons baissé le seuil de revenu de façon que les familles à revenu moyen puissent maintenant en bénéficier.

Notre Programme canadien de nutrition prénatale vise à aider les femmes qui ont des grossesses à risque. Au total, 277 projets ont été mis sur pied dans plus de 680 collectivités urbaines et rurales à l'échelle nationale, et un quart des participants sont autochtones.

Nous avons mis sur pied le Programme d'aide préscolaire aux Autochtones (Premières Nations, Inuits et Métis) – doté d'un budget de près de 50 millions $ par année – dont bénéficient des milliers d'enfants d'âge préscolaire et leurs familles.

Les nouvelles lois relatives aux pensions alimentaires pour enfants permettent de déterminer le montant des pensions alimentaires et modifient la fiscalité relative à ces pensions.

Engagements du discours du Trône de 2001

Le gouvernement continuera de prendre des mesures en vue d'aider les familles défavorisées qui ont des enfants à rompre le cycle de la pauvreté et de la dépendance et d'assurer l'accès pour toutes les familles aux services et aux soutiens dont elles ont besoin pour prendre soin de leurs enfants.

Nous allons déployer des efforts particuliers en vue de fournir aux jeunes Autochtones les outils de base dont ils ont besoin pour profiter davantage des possibilités qu'offre le Canada.

Nous allons :

Miser sur le succès des programmes pilotes de soutien à l'emploi en collaborant avec les provinces et les territoires à l'élaboration de nouvelles mesures pour aider les familles monoparentales à se sortir de la pauvreté et à mieux subvenir à leurs besoins;

Travailler avec les provinces à moderniser les lois relatives aux pensions alimentaires pour enfants et aux ordonnances de garde et d'accès, de sorte qu'elles servent au mieux les intérêts des enfants en cas d'éclatement de la famille;

Prendre des mesures pour permettre aux parents de prodiguer des soins palliatifs à un enfant, sans craindre la perte soudaine d'un revenu ou d'un emploi;

Travailler avec les Premières Nations à améliorer et élargir les programmes et les services de développement de la petite enfance offerts dans leurs collectivités;

Élargir considérablement le Programme d'aide préscolaire aux Autochtones afin de mieux préparer un plus grand nombre de jeunes Autochtones à l'école, en particulier ceux qui ont des besoins spéciaux;

Adopter des mesures pour réduire considérablement le nombre de nouveau-nés autochtones atteints du syndrome d'alcoolisme fœtal d'ici la fin de la décennie.

UN CANADA DIGNE DES ENFANTS

SECTION III :
VERS UNE VISION CANADIENNE COMMUNE POUR LES ENFANTS

Gouvernement du Canada ■ Avril 2004

13. En assumant un rôle de chef de file lors du Sommet mondial pour les enfants, en 1990, et en ratifiant la *Convention relative aux droits de l'enfant*, en 1991, le Canada a reconnu que la dignité inhérente et les droits égaux et inaliénables de tous les membres de la famille humaine, y compris les enfants, sont le fondement nécessaire de la liberté, de la justice et de la paix dans le monde. **Depuis cette date, nous élaborons, pour les enfants du Canada et du monde, une vision commune, à la mesure de l'importance que nous leur accordons.**

14. À la suite du Sommet mondial pour les enfants, **le Canada a présenté aux Nations Unies un plan d'action national intitulé *Grandir ensemble*.** En 1993, une loi du Parlement a fait du 20 novembre la Journée nationale de l'enfant, l'occasion de célébrer les enfants du Canada et de sensibiliser le public à la *Convention relative aux droits de l'enfant*. Notre pays a déposé devant le Comité des droits de l'enfant des Nations Unies deux rapports périodiques sur la mise en œuvre de la Convention. En 2002, le Canada a joué un rôle important dans les préparatifs de la Session extraordinaire de l'Assemblée générale des Nations Unies consacrée aux enfants – la rencontre qui a suivi le Sommet mondial sur les enfants –, y compris pendant les négociations entourant la déclaration mondiale et le plan d'action, *Un monde digne des enfants*. Sa présence active lors de la Session extraordinaire elle-même a été reconnue, et nous sommes particulièrement fiers de notre appui à la participation active des enfants tout le long du processus.

15. En décembre 1997, le Canada a été le premier État à ratifier la *Convention sur l'interdiction de l'emploi, du stockage, de la production et du transfert des mines antipersonnel et sur leur destruction* (la Convention sur les mines antipersonnel); et, en juin 2000, il a été le premier à adopter une législation complète d'application du *Statut de Rome de la Cour pénale internationale*, qui oblige les particuliers à rendre compte des crimes qu'ils commettent contre l'humanité, notamment contre les enfants. En juillet 2000, le Canada a été le premier pays à ratifier le *Protocole facultatif à la Convention relative aux droits de l'enfant, concernant l'implication d'enfants dans les conflits armés*. En septembre 2000, notre pays a organisé une conférence internationale innovante sur les enfants touchés par la guerre.

16. L'engagement de longue date du Canada en faveur des enfants et la mise en œuvre de la *Convention relative aux droits des enfants* nous ont incités à agir pour eux. Nos efforts combinés, au Canada et sur la scène internationale, ont accru notre connaissance des facteurs qui favorisent le bien-être des enfants et de leurs familles et ont contribué à notre compréhension du rapport entre les droits et le développement de l'enfant.

(1) Le bien-être des enfants du Canada :
Une responsabilité partagée

17. Le bien-être des enfants est une responsabilité que partage toute la société canadienne. Certes, c'est aux parents d'abord qu'il revient d'apporter des soins et de l'affection à leurs enfants, mais nous reconnaissons que les familles s'inscrivent dans le contexte des collectivités, des milieux de travail et des établissements publics. Le rôle des pouvoirs publics est de veiller à ce que chacun de ces milieux fonctionne, individuellement et ensemble, de manière à appuyer les familles avec des enfants et les enfants au sein des familles.

18. En vertu de la Constitution du Canada, les gouvernements fédéral, provinciaux et territoriaux sont responsables de plusieurs domaines qui touchent la vie des enfants. Manifestement, pour que les enfants soient avantagés, la collaboration entre juridictions est indispensable. La coopération entre les paliers fédéral, provincial et territorial en ce qui concerne les enfants s'est considérablement améliorée au cours de la dernière décennie. En 1996, les premiers ministres ont convenu que les enfants et les familles constitueraient une priorité d'action conjointe.

19. Le *Plan d'action national pour les enfants*, établi par les gouvernements fédéral, provinciaux et territoriaux, en consultation avec le public, définit une vision partagée qui fera en sorte que les enfants du Canada aient les moyens nécessaires pour réaliser leur plein potentiel. Cette vision commune est assortie d'objectifs visant à ce que les enfants soient : en bonne santé (physiquement et émotionnellement); protégés et en sécurité; en mesure de bien apprendre; de même qu'engagés et responsables sur le plan social. Le *Plan d'action national pour les enfants* propose en outre six modalités d'action collective pour améliorer le bien-être des enfants du Canada : favoriser le développement de la petite enfance; soutenir les parents et renforcer les familles; améliorer la sécurité du revenu des familles; offrir des expériences d'apprentissage dès la petite enfance et de façon continue par la suite; promouvoir le sain développement des adolescents; et créer des collectivités sûres, solidaires et libres de toute violence. L'Entente sur le développement de la petite enfance, annoncée par les premiers ministres en septembre 2000, a été le premier point de cet ordre du jour à être soulevé. En vertu de l'Entente, des investissements sont faits dans des programmes et des services conçus expressément pour les enfants de moins de six ans et leurs familles, dans quatre domaines d'action : promouvoir la santé des

femmes enceintes, des nouveau-nés et des jeunes enfants; améliorer l'aide aux parents et aux familles; améliorer le développement des jeunes enfants, les soins qu'ils reçoivent et leur capacité d'apprentissage; et renforcer les soutiens communautaires.

(2) Comment se portent les enfants du Canada

20. Dans l'ensemble, ils se portent bien. Ils ont accès à des systèmes d'éducation et de soins de santé universels qui comptent parmi les meilleurs du monde. Dans leur majorité, ils naissent en bonne santé et le demeurent. Ils vivent dans des familles aimantes et dans des collectivités qui les soutiennent. Le nombre des familles à faible revenu est plus bas aujourd'hui qu'il ne l'a jamais été au cours des dix dernières années. Les enfants sont prêts à apprendre lorsqu'ils arrivent à l'école et ils y réussissent. Toutefois, les enfants du Canada ne se développent pas tous aussi bien. Les enfants autochtones, les enfants handicapés, ceux qui vivent en région éloignée, ceux qui appartiennent à des familles monoparentales, qui reçoivent l'assistance sociale, dont les parents sont des immigrants récents ou qui sont réfugiés, ont plus de chances d'être désavantagés économiquement, avec les risques que cela comporte. Nous reconnaissons aussi que tous les enfants sans exception sont exposés, un jour ou l'autre, à de multiples risques qui, potentiellement, menacent leur santé et leur bien-être.

21. Le gouvernement du Canada a défini la santé de la population, le maintien et l'amélioration de la santé de toute la population et la réduction des inégalités sur le plan de la santé entre les groupes qui constituent la population, comme la démarche idéale de l'élaboration des programmes et des politiques. La santé de la population déborde largement les indicateurs traditionnels (comme la maladie ou la déficience) pour englober toute la gamme des facteurs et conditions collectifs – et leurs interactions – dont on sait qu'ils sont liés à l'état de santé. Communément appelés « déterminants de la santé », ces facteurs sont actuellement : le niveau de revenu et le statut social; les réseaux de soutien social; l'éducation; l'emploi et les conditions de travail; les environnements sociaux; les environnements physiques; les habitudes de santé et la capacité d'adaptation personnelles; le développement de la petite enfance; le patrimoine biologique et génétique; les services de santé; le sexe et la culture.

22. D'après l'ensemble de nos recherches et de nos connaissances, trois conditions favorables se révèlent essentielles au sain développement de l'enfant : un revenu familial suffisant; des parents qui jouent bien leur rôle au sein de familles fortes et unies; et des collectivités solidaires et bienveillantes.

23. Les familles doivent être en mesure de répondre aux besoins financiers de leurs enfants – non seulement pour satisfaire à leurs besoins essentiels comme l'alimentation, le vêtement et le logement, mais aussi pour leur offrir des expériences enrichissantes qui favorisent l'éclosion de

leurs talents et encouragent leur participation, avec leurs pairs, aux activités saines et stimulantes qui favorisent leur développement social et leur intégration dans la vie collective. Toutefois, divers facteurs comme l'absence de logements abordables, le manque d'accès à des services de garde, une mauvaise santé chronique, des parents peu scolarisés et un marché du travail restreint peuvent également influer sur la capacité des familles d'atteindre à la sécurité financière. Faire en sorte qu'au moins un des deux parents ait un emploi stable et correctement rémunéré est certainement le meilleur moyen de prévenir et de réduire la pauvreté. Cependant, en 2001, le taux de chômage au Canada tournait autour de 7,2 pour cent, et 11,4 pour cent des familles avec des enfants disposaient d'un revenu faible, selon la grille des seuils de faible revenu (SFR) après impôt sur le revenu de Statistique Canada, qui est fixée selon la proportion du revenu annuel qui est consacré aux besoins essentiels comme les aliments, le logement et les vêtements. Le SFR indique quelles sont les familles qui dépensent une partie beaucoup plus élevée que la moyenne de leur revenu pour satisfaire leurs besoins essentiels.

24. Nous connaissons tous l'importance de l'attention parentale dans le développement de l'enfant. Les enfants sont moins exposés aux problèmes d'apprentissage et de comportement si leurs parents les soutiennent, les écoutent et leur assurent une stabilité. Certes, les parents sont aujourd'hui souvent soumis à des tensions, mais ils sont résolus à bien élever leurs enfants. En outre, les recherches nous apprennent qu'une attention parentale efficace peut protéger les enfants contre beaucoup des risques associés à un statut socioéconomique faible, tandis qu'une attention parentale insuffisante peut saper les avantages d'une bonne situation économique et entraîner un piètre développement.

25. Des milieux de travail bienveillants, où sont appliquées des politiques et des pratiques favorables aux familles, des ressources à l'échelle locale et des réseaux sociaux, ce sont là certains des moyens qui aident les parents à être plus efficaces et les enfants à réussir. Des collectivités sûres, qui offrent des contextes de vie sains et stimulants et qui donnent accès à des programmes et à des services, représentent une contribution importante au bien-être des enfants et des familles. S'agissant des tout-petits, il est particulièrement important de leur offrir un enseignement et des soins adaptés linguistiquement et culturellement, pour les préparer à apprendre durant toute leur vie.

(3) Appuyer les enfants et les familles du Canada
26. Le gouvernement du Canada, en partenariat avec les provinces, les territoires et d'autres intervenants, a effectué de nombreux investissements importants au cours de la dernière décennie afin que les familles disposent d'un revenu adéquat, que les parents soient capables de bien assumer leurs responsabilités et que les enfants aient accès à des programmes et services communautaires qui favorisent leur sain développement.

27. Les progrès récemment accomplis par le Canada en matière de croissance économique et de création d'emplois aident à réduire la pauvreté et à faire en sorte qu'un plus grand nombre de familles disposent des ressources dont elles ont besoin pour s'occuper de leurs enfants. De plus, la Prestation fiscale canadienne pour enfants, bonifiée à maintes reprises depuis sa création en 1997, offre un versement mensuel non taxable qui aide les parents à subvenir aux besoins de leurs enfants. Dans le cadre de la Prestation nationale pour enfants (PNE) – initiative conjointe lancée en 1998 en association avec les provinces et les territoires –, le gouvernement du Canada verse des prestations de revenu aux familles défavorisées afin d'atténuer la pauvreté infantile et d'encourager les parents à demeurer dans la population active. La contribution à la PNE des provinces, des territoires et des Premières nations consiste à réinvestir dans des avantages et des services destinés à appuyer les familles à faible revenu ayant des enfants, dans des domaines comme les services de garde, les prestations pour enfants et les suppléments de revenu, les services à la petite enfance, les prestations supplémentaires pour soins médicaux, y compris pour soins dentaires, et autres services de prévention. Parmi les autres mesures qui aident les familles avec enfants, citons le crédit pour taxe sur les produits et services/taxe harmonisée, la déduction pour frais de garde d'enfants, le programme de la Subvention canadienne pour l'épargne-études, le Programme canadien de prêts aux étudiants et le Crédit pour études.

28. Pour tenir compte des dépenses extraordinaires que doivent engager les parents d'enfants gravement handicapés, le gouvernement du Canada a amélioré un certain nombre de mesures et de programmes fiscaux, notamment le Crédit d'impôt pour personnes handicapées et le Supplément afférent, le Crédit d'impôt pour frais médicaux, la déduction pour frais de garde d'enfants pour les enfants handicapés, les transferts de régimes enregistrés d'épargne-retraite et de fonds enregistrés d'épargne-retraite en faveur d'enfants ayant une déficience, les subventions canadiennes pour les étudiants handicapés et une nouvelle Prestation pour enfants handicapés à l'intention des familles à revenu faible et modeste, mise en place en 2003.

29. Le gouvernement du Canada a également pris une série de mesures visant à soutenir par d'autres moyens les parents en tant que premiers pourvoyeurs de soins de leurs enfants. En 2000, les prestations parentales et de maternité offertes dans le cadre du programme d'assurance-emploi ont été prolongées jusqu'à un an pour permettre aux parents de rester à la maison et de s'occuper d'un enfant nouveau-né ou nouvellement adopté. En vertu de l'Entente sur le développement de la petite enfance, le gouvernement du Canada transfère des fonds chaque année aux gouvernements provinciaux et territoriaux, en appui à l'amélioration et à l'élargissement des programmes et des services en faveur de la petite enfance. En 2003, le gouvernement fédéral s'est engagé à améliorer l'accès à des programmes abordables et de bonne

qualité de garderies et d'apprentissage précoce, lesquels sont régis par les provinces et les territoires, par le truchement du Cadre multilatéral pour l'apprentissage et la garde des jeunes enfants. Comme il l'a annoncé dans le budget de 2004, le gouvernement du Canada accordera, en 2004-2005 et en 2005-2006, des fonds supplémentaires aux provinces et aux territoires en vertu du Cadre multilatéral, ce qui signifie plus de soins de qualité pour les enfants, et plus rapidement.

30. Au Canada, nous prisons notre système d'enseignement primaire et secondaire accessible à tous. L'éducation est une sphère de responsabilité provinciale et territoriale, sauf en ce qui concerne les enfants indiens inscrits vivant dans des réserves. Pour ces derniers, c'est le gouvernement fédéral qui assume la responsabilité de leur éducation. Aussi, verse-t-il des fonds à ce titre aux Premières nations, qui administrent les programmes scolaires dans les réserves ou prennent des dispositions pour envoyer les élèves dans des écoles provinciales.

31. En 2002, le gouvernement du Canada a créé la Stratégie de justice familiale axée sur l'enfant, qui aide les parents à se concentrer sur les besoins de leurs enfants après une séparation ou un divorce et à minimiser les problèmes. La Stratégie tâche de fournir aux parents des outils qui les aident à prendre des arrangements parentaux répondant aux intérêts supérieurs de leurs enfants. Cette stratégie s'appuie sur les nouvelles mesures de soutien aux enfants, entrées en vigueur en 1997, qui comportent des lignes directrices fédérales en matière de soutien aux enfants et des mesures supplémentaires d'application de la loi destinées à aider les provinces et les territoires à faire respecter les obligations alimentaires.

32. Le gouvernement continue d'appuyer une série de programmes ciblés émanant des collectivités, destinés aux enfants et à leurs parents, comme le Programme d'action communautaire pour les enfants, le Programme de nutrition prénatale du Canada, et le Programme d'aide préscolaire aux Autochtones. Ces programmes et services permettent aux familles et aux collectivités de favoriser la bonne santé et le développement social des enfants et des familles qui vivent dans un contexte difficile. De plus, à travers l'Initiative de lutte contre la violence familiale, un vaste éventail de démarches de prévention et d'intervention ont été mises en place afin de mieux protéger les enfants et les familles.

33. Un peu partout au Canada, dans toutes les zones de compétence, le bien-être des enfants et des familles est un domaine d'action prioritaire. La plupart des gouvernements provinciaux et territoriaux ont commencé à chercher les moyens de prendre en compte le caractère complexe et intersectoriel des questions relatives aux enfants et à leurs familles. Des provinces comme l'Alberta, la Colombie-Britannique, le Nouveau-Brunswick, l'Ontario et le Québec ont confié la responsabilité des enfants et/ou de la famille à certains ministères précis. En 1996, la province de Nouvelle-Écosse a créé le *Child and Youth Action Committee (CAYAC)* comme moyen pour les ministères provinciaux qui partagent la

tâche d'assurer des services aux enfants et aux jeunes de coordonner leur élaboration des politiques. En 2000, le Manitoba a créé un comité de haut niveau comparable appelé Comité du cabinet sur les enfants en santé. Cette province annonce que le sain développement des enfants et des adolescents compte parmi ses grandes priorités. Comme autres exemples, signalons l'Île-du-Prince-Édouard qui a créé le *Children's Secretariat* pour aider le *Premier's Council on Healthy Child Development*, ou encore le Nunavut, qui a formé le *Children First Secretariat*, un comité interministériel de sous-ministres. Enfin, le Québec investit d'importantes ressources aux fins d'une démarche intégrée des services à l'enfance et à la famille, de manière à favoriser le développement de l'enfant et l'égalité des chances. Ce mécanisme accorde un poids particulier à l'intervention précoce, notamment par des mesures de soutien du revenu familial et de programmes d'apprentissage précoce et de garderies (par exemple, des centres pour la petite enfance et des services de garderies après l'école offerts à des prix minimes).

34. Un certain nombre de gouvernements provinciaux ont également nommé des défenseurs des enfants et des jeunes. Certes leurs mandats diffèrent, mais ils se concertent au sein du *Canadian Council of Provincial Child and Youth Advocates* afin de partager un même engagement à faire valoir la voix, les droits et la dignité des enfants. Font partie de ce groupe : cinq protecteurs des enfants nommés par des provinces (Alberta, Manitoba, Terre-Neuve, Ontario et Saskatchewan); la section des enfants du bureau de l'Ombudsman, de Nouvelle-Écosse; la Commission des droits de la personne et des droits de la jeunesse du Québec; et le *Child and Youth Officer*, de Colombie-Britannique. Dans l'ensemble, les défenseurs des enfants sont habilités à participer aux activités suivantes : faire en sorte que les droits des enfants et des jeunes soient respectés et valorisés dans nos collectivités, ainsi que dans les pratiques, politiques et lois des pouvoirs publics; promouvoir les intérêts et agir comme porte-parole des enfants qui ont des ennuis avec les services provinciaux; faire de la sensibilisation auprès du public; travailler à la résolution de différends et mener des enquêtes indépendantes; recommander au gouvernement et/ou à l'assemblée législative des moyens d'améliorer les programmes pour les enfants.

(4) Favoriser la santé des enfants du Canada

35. La responsabilité qui incombe aux gouvernements de protéger la santé des citoyens est une composante essentielle du contrat social canadien. La santé publique, que l'on définit comme les efforts organisés déployés par la société pour protéger, promouvoir et rétablir la santé de toute la population, exerce trois fonctions principales : la prévention et le contrôle des maladies et des blessures; la protection contre les menaces sanitaires; et la promotion de la santé. Au Canada, les efforts de santé publique comprennent des programmes et des services touchant les maladies contagieuses (infectieuses) et non contagieuses (chroniques);

les blessures; les menaces contre la santé, comme les toxines environnementales; la malnutrition; les polluants; et l'insécurité des aliments et des réserves de sang. Les interventions actuelles sont concentrées sur les menaces individuelles en matière de santé, comme certaines maladies ou conditions spécifiques, par exemple le diabète, et sur la promotion des facteurs de protection, comme une vie saine. Les enfants en comptent parmi les premiers destinataires.

36. D'autre part, le Canada offre un système de soins de santé financé par le secteur public, assuré par le truchement de 13 régimes d'assurance-santé provinciaux et territoriaux imbriqués et liés entre eux du fait de leur adhésion à des principes nationaux fixés à l'échelon fédéral : gestion publique, intégralité, universalité, transférabilité et accessibilité. Le but de ce système est de faire en sorte que tous les assurés, y compris les enfants, aient un accès satisfaisant à une gamme de biens et services nécessaires médicalement, sans égard aux obstacles financiers ou autres. Le programme des services de santé non assurés du gouvernement du Canada offre, aux Indiens inscrits et aux Inuit reconnus (sans égard à leur lieu de résidence), des biens et services nécessaires mais qui ne sont pas couverts par les autres programmes privés ou provinciaux/territoriaux. En février 2003, les gouvernements fédéral, provinciaux et territoriaux, se sont engagés à accélérer la réforme des soins de santé primaires, afin que tous les citoyens, y compris les enfants, profitent de services intégrés de soins de santé primaires. Pour appuyer les efforts de renouvellement déployés par les provinces et les territoires, le Fonds pour la réforme de la santé leur transférera des ressources financières pendant cinq ans, afin de leur permettre de respecter les priorités que sont la réforme des soins primaires, les soins à domicile et la couverture des médicaments onéreux. Cela s'ajoute au Fonds pour l'adaptation des soins de santé primaires, créé par le gouvernement du Canada en 2000 pour appuyer le renouvellement des soins de santé primaires destinés à tous les groupes d'âge, aux niveaux provincial, territorial et fédéral.

37. En septembre 2002, les ministres de la Santé fédéral, provinciaux et territoriaux ont convenu de travailler ensemble à une Stratégie pancanadienne intégrée en matière de modes de vie sains. Les premiers points de mire de la Stratégie sont l'activité physique et une alimentation saine dans un contexte de poids-santé. Chaque année, plus des trois quarts des décès qui surviennent au Canada sont attribuables à quatre groupes de maladies non transmissibles : affections cardiovasculaires, cancer, diabète et maladies respiratoires. Les facteurs de risque qui conduisent à ces maladies, comme l'inactivité physique et une mauvaise alimentation, sont en augmentation, en particulier dans certains groupes vulnérables. La Stratégie en matière de modes de vie sains vise à réduire l'incidence des maladies non transmissibles en s'attaquant à leurs facteurs de risque communs et aux conditions sous-jacentes de la société qui y contribuent. Conformément à cet accent sur la vie saine, les

ministres fédéral, provinciaux et territoriaux responsables des sports ont endossé, en avril 2002, la Politique canadienne du sport. Celle-ci vise à créer un environnement sportif dynamique et de pointe, permettant à tous les Canadiens de s'engager avec plaisir dans une pratique sportive qui soit à la mesure de leurs capacités et de leurs intérêts et à un nombre croissant d'athlètes de se démarquer de façon constante aux plus hauts niveaux de compétition. Par ailleurs, le 15 juillet 2003, le *Canada a signé la Convention-cadre pour la lutte antitabac*. Il s'agit là du premier traité de santé publique élaboré par l'Organisation mondiale de la santé (OMS). Il énonce les obligations qui incombent aux gouvernements de s'attaquer aux enjeux liés au tabagisme, et notamment à ceux qui concernent les jeunes.

38. Dans un effort pour protéger les enfants contre les risques et les contaminants de l'environnement, le gouvernement du Canada régit et renforce la protection de la santé et de l'environnement, par le truchement de mesures comme la *Loi sur les produits antiparasitaires* et la *Loi canadienne sur la protection de l'environnement*. S'ajoutent à cela les alertes sur la sécurité et l'allergénicité des jouets, les contrôles des aliments et des drogues, et la réglementation de sécurité dans les domaines de ressort fédéral.

(5) Promouvoir des collectivités saines, sûres et solidaires

39. Tous les secteurs de la société canadienne travaillent de concert pour faire en sorte que les enfants et les familles profitent d'une société plus sûre, grâce à des collectivités saines et solidaires. La Stratégie nationale de prévention du crime, créée en 1998, aide les collectivités à élaborer des méthodes novatrices, conçues par les intéressés eux-mêmes, pour prévenir la criminalité et réduire la victimisation, grâce à une collaboration entre tous les paliers des pouvoirs publics et les collectivités. Elle insiste particulièrement sur les enfants et les jeunes à risque, les Autochtones et la sécurité personnelle des femmes.

40. Le gouvernement du Canada s'est engagé à collaborer avec les provinces et les territoires afin d'améliorer le système de justice pour les jeunes. L'Initiative sur le renouvellement du système de justice pour les jeunes, annoncée en mai 1998, a amené l'adoption de nouvelles lois à large portée.

41. Lancée en 1999, l'Initiative nationale pour les sans-abri – qui comprend l'Initiative de partenariats en action communautaire, la Stratégie pour les jeunes sans-abri et divers travaux de recherche – aide à répondre aux besoins urgents et essentiels des sans-abri, ainsi qu'à certains besoins en matière de logements de transition et de logements de soutien. De plus, en 2001, en partenariat avec les provinces et les territoires, le gouvernement fédéral a lancé l'Initiative en matière de logements à prix abordable, qui vise à améliorer l'offre de logements locatifs abordables, principalement dans les centres urbains.

42. Les gouvernements fédéral, provinciaux et territoriaux collaborent avec leurs partenaires, aux paliers national et international, afin de protéger les enfants contre les enlèvements d'enfants par le père ou la mère et pour qu'ils soient promptement renvoyés. Au Canada, le programme *Nos enfants disparus* et les Services nationaux des enfants disparus fournissent un solide appui aux familles et à la police.

43. En 2002, le gouvernement a également apporté des modifications au *Code criminel*, afin de mieux protéger les enfants contre la maltraitance et l'exploitation. Ces modifications renforceront les dispositions contre la pornographie infantile, protégeront les enfants contre les relations d'exploitation sexuelle et augmenteront les sentences maximales liées aux infractions mettant en jeu des enfants. Dans le budget de 2004, le gouvernement du Canada a annoncé de nouveaux investissements qui permettront de lancer une stratégie nationale de lutte contre l'exploitation sexuelle des enfants sur Internet.

(6) Améliorer le bien-être des enfants et des familles autochtones

44. Le gouvernement du Canada collabore avec les communautés autochtones, les dirigeants et les Aînés, ainsi qu'avec les gouvernements provinciaux et territoriaux, à l'amélioration du bien-être des enfants et des familles autochtones (Premières nations vivant dans les réserves et hors réserve, Métis, Indiens non inscrits et Inuit). Au Canada, tous les gouvernements sont certes responsables de la santé de leurs citoyens les plus jeunes, mais la santé des enfants des Premières nations vivant dans des réserves et des enfants inuit relève plus particulièrement, quoique pas exclusivement, du gouvernement fédéral. Dans le discours du Trône de 2004, le gouvernement du Canada a réitéré son engagement à faire en sorte que les enfants autochtones puissent prendre un meilleur départ dans la vie. Dans le budget de 2004, le gouvernement a annoncé des fonds supplémentaires pour l'apprentissage et la garde des jeunes enfants des Premières nations qui vivent dans les réserves; ce montant s'ajoute à l'investissement accru annoncé dans le budget de 2003.

45. Depuis 1998, dans le cadre de l'initiative de Réinvestissement de la Prestation nationale pour les enfants des Premières nations, ces dernières réinvestissent les épargnes d'aide sociale dans des programmes et services pour les familles à faible revenu, dans des domaines comme la garde des enfants, la nutrition, le développement de la petite enfance, les soutiens pour l'emploi et la formation et l'amélioration des collectivités. En 1998, le gouvernement du Canada a lancé une initiative de réforme pédagogique, en association avec les intervenants et les communautés des Premières nations, afin de renforcer leur capacité de gestion et de gouvernance, d'améliorer la qualité des cours dispensés en classe, d'accroître la participation des parents et des communautés et de faciliter la transition entre l'école et le travail.

46. La Stratégie fédérale de développement de la petite enfance autochtone et des Premières nations, annoncée en octobre 2002, complète l'Entente sur le développement de la petite enfance. La stratégie est conçue pour améliorer les programmes et les services existants, notamment le Programme d'aide préscolaire aux Autochtones, l'Initiative visant la garde d'enfants chez les Premières nations et les Inuits et les mesures de prévention et d'appui concernant le trouble du spectre de l'alcoolisation fœtale (TSAF), en insistant particulièrement sur les enfants des réserves. Le budget de 2003 a annoncé que des fonds seraient consacrés à l'amélioration de programmes d'apprentissage précoce et de garde pour les enfants autochtones, principalement pour ceux qui vivent dans les réserves. Ces appuis compléteront le transfert fédéral aux provinces et territoires à l'appui du Cadre multilatéral pour l'apprentissage et la garde des jeunes enfants. Le gouvernement du Canada soutient la prestation de services de bien-être de l'enfance qui soient culturellement adaptés et gérés par les Premières nations elles-mêmes. En 2000, de concert avec l'Assemblée des premières nations et divers organismes de services à l'enfance et à la famille des Premières nations, il a effectué une étude stratégique nationale sur les services à l'enfance et à la famille des Premières nations, qui devrait entraîner une amélioration sensible du système. Enfin, la Stratégie pour les Autochtones en milieu urbain, créée en 1998 et prolongée dans le budget fédéral de 2003, soutient des projets pilotes sur les nouveaux moyens à prendre pour mieux répondre aux besoins des populations urbaines autochtones, y compris les enfants et les familles. Il prévoit aussi des fonds supplémentaires pour régler certains problèmes critiques, comme le fort roulement de personnel parmi les enseignants dans certaines écoles des Premières nations et la nécessité de soutenir la participation des familles à l'éducation des enfants des Premières nations.

(7) *Faire fond sur nos connaissances*

47. Les interventions du Canada en faveur des enfants et des familles reposent sur un solide ensemble de connaissances des meilleures pratiques. Des investissements constants dans la recherche, la surveillance et l'amélioration des connaissances permettent aux Canadiens de suivre les progrès accomplis et de voir comment les enfants du Canada évoluent. Les initiatives dans ce sens sont entre autres : le Système canadien hospitalier d'information et de recherche en prévention des traumatismes, les Centres d'excellence pour le bien-être des enfants, l'Enquête sur les comportements liés à la santé des enfants d'âge scolaire, le Système canadien de surveillance périnatale, le Programme canadien de surveillance pédiatrique, l'Enquête sur la participation et les limitations d'activités, l'Étude canadienne sur l'incidence des signalements de cas de violence et de négligence envers les enfants, le système de surveillance accrue des jeunes de la rue au

Canada, l'Enquête longitudinale nationale sur les enfants et les jeunes (ELNEJ), la *New Canadian Children and Youth Study*, l'Enquête auprès des peuples autochtones, l'*Aboriginal Children's Survey*, le Programme de partenariats pour le développement social et le Fonds de recherche de l'Agence canadienne de développement international (ACDI) sur la protection des enfants. Ces initiatives ajoutent l'élaboration de connaissances quantitatives et qualitatives provenant de diverses enquêtes et statistiques, aux recherches à l'échelon local, ainsi qu'à la collecte et à l'échange de meilleures pratiques. De plus, dans le budget de 2004, le gouvernement du Canada a annoncé un élargissement sensible de l'initiative *Comprendre la petite enfance (CPE)*, qui permettra aux collectivités de prendre des décisions éclairées sur les meilleures politiques et les programmes les plus appropriés pour les jeunes et leurs parents.

48. Les mesures prises en faveur des enfants au cours des 10 dernières années nous ont apporté une multitude d'expériences, qui nous permettent de déduire quelles sont les interventions les plus efficaces et les meilleures façons de structurer les actions gouvernementales pour aider les enfants. Nous avons appris que, pour être efficaces, les mesures en faveur des enfants doivent être très bien coordonnées à l'intérieur des administrations publiques et entre elles, ainsi qu'avec les autres partenaires et intervenants. Les recherches évoquées plus haut nous ont aussi enseigné que le cumul d'investissements sociaux forts et à large portée et d'une attention soutenue pour la prévention parmi les enfants les plus exposés peut améliorer le degré de bien-être et compenser les désavantages. En combinant des programmes universels et des initiatives plus ciblées, les gouvernements et leurs partenaires en arrivent à toucher la totalité des enfants et des familles et à prêter une attention spéciale à ceux qui en ont le plus besoin.

(8) Soutenir les enfants du monde

49. Au niveau mondial, la décennie 90, lourde de promesses, n'a apporté que des progrès modestes pour les enfants du monde. Côté positif, le Sommet mondial pour les enfants et l'entrée en vigueur de la *Convention relative aux droits de l'enfant* ont attiré les projecteurs politiques sur la question. Des dispositions et des mécanismes juridiques internationaux visant à renforcer la protection des enfants en ont résulté. Des engagements ont été pris à l'échelon régional. Les efforts pour atteindre les objectifs du Sommet mondial des enfants ont été suivis de près au cours des années 1990 et ont eu beaucoup de résultats tangibles : moins nombreux sont les enfants qui aujourd'hui meurent de maladies évitables; l'éradication de la polio sera bientôt chose faite; et, grâce à l'iodation du sel, 90 millions de nouveau-nés sont chaque année protégés contre une perte sensible de leur capacité d'apprentissage.

50. Pourtant, de lourds défis demeurent. Plus de 10 millions d'enfants décèdent chaque année de causes évitables; 121 millions d'enfants ne

sont pas scolarisés (dont 54 pour cent de filles); 150 millions d'enfants souffrent de faim et de malnutrition; et le VIH/sida se répand rapidement. La pauvreté persistante, les conflits armés, le fardeau des dettes et la menace qui pèse sur la santé et la sécurité sociale entraînent une insuffisance des investissements dans les services sociaux. De nombreux enfants sont victimes de discrimination et ne profitent pas des ressources et des services sociaux existants. Souvent aussi, les enfants sont empêchés de participer aux décisions qui les touchent directement. De plus, l'exploitation abusive par le travail, la vente et la traite d'enfants et d'adolescents, ainsi que diverses autres formes de maltraitance, d'exploitation et de violence, persistent toujours.

51. Pour aider à relever ces défis mondiaux, le Canada s'est engagé à augmenter et à renforcer son aide publique au développement dans quatre domaines prioritaires du développement social. Les plans d'action pour l'éducation de base, la santé et la nutrition, ainsi que la lutte contre le VIH/sida, comportent une composante en faveur des enfants, tandis que le plan d'action relatif à la protection de l'enfance vise expressément les droits des enfants qui ont besoin d'une protection spéciale contre l'exploitation, la maltraitance et la discrimination.

52. L'expérience de la dernière décennie confirme que les besoins et les droits des enfants doivent figurer parmi les priorités des efforts mondiaux en faveur du développement. Plusieurs leçons essentielles sont à retenir : le changement est possible – et les droits des enfants constituent un excellent point de ralliement; les politiques doivent prendre en compte aussi bien les facteurs immédiats qui touchent ou excluent tel ou tel groupe d'enfants, que les causes plus profondes et plus vastes de l'insuffisance des protections et des violations de droits; il faut privilégier les interventions ciblées qui donnent des résultats rapides, sans négliger la durabilité et les processus de participation; enfin, les efforts doivent s'appuyer sur la résilience et la force des enfants eux-mêmes. Les programmes multisectoriels centrés sur la petite enfance et le soutien aux familles, particulièrement celles qui sont à hauts risques, méritent un soutien spécial, parce qu'ils apportent des résultats durables sur les plans de la croissance, du développement et de la protection des enfants.

CONVENTION SPEECHES SIDE BY SIDE

TEXT OF SENATOR JOHN KERRY'S SPEECH
DELIVERED AT THE DEMOCRATIC NATIONAL CONVENTION

John Kerry ■ Boston (États-Unis) ■ Juillet 2004

I'm John Kerry, and I'm reporting for duty.

We are here tonight because we love our country.

We are proud of what America is and what it can become.

My fellow Americans, we are here tonight united in one simple purpose: to make America stronger at home and respected in the world.

A great American novelist wrote that you can't go home again. He could not have imagined this evening. Tonight, I am home. Home where my public life began and those who made it possible live. Home where our nation's history was written in blood, idealism, and hope. Home where my parents showed me the values of family, faith, and country.

Thank you, all of you, for a welcome home I will never forget.

I wish my parents could share this moment. They went to their rest in the last few years, but their example, their inspiration, their gift of open eyes, open mind, and endless world are bigger and more lasting than any words.

I was born in Colorado, in Fitzsimmons Army Hospital, when my dad was a pilot in World War II. Now, I'm not one to read into things, but guess which wing of the hospital the maternity ward was in? I'm not making this up. I was born in the West Wing!

My mother was the rock of our family, as so many mothers are. She stayed up late to help me do my homework. She sat by my bed when I was sick, and she answered the questions of a child who, like all children, found the world full of wonders and mysteries.

She was my den mother when I was a Cub Scout and she was so proud of her 50-year pin as a Girl Scout leader. She gave me her passion for the environment. She taught me to see trees as the cathedrals of nature. And by the power of her example, she showed me that we can and must finish the march toward full equality for all women in our country.

My dad did the things that a boy remembers. He gave me my first model airplane, my first baseball mitt and my first bicycle. He also taught me that we are here for something bigger than ourselves; he lived out the responsibilities and sacrifices of the greatest generation, to whom we owe so much.

When I was a young man, he was in the State Department, stationed in Berlin when it and the world were divided between democracy and communism. I have unforgettable memories of being a kid mesmerized by the British, French, and American troops, each of them guarding their own part of the city, and Russians standing guard on the stark line separating East from West. On one occasion, I rode my bike into Soviet East Berlin. And when I proudly told my dad, he promptly grounded me.

But what I learned has stayed with me for a lifetime. I saw how different life was on different sides of the same city. I saw the fear in the eyes of people who were not free. I saw the gratitude of people toward the United States for all that we had done. I felt goose bumps as I got off a military train and heard the Army band strike up "Stars and Stripes Forever." I learned what it meant to be America at our best. I learned the pride of our freedom. And I am determined now to restore that pride to all who look to America.

Mine were greatest generation parents. And as I thank them, we all join together to thank that whole generation for making America strong, for winning World War II, winning the Cold War, and for the great gift of service which brought America fifty years of peace and prosperity.

My parents inspired me to serve, and when I was a junior in high school, John Kennedy called my generation to service. It was the beginning of a great journey, a time to march for civil rights, for voting rights, for the environment, for women, and for peace. We believed we could change the world. And you know what? We did.

But we're not finished. The journey isn't complete. The march isn't over. The promise isn't perfected. Tonight, we're setting out again. And together, we're going to write the next great chapter of America's story.

We have it in our power to change the world again. But only if we're true to our ideals and that starts by telling the truth to the American people. That is my first pledge to you tonight. As President, I will restore trust and credibility to the White House.

I ask you to judge me by my record: As a young prosecutor, I fought for victims' rights and made prosecuting violence against women a priority. When I came to the Senate, I broke with many in my own party to vote for a balanced budget, because I thought it was the right thing to do. I fought to put a 100,000 cops on the street.

And then I reached across the aisle to work with John McCain, to find the truth about our POWs and missing in action, and to finally make peace with Vietnam.

I will be a commander in chief who will never mislead us into war. I will have a vice president who will not conduct secret meetings with polluters to rewrite our environmental laws. I will have a secretary of Defense who will listen to the best advice of our military leaders. And I will appoint an Attorney General who actually upholds the Constitution of the United States.

My fellow Americans, this is the most important election of our lifetime. The stakes are high. We are a nation at war, a global war on terror against an enemy unlike any we have ever known before. And here at home, wages are falling, health care costs are rising, and our great middle class is shrinking. People are working weekends; they're working two jobs, three jobs, and they're still not getting ahead.

We're told that outsourcing jobs is good for America. We're told that new jobs that pay $9,000 less than the jobs that have been lost is the best we can do. They say this is the best economy we've ever had. And they say that anyone who thinks otherwise is a pessimist. Well, here is our answer: There is nothing more pessimistic than saying America can't do better.

We can do better and we will. We're the optimists. For us, this is a country of the future. We're the can do people. And let's not forget what we did in the 1990s. We balanced the budget. We paid down the debt. We created 23 million new jobs. We lifted millions out of poverty and we lifted the standard of living for the middle class. We just need to believe in ourselves and we can do it again.

So tonight, in the city where America's freedom began, only a few blocks from where the sons and daughters of liberty gave birth to our nation, here tonight, on behalf of a new birth of freedom, on behalf of the middle class who deserve a champion, and those struggling to join it who deserve a fair shot, for the brave men and women in uniform who risk their lives every day and the families who pray for their return, for all those who believe our best days are ahead of us, for all of you with great faith in the American people, I accept your nomination for President of the United States.

I am proud that at my side will be a running mate whose life is the story of the American dream and who's worked every day to make that dream real for all Americans: Senator John Edwards of North Carolina, and his wonderful wife Elizabeth and their family. This son of a mill worker is ready to lead and next January, Americans will be proud to have a fighter for the middle class to succeed Dick Cheney as Vice President of the United States.

And what can I say about Teresa? She has the strongest moral compass of anyone I know. She's down to earth, nurturing, courageous, wise and smart. She speaks her mind and she speaks the truth, and I love her for that, too. And that's why America will embrace her as the next First Lady of the United States.

For Teresa and me, no matter what the future holds or the past has given us, nothing will ever mean as much as our children. We love them not just for who they are and what they've become, but for being themselves, making us laugh, holding our feet to the fire, and never letting me get away with anything. Thank you, Andre, Alex, Chris, Vanessa, and John.

And in this journey, I am accompanied by an extraordinary band of brothers led by that American hero, a patriot named Max Cleland. Our band of brothers doesn't march together because of who we are as veterans, but because of what we learned as soldiers. We fought for this nation because we loved it and we came back with the deep belief that every day is extra. We may be a little older now, we may be a little grayer, but we still know how to fight for our country.

And standing with us in that fight are those who shared with me the long season of the primary campaign: Carol Moseley Braun, General Wesley Clark, Howard Dean, Dick Gephardt, Bob Graham, Dennis Kucinich, Joe Lieberman and Al Sharpton.

To all of you, I say thank you for teaching me and testing me but mostly, we say thank you for standing up for our country and giving us the unity to move America forward.

My fellow Americans, the world tonight is very different from the world of four years ago. But I believe the American people are more than equal to the challenge.

Remember the hours after Sept. 11, when we came together as one to answer the attack against our homeland. We drew strength when our firefighters ran up the stairs and risked their lives, so that others might live. When rescuers rushed into smoke and fire at the Pentagon. When the men and women of Flight 93 sacrificed themselves to save our nation's Capitol. When flags were hanging from front porches all across America, and strangers became friends. It was the worst day we have ever seen, but it brought out the best in all of us.

I am proud that after Sept. 11 all our people rallied to President Bush's call for unity to meet the danger. There were no Democrats. There were no Republicans. There were only Americans. How we wish it had stayed that way.

Now I know there are those who criticize me for seeing complexities and I do because some issues just aren't all that simple. Saying there are weapons of mass destruction in Iraq doesn't make it so. Saying we can fight a war on the cheap doesn't make it so. And proclaiming mission accomplished certainly doesn't make it so.

As President, I will ask hard questions and demand hard evidence. I will immediately reform the intelligence system so policy is guided by facts, and facts are never distorted by politics. And as President, I will bring back this nation's time-honored tradition: the United States of America never goes to war because we want to, we only go to war because we have to.

I know what kids go through when they are carrying an M-16 in a dangerous place and they can't tell friend from foe. I know what they go through when they're out on patrol at night and they don't know what's coming around the next bend. I know what it's like to write letters home telling your family that everything's all right when you're not sure that's true.

As President, I will wage this war with the lessons I learned in war. Before you go to battle, you have to be able to look a parent in the eye and truthfully say: "I tried everything possible to avoid sending your son or daughter into harm's way. But we had no choice. We had to protect the American people, fundamental American values from a threat that was real and imminent." So lesson one, this is the only justification for going to war.

And on my first day in office, I will send a message to every man and woman in our armed forces: You will never be asked to fight a war without a plan to win the peace.

I know what we have to do in Iraq. We need a president who has the credibility to bring our allies to our side and share the burden, reduce the cost to American taxpayers, and reduce the risk to American soldiers. That's the right way to get the job done and bring our troops home.

Here is the reality: that won't happen until we have a president who restores America's respect and leadership – so we don't have to go it alone in the world.

And we need to rebuild our alliances, so we can get the terrorists before they get us.

I defended this country as a young man and I will defend it as President. Let there be no mistake: I will never hesitate to use force when it is required. Any attack will be met with a swift and certain response. I will never give any nation or international institution a veto over our national security. And I will build a stronger American military.

We will add 40,000 active duty troops, not in Iraq, but to strengthen American forces that are now overstretched, overextended, and under pressure. We will double our special forces to conduct anti-terrorist operations. We will provide our troops with the newest weapons and technology to save their lives and win the battle. And we will end the backdoor draft of National Guard and reservists.

To all who serve in our armed forces today, I say, help is on the way.

As President, I will fight a smarter, more effective war on terror. We will deploy every tool in our arsenal: our economic as well as our military might; our principles as well as our firepower.

In these dangerous days there is a right way and a wrong way to be strong. Strength is more than tough words. After decades of experience in national security, I know the reach of our power and I know the power of our ideals.

We need to make America once again a beacon in the world. We need to be looked up to and not just feared.

We need to lead a global effort against nuclear proliferation to keep the most dangerous weapons in the world out of the most dangerous hands in the world.

We need a strong military and we need to lead strong alliances. And then, with confidence and determination, we will be able to tell the terrorists: You will lose and we will win. The future doesn't belong to fear; it belongs to freedom.

And the front lines of this battle are not just far away they're right here on our shores, at our airports, and potentially in any town or city. Today, our national security begins with homeland security. The 9/11 Commission has given us a path to follow, endorsed by Democrats, Republicans, and the 9/11 families. As president, I will not evade or equivocate; I will immediately implement the recommendations of that commission. We shouldn't be letting 95 percent of container ships come into our ports without ever being physically inspected. We shouldn't be leaving our nuclear and chemical plants without enough protection. And we shouldn't be opening firehouses in Baghdad and closing them down in the United States of America.

And tonight, we have an important message for those who question the patriotism of Americans who offer a better direction for our country. Before wrapping themselves in the flag and shutting their eyes and ears to the truth, they should remember what America is really all about. They should remember the great idea of freedom for which so many have given their lives. Our purpose now is to reclaim democracy itself. We are here to affirm that when Americans stand up and speak their minds and say America can do better, that is not a challenge to patriotism; it is the heart and soul of patriotism.

You see that flag up there. We call her Old Glory. The stars and stripes forever. I fought under that flag, as did so many of you here and all across our country. That flag flew from the gun turret right behind my head. It was shot through and through and tattered, but it never ceased to wave in the wind. It draped the caskets of men I served with and friends I grew up with. For us, that flag is the most powerful symbol of who we are and what we believe in. Our strength. Our diversity. Our love of country. All that makes America both great and good.

That flag doesn't belong to any president. It doesn't belong to any ideology and it doesn't belong to any political party. It belongs to all the American people.

My fellow citizens, elections are about choices. And choices are about values. In the end, it's not just policies and programs that matter; the president who sits at that desk must be guided by principle.

For four years, we've heard a lot of talk about values. But values spoken without actions taken are just slogans. Values are not just words. They're what we live by. They're about the causes we champion and the people we fight for. And it is time for those who talk about family values to start valuing families.

You don't value families by kicking kids out of after-school programs and taking cops off our streets, so that Enron can get another tax break.

We believe in the family value of caring for our children and protecting the neighborhoods where they walk and play.

And that is the choice in this election.

You don't value families by denying real prescription drug coverage to seniors, so big drug companies can get another windfall.

We believe in the family value expressed in one of the oldest Commandments: "Honor thy father and thy mother." As President, I will not privatize Social Security. I will not cut benefits. And together, we will make sure that senior citizens never have to cut their pills in half because they can't afford lifesaving medicine.

And that is the choice in this election.

You don't value families if you force them to take up a collection to buy body armor for a son or daughter in the service, if you deny veterans health care, or if you tell middle class families to wait for a tax cut, so that the wealthiest among us can get even more.

We believe in the value of doing what's right for everyone in the American family.

And that is the choice in this election.

We believe that what matters most is not narrow appeals masquerading as values, but the shared values that show the true face of America. Not narrow appeals that divide us, but shared values that unite us. Family and faith. Hard work and responsibility. Opportunity for all so that every child, every parent, every worker has an equal shot at living up to their God-given potential.

What does it mean in America today when Dave McCune, a steel worker I met in Canton, Ohio, saw his job sent overseas and the equipment in his factory literally unbolted, crated up, and shipped thousands of miles away along with that job? What does it mean when workers I've met had to train their foreign replacements?

America can do better. So tonight we say: help is on the way.

What does it mean when Mary Ann Knowles, a woman with breast cancer I met in New Hampshire, had to keep working day after day right through her chemotherapy, no matter how sick she felt, because she was terrified of losing her family's health insurance?

America can do better. And help is on the way.

What does it mean when Deborah Kromins from Philadelphia, Pennsylvania, works and saves all her life only to find out that her pension has disappeared into thin air and the executive who looted it has bailed out on a golden parachute?

America can do better. And help is on the way.

What does it mean when 25 percent of the children in Harlem have asthma because of air pollution?

America can do better. And help is on the way.

What does it mean when people are huddled in blankets in the cold, sleeping in Lafayette Park on the doorstep of the White House itself and the number of families living in poverty has risen by three million in the last four years?

America can do better. And help is on the way.

And so we come here tonight to ask: Where is the conscience of our country?

I'll tell you where it is: it's in rural and small town America; it's in urban neighborhoods and suburban main streets; it's alive in the people I've met in every part of this land. It's bursting in the hearts of Americans who are determined to give our country back its values and its truth.

We value jobs that pay you more, not less, than you earned before. We value jobs where, when you put in a week's work, you can actually pay your bills, provide for your children, and lift up the quality of your life. We value an America where the middle class is not being squeezed, but doing better.

So here is our economic plan to build a stronger America:

First, new incentives to revitalize manufacturing.

Second, investment in technology and innovation that will create the good-paying jobs of the future.

Third, close the tax loopholes that reward companies for shipping our jobs overseas. Instead, we will reward companies that create and keep good paying jobs where they belong: in the good old U.S.A.

We value an America that exports products, not jobs and we believe American workers should never have to subsidize the loss of their own job.

Next, we will trade and compete in the world. But our plan calls for a fair playing field because if you give the American worker a fair playing field, there's nobody in the world the American worker can't compete against.

And we're going to return to fiscal responsibility, because it is the foundation of our economic strength. Our plan will cut the deficit in half in four years by ending tax giveaways that are nothing more than corporate welfare and will make government live by the rule that every family has to follow: pay as you go.

And let me tell you what we won't do: we won't raise taxes on the middle class. You've heard a lot of false charges about this in recent months. So let me say straight out what I will do as President: I will cut middle class taxes. I will reduce the tax burden on small business. And I will roll back the tax cuts for the wealthiest individuals who make over $200,000 a year, so we can invest in job creation, health care and education.

Our education plan for a stronger America sets high standards and demands accountability from parents, teachers, and schools. It provides for smaller class sizes and treats teachers like the professionals they are. And it gives a tax credit to families for each and every year of college.

When I was a prosecutor, **I met young kids who were in trouble, abandoned by adults**. And as President, I am determined that we stop being a nation **content to spend $50,000** a year to keep a young person in prison for the rest of their life when we could invest $10,000 to give them Head Start, Early Start, Smart Start, the best possible start in life.

And we value health care that's affordable and accessible for all Americans.

Since 2000, four million people have lost their health insurance. Millions more are struggling to afford it.

You know what's happening. Your premiums, your co-payments, your deductibles have all gone through the roof.

Our health care plan for a stronger America cracks down on the waste, greed, and abuse in our health care system and will save families up to $1,000 a year on their premiums. You'll get to pick your own doctor and patients and doctors, not insurance company bureaucrats, will make medical decisions. Under our plan, Medicare will negotiate lower drug prices for seniors. And all Americans will be able to buy less expensive prescription drugs from countries like Canada.

The story of people struggling for health care is the story of so many Americans. But you know what, it's not the story of senators and members of Congress. Because we give ourselves great health care and you get the bill. Well, I'm here to say, your family's health care is just as important as any politician's in Washington, D.C.

And when I'm President, America will stop being the only advanced nation in the world which fails to understand that health care is not a privilege for the wealthy, the connected, and the elected – it is a right for all Americans.

We value an America that controls its own destiny because it's finally and forever independent of Mideast oil. What does it mean for our economy and our national security when we only have three percent of the world's oil reserves, yet we rely on foreign countries for fifty-three percent of what we consume?

I want an America that relies on its own ingenuity and innovation, not the Saudi royal family.

And our energy plan for a stronger America will invest in new technologies and alternative fuels and the cars of the future – so that no young American in uniform will ever be held hostage to our dependence on oil from the Middle East.

I've told you about our plans for the economy, for education, for health care, for energy independence. I want you to know more about them. So now I'm going to say something that Franklin Roosevelt could never have said in his acceptance speech: go to johnkerry.com.

I want to address these next words directly to President George W. Bush: In the weeks ahead, let's be optimists, not just opponents. Let's build unity in the American family, not angry division. Let's honor this nation's diversity; let's respect one another; and let's never misuse for political purposes the most precious document in American history, the Constitution of the United States.

My friends, the high road may be harder, but it leads to a better place. And that's why Republicans and Democrats must make this election a contest of big ideas, not small-minded attacks. This is our time to reject the kind of politics calculated to divide race from race, group from group, region from region. Maybe some just see us divided into red states and blue states, but I see us as one America red, white, and blue. And when I am President, the government I lead will enlist people of talent, Republicans as well as Democrats, to find the common ground so that no one who has something to contribute will be left on the sidelines.

And let me say it plainly: in that cause, and in this campaign, we welcome people of faith. America is not us and them. I think of what Ron Reagan said of his father a few weeks ago, and I want to say this to you tonight: I don't wear my own faith on my sleeve. But faith has given me values and hope to live by, from Vietnam to this day, from Sunday to Sunday. I don't want to claim that God is on our side. As Abraham Lincoln told us, I want to pray humbly that we are on God's side. And whatever our faith, one belief should bind us all: The measure of our character is our willingness to give of ourselves for others and for our country.

These aren't Democratic values. These aren't Republican values. They're American values. We believe in them. They're who we are. And if we honor them, if we believe in ourselves, we can build an America that's stronger at home and respected in the world.

So much promise stretches before us. Americans have always reached for the impossible, looked to the next horizon, and asked: What if?

Two young bicycle mechanics from Dayton asked, what if this airplane could take off at Kitty Hawk? It did that and changed the world forever. A young president asked, what if we could go to the moon in ten years? And now we're exploring the solar system and the stars themselves. A young generation of entrepreneurs asked, what if we could take all the information in a library and put it on a little chip the size of a fingernail? We did, and that too changed the world forever.

And now it's our time to ask: What if?

What if we find a breakthrough to cure Parkinson's, diabetes, Alzheimer's and AIDs? What if we have a president who believes in science, so we can unleash the wonders of discovery like stem cell research to treat illness and save millions of lives?

What if we do what adults should do and make sure all our children are safe in the afternoons after school? And what if we have a leadership that's as good as the American dream so that bigotry and hatred never again steal the hope and future of any American?

I learned a lot about these values on that gunboat patrolling the Mekong Delta with young Americans who came from places as different as Iowa and Oregon, Arkansas, Florida and California. No one cared where we went to school. No one cared about our race or our backgrounds. We were literally all in the same boat. We looked out, one for the other and we still do.

That is the kind of America I will lead as President: an America where we are all in the same boat.

Never has there been a more urgent moment for Americans to step up and define ourselves. I will work my heart out. But, my fellow citizens, the outcome is in your hands more than mine.

It is time to reach for the next dream. It is time to look to the next horizon. For America, the hope is there. The sun is rising. Our best days are still to come.

Goodnight, God bless you, and God bless America.

CONVENTION SPEECHES SIDE BY SIDE

TEXT OF PRESIDENT BUSH'S SPEECH
DELIVERED AT THE REPUBLICAN NATIONAL CONVENTION

George Bush ▪ New York (États-Unis) ▪ Septembre 2004

*M*r. Chairman, delegates, fellow citizens: I am honored by your support, and I accept your nomination for President of the United States.

When I said those words four years ago, none of us could have envisioned what these years would bring. In the heart of this great city, we saw tragedy arrive on a quiet morning.

We saw the bravery of rescuers grow with danger. We learned of passengers on a doomed plane who died with a courage that frightened their killers. We have seen a shaken economy rise to its feet. And we have seen Americans in uniform storming mountain strongholds, and charging through sandstorms and liberating millions, with acts of valor that would make the men of Normandy proud.

Since 2001, Americans have been given hills to climb and found the strength to climb them. Now, because we have made the hard journey, we can see the valley below. Now, because we have faced challenges with resolve, we have historic goals within our reach, and greatness in our future. We will build a safer world and a more hopeful America and nothing will hold us back.

In the work we have done, and the work we will do, I am fortunate to have a superb vice president. I have counted on Dick Cheney's calm and steady judgment in difficult days and I am honored to have him at my side.

I am grateful to share my walk in life with Laura Bush. Americans have come to see the goodness and kindness and strength I first saw 26 years ago, and we love our first lady.

I am a fortunate father of two spirited, intelligent and lovely young women. I am blessed with a sister and brothers who are also my closest friends. And I will always be the proud and grateful son of George and Barbara Bush.

My father served eight years at the side of another great American – Ronald Reagan. His spirit of optimism and goodwill and decency are in this hall, and in our hearts, and will always define our party.

Two months from today, voters will make a choice based on the records we have built, the convictions we hold and the vision that guides us forward. A presidential election is a contest for the future. Tonight I will tell you where I stand, what I believe, and where I will lead this country in the next four years.

I believe every child can learn and every school must teach – so we passed the most important federal education reform in history. Because we acted, children are making sustained progress in reading and math, America's schools are getting better, and nothing will hold us back.

I believe we have a moral responsibility to honor America's seniors – so I brought Republicans and Democrats together to strengthen Medicare. Now seniors are getting immediate help buying medicine. Soon every senior will be able to get prescription drug coverage and nothing will hold us back.

I believe in the energy and innovative spirit of America's workers, entrepreneurs, farmers and ranchers – so we unleashed that energy with the largest tax relief in a generation. Because we acted, our economy is growing again, and creating jobs and nothing will hold us back.

I believe the most solemn duty of the American president is to protect the American people. If America shows uncertainty and weakness in this decade, the world will drift toward tragedy. This will not happen on my watch.

I am running for President with a clear and positive plan to build a safer world and a more hopeful America. I am running with a compassionate conservative philosophy: that government should help people improve their lives, not try to run their lives. I believe this nation wants steady, consistent, principled leadership – and that is why, with your help, we will win this election.

The story of America is the story of expanding liberty: an ever-widening circle, constantly growing to reach further and include more. Our nation's founding commitment is still our deepest commitment: In our world, and here at home, we will extend the frontiers of freedom.

The times in which we live and work are changing dramatically. The workers of our parents' generation typically had one job, one skill, one career – often with one company that provided health care and a pension. And most of those workers were men. Today, workers change jobs, even careers, many times during their lives, and in one of the most dramatic shifts our society has seen, two-thirds of all moms also work outside the home.

This changed world can be a time of great opportunity for all Americans to earn a better living, support your family, and have a rewarding career. And government must take your side. Many of our most fundamental systems – the tax code, health coverage, pension plans, worker training – were created for the world of yesterday, not tomorrow. We will transform these systems so that all citizens are equipped, prepared – and thus truly free – to make your own choices and pursue your own dreams.

My plan begins with providing the security and opportunity of a growing economy. We now compete in a global market that provides new buyers for our goods, but new competition for our workers. To create more jobs in America, America must be the best place in the world to do business.

To create jobs, my plan will encourage investment and expansion by restraining federal spending, reducing regulation and making tax relief permanent. To create jobs, we will make our country less dependent on foreign sources of energy. To create jobs, we will expand trade and level the playing field to sell American goods and services across the globe. And we must protect small business owners and workers from the explosion of frivolous lawsuits that threaten jobs across America.

Another drag on our economy is the current tax code, which is a complicated mess – filled with special interest loopholes, saddling our people with more than six billion hours of paperwork and headache every year. The American people deserve – and our economic future demands –- a simpler, fairer, pro-growth system. In a new term, I will lead a bipartisan effort to reform and simplify the federal tax code.

Another priority in a new term will be to help workers take advantage of the expanding economy to find better, higher-paying jobs. In this time of change, many workers want to go back to school to learn different or higher-level skills. So we will double the number of people served by our principal job training program and increase funding for community colleges. I know that with the right skills, American workers can compete with anyone, anywhere in the world.

In this time of change, opportunity in some communities is more distant than in others. To stand with workers in poor communities – and those that have lost manufacturing, textile and other jobs – we will create American opportunity zones. In these areas, we'll provide tax relief and other incentives to attract new business and improve housing and job training to bring hope and work throughout all of America.

As I've traveled the country, I've met many workers and small business owners who have told me they are worried they cannot afford health care. More than half of the uninsured are small business employees and their families.

In a new term, we must allow small firms to join together to purchase insurance at the discounts available to big companies. We will offer a tax credit to encourage small businesses and their employees to set up health savings accounts, and provide direct help for low-income Americans to purchase them. These accounts give workers the security of insurance against major illness, the opportunity to save tax-free for routine health expenses and the freedom of knowing you can take your account with you whenever you change jobs. And we will provide low-income Americans with better access to health care: In a new term, I will ensure every poor county in America has a community or rural health center.

As I have traveled our country, I have met too many good doctors, especially ob-gyn , who are being forced out of practice because of the high cost of lawsuits. To make health care more affordable and accessible, we must pass medical liability reform now. And in all we do to improve health care in America, we will make sure that health decisions are made by doctors and patients, not by bureaucrats in Washington, D.C.

In this time of change, government must take the side of working families. In a new term, we will change outdated labor laws to offer comp time and flex time. Our laws should never stand in the way of a more family friendly workplace.

Another priority for a new term is to build an ownership society, because ownership brings security, and dignity and independence.

Thanks to our policies, homeownership in America is at an all-time high. Tonight we set a new goal: seven million more affordable homes in the next 10 years so more American families will be able to open the door and say "Welcome to my home."

In an ownership society, more people will own their health plans and have the confidence of owning a piece of their retirement. We will always keep the promise of Social Security for our older workers. With the huge Baby Boom generation approaching retirement, many of our children and grandchildren understandably worry whether Social Security will be there when they need it. We must strengthen Social Security by allowing younger workers to save some of their taxes in a personal account – a nest egg you can call your own and government can never take away.

In all these proposals, we seek to provide not just a government program, but a path – a path to greater opportunity, more freedom and more control over your own life.

This path begins with our youngest Americans. To build a more hopeful America, we must help our children reach as far as their vision and character can take them. Tonight, I remind every parent and every teacher, I say to every child: No matter what your circumstance, no matter where you live – your school will be the path to the promise of America.

We are transforming our schools by raising standards and focusing on results. We are insisting on accountability, empowering parents and teachers and making sure that local people are in charge of their schools. By testing every child, we are identifying those who need help – and we're providing a record level of funding to get them that help.

In northeast Georgia, Gainesville Elementary School is mostly Hispanic and 90 percent poor – and this year 90 percent of its students passed state tests in reading and math. The principal expresses the philosophy of his school this way: "We don't focus on what we can't do at this school; we focus on what we can do. We do whatever it takes to get kids across the finish line."

This principal is challenging the soft bigotry of low expectations, and that is the spirit of our education reform and the commitment of our country: No dejaremos a ning_Dun ni_Ino atr_Das. We will leave no child behind.

We are making progress – and there is more to do. In this time of change, most new jobs are filled by people with at least two years of college, yet only about one in four students gets there. In our high schools, we will fund early intervention programs to help students at risk. We will place a new focus on math and science. As we make progress, we will require a rigorous exam before graduation. By raising performance in our high schools, and expanding Pell grants for low and middle income families, we will help more Americans start their career with a college diploma.

America's children must also have a healthy start in life. In a new term, we will lead an aggressive effort to enroll millions of poor children who are eligible but not signed up for the government's health insurance programs. We will not allow a lack of attention, or information, to stand between these children and the health care they need.

Anyone who wants more details on my agenda can find them online. The web address is not very imaginative, but it's easy to remember: GeorgeWBush.com.

These changing times can be exciting times of expanded opportunity. And here, you face a choice. My opponent's policies are dramatically different from ours. Senator Kerry opposed Medicare reform and health savings accounts. After supporting my education reforms, he now wants to dilute them. He opposes legal and medical liability reform. He opposed reducing the marriage penalty, opposed doubling the child credit and opposed lowering income taxes for all who pay them.

To be fair, there are some things my opponent is for – he's proposed more than two trillion dollars in new federal spending so far, and that's a lot, even for a senator from Massachusetts. To pay for that spending, he is running on a platform of increasing taxes – and that's the kind of promise a politician usually keeps.

His policies of tax and spend – of expanding government rather than expanding opportunity – are the policies of the past. We are on the path to the future – and we are not turning back.

In this world of change, some things do not change: the values we try to live by, the institutions that give our lives meaning and purpose. Our society rests on a foundation of responsibility and character and family commitment.

Because family and work are sources of stability and dignity, I support welfare reform that strengthens family and requires work. Because a caring society will value its weakest members, we must make a place for the unborn child. Because religious charities provide a safety net of mercy and compassion, our government must never discriminate against them.

Because the union of a man and woman deserves an honored place in our society, I support the protection of marriage against activist judges. And I will continue to appoint federal judges who know the difference between personal opinion and the strict interpretation of the law.

My opponent recently announced that he is the candidate of "conservative values," which must have come as a surprise to a lot of his supporters. Now, there are some problems with this claim.

If you say the heart and soul of America is found in Hollywood, I'm afraid you are not the candidate of conservative values.

If you voted against the bipartisan Defense of Marriage Act, which President Clinton signed, you are not the candidate of conservative values.

If you gave a speech, as my opponent did, calling the Reagan presidency eight years of "moral darkness," then you may be a lot of things, but the candidate of conservative values is not one of them.

This election will also determine how America responds to the continuing danger of terrorism – and you know where I stand. Three days after September 11th, I stood where Americans died, in the ruins of the Twin Towers. Workers in hard hats were shouting to me, "Whatever it takes." A fellow grabbed me by the arm and he said, "Do not let me down." Since that day, I wake up every morning thinking about how to better protect our country. I will never relent in defending America – whatever it takes.

So we have fought the terrorists across the earth – not for pride, not for power, but because the lives of our citizens are at stake. Our strategy is clear. We have tripled funding for homeland security and trained half a million first responders, because we are determined to protect our homeland.

We are transforming our military and reforming and strengthening our intelligence services. We are staying on the offensive – striking terrorists abroad – so we do not have to face them here at home. And we are working to advance liberty in the broader Middle East, because freedom will bring a future of hope, and the peace we all want. And we will prevail.

Our strategy is succeeding. Four years ago, Afghanistan was the home base of al-Qaida, Pakistan was a transit point for terrorist groups, Saudi Arabia was fertile ground for terrorist fund-raising, Libya was secretly pursuing nuclear weapons, Iraq was a gathering threat, and al-Qaida was largely unchallenged as it planned attacks.

Today, the government of a free Afghanistan is fighting terror, Pakistan is capturing terrorist leaders, Saudi Arabia is making raids and arrests, Libya is dismantling its weapons programs, the army of a free Iraq is fighting for freedom, and more than three-quarters of al-Qaida's key members and associates have been detained or killed. We have led, many have joined, and America and the world are safer.

This progress involved careful diplomacy, clear moral purpose, and some tough decisions. And the toughest came on Iraq. We knew Saddam Hussein's record of aggression and support for terror. We knew his long history of pursuing, even using, weapons of mass destruction. And we know that Sept. 11th requires our country to think differently: We must, and we will, confront threats to America before it is too late.

In Saddam Hussein, we saw a threat. Members of both political parties, including my opponent and his running mate, saw the threat, and voted to authorize the use of force. We went to the United Nations Security Council, which passed a unanimous resolution demanding the dictator disarm, or face serious consequences. Leaders in the Middle East urged him to comply.

After more than a decade of diplomacy, we gave Saddam Hussein another chance, a final chance, to meet his responsibilities to the civilized world. He again refused, and I faced the kind of decision that comes only to the Oval Office – a decision no president would ask for, but must be prepared to make. Do I forget the lessons of Sept. 11th and take the word of a madman, or do I take action to defend our country? Faced with that choice, I will defend America every time.

Because we acted to defend our country, the murderous regimes of Saddam Hussein and the Taliban are history, more than 50 million people have been liberated, and democracy is coming to the broader Middle East. In Afghanistan, terrorists have done everything they can to intimidate people – yet more than 10 million citizens have registered to vote in the October presidential election – a resounding endorsement of democracy. Despite ongoing acts of violence, Iraq now has a strong prime minister, a national council, and national elections are scheduled for January.

Our nation is standing with the people of Afghanistan and Iraq, because when America gives its word, America must keep its word. As importantly, we are serving a vital and historic cause that will make our country safer. Free societies in the Middle East will be hopeful societies, which no longer feed resentments and breed violence for export. Free governments in the Middle East will fight terrorists instead of harboring them, and that helps us keep the peace.

So our mission in Afghanistan and Iraq is clear: We will help new leaders to train their armies, and move toward elections, and get on the path of stability and democracy as quickly as possible. And then our troops will return home with the honor they have earned.

Our troops know the historic importance of our work. One Army Specialist wrote home: "We are transforming a once sick society into a hopeful place ... The various terrorist enemies we are facing in Iraq," he continued, "are really aiming at you back in the United States. This is a test of will for our country. We soldiers of yours are doing great and scoring victories in confronting the evil terrorists."

That young man is right – our men and women in uniform are doing a superb job for America. Tonight I want to speak to all of them – and to their families: You are involved in a struggle of historic proportion. Because of your service and sacrifice, we are defeating the terrorists where they live and plan and making America safer. Because of you, women in Afghanistan are no longer shot in a sports stadium. Because of you, the people of Iraq no longer fear being executed and left in mass graves. Because of you, the world is more just and will be more peaceful. We owe you our thanks, and we owe you something more. We will give you all the resources, all the tools, and all the support you need for victory.

Again, my opponent and I have different approaches. I proposed, and the Congress overwhelmingly passed, $87 billion in funding needed by our troops doing battle in Afghanistan and Iraq.

My opponent and his running mate voted against this money for bullets, and fuel, and vehicles, and body armor. When asked to explain his vote, the Senator said, "I actually did vote for the $87 billion before I voted against it." Then he said he was "proud" of that vote. Then, when pressed, he said it was a "complicated" matter. There is nothing complicated about supporting our troops in combat.

Our allies also know the historic importance of our work. About 40 nations stand beside us in Afghanistan, and some 30 in Iraq. And I deeply appreciate the courage and wise counsel of leaders like Prime Minister Howard, and President Kwasniewski, and Prime Minister Berlusconi – and, of course, Prime Minister Tony Blair.

Again, my opponent takes a different approach. In the midst of war, he has called America's allies, quote, a "coalition of the coerced and the bribed." That would be nations like Great Britain, Poland, Italy, Japan, the Netherlands, Denmark, El Salvador, Australia, and others – allies that deserve the respect of all Americans, not the scorn of a politician. I respect every soldier, from every country, who serves beside us in the hard work of history. America is grateful, and America will not forget.

The people we have freed won't forget either. Not long ago, seven Iraqi men came to see me in the Oval Office. They had "X"s branded into their foreheads, and their right hands had been cut off, by Saddam Hussein's secret police, the sadistic punishment for imaginary crimes. During our emotional visit one of the Iraqi men used his new prosthetic hand to slowly write out, in Arabic, a prayer for God to bless America. I am proud that our country remains the hope of the oppressed, and the greatest force for good on this earth.

Others understand the historic importance of our work. The terrorists know. They know that a vibrant, successful democracy at the heart of the Middle East will discredit their radical ideology of hate. They know that men and women with hope, and purpose, and dignity do not strap bombs on their bodies and kill the innocent. The terrorists are fighting freedom with all their cunning and cruelty because freedom is their greatest fear – and they should be afraid, because freedom is on the march.

I believe in the transformational power of liberty: The wisest use of American strength is to advance freedom. As the citizens of Afghanistan and Iraq seize the moment, their example will send a message of hope throughout a vital region. Palestinians will hear the message that democracy and reform are within their reach, and so is peace with our good friend Israel.

Young women across the Middle East will hear the message that their day of equality and justice is coming. Young men will hear the message that national progress and dignity are found in liberty, not tyranny and terror. Reformers, and political prisoners, and exiles will hear the message that their dream of freedom cannot be denied forever. And as freedom advances – heart by heart, and nation by nation – America will be more secure and the world more peaceful.

America has done this kind of work before – and there have always been doubters. In 1946, 18 months after the fall of Berlin to allied forces, a journalist wrote in the New York Times, "Germany is ... a land in an acute stage of economic, political and moral crisis. European capitals are frightened. In every military headquarters, one meets alarmed officials doing their utmost to deal with the consequences of the occupation policy that they admit has failed." End quote.

Maybe that same person's still around, writing editorials. Fortunately, we had a resolute president named Truman, who with the American people persevered, knowing that a new democracy at the center of Europe would lead to stability and peace. And because that generation of Americans held firm in the cause of liberty, we live in a better and safer world today.

The progress we and our friends and allies seek in the broader Middle East will not come easily, or all at once. Yet Americans, of all people, should never be surprised by the power of liberty to transform lives and nations. That power brought settlers on perilous journeys, inspired colonies to rebellion, ended the sin of slavery, and set our Nation against the tyrannies of the 20th century.

We were honored to aid the rise of democracy in Germany and Japan and Nicaragua and Central Europe and the Baltics – and that noble story goes on. I believe that America is called to lead the cause of freedom in a new century. I believe that millions in the Middle East plead in silence for their liberty. I believe that given the chance, they will embrace the most honorable form of government ever devised by man. I believe all these things because freedom is not America's gift to the world, it is the Almighty God's gift to every man and woman in this world.

This moment in the life of our country will be remembered. Generations will know if we kept our faith and kept our word. Generations will know if we seized this moment, and used it to build a future of safety and peace. The freedom of many, and the future security of our Nation, now depend on us. And tonight, my fellow Americans, I ask you to stand with me.

In the last four years, you and I have come to know each other. Even when we don't agree, at least you know what I believe and where I stand. You may have noticed I have a few flaws, too. People sometimes have to correct my English – I knew I had a problem when Arnold Schwarzenegger started doing it. Some folks look at me and see a certain swagger, which in Texas is called "walking." Now and then I come across as a little too blunt – and for that we can all thank the white-haired lady sitting right up there.

One thing I have learned about the presidency is that whatever shortcomings you have, people are going to notice them – and whatever strengths you have, you're going to need them. These four years have brought moments I could not foresee and will not forget. I have tried to comfort Americans who lost the most on Sept. 11th – people who showed me a picture or told me a story, so I would know how much was taken from them.

I have learned first-hand that ordering Americans into battle is the hardest decision, even when it is right. I have returned the salute of wounded soldiers, some with a very tough road ahead, who say they were just doing their job. I've held the children of the fallen, who are told their dad or mom is a hero, but would rather just have their dad or mom.

And I have met with parents and wives and husbands who have received a folded flag, and said a final goodbye to a soldier they loved. I am awed that so many have used those meetings to say that I am in their prayers – to offer encouragement to me. Where does strength like that come from? How can people so burdened with sorrow also feel such pride? It is because they know their loved one was last seen doing good. Because they know that liberty was precious to the one they lost. And in those military families, I have seen the character of a great nation: decent, and idealistic, and strong.

The world saw that spirit three miles from here, when the people of this city faced peril together, and lifted a flag over the ruins, and defied the enemy with their courage. My fellow Americans, for as long as our country stands, people will look to the resurrection of New York City and they will say: Here buildings fell, and here a nation rose.

We see America's character in our military, which finds a way or makes one. We see it in our veterans, who are supporting military families in their days of worry. We see it in our young people, who have found heroes once again. We see that character in workers and entrepreneurs, who are renewing our economy with their effort and optimism. And all of this has confirmed one belief beyond doubt: Having come this far, our tested and confident Nation can achieve anything.

To everything we know there is a season – a time for sadness, a time for struggle, a time for rebuilding. And now we have reached a time for hope. This young century will be liberty's century. By promoting liberty abroad, we will build a safer world. By encouraging liberty at home, we will build a more hopeful America. Like generations before us, we have a calling from beyond the stars to stand for freedom. This is the everlasting dream of America – and tonight, in this place, that dream is renewed.

Now we go forward – grateful for our freedom, faithful to our cause, and confident in the future of the greatest nation on earth.

God bless you, and may God continue to bless America.

FOURTH WORLD CONFERENCE ON WOMEN PLENARY SESSION
REMARKS TO THE UNITED NATIONS

Hillary Rodham Clinton ▪ Beijing (Chine) ▪ Septembre 1995

*M*rs. Mongella, Under Secretary Kittani, distinguished delegates and guests:

I would like to thank the Secretary General of the United Nations for inviting me to be a part of the United Nations Fourth World Conference of Women. This is truly a celebration – a celebration of the contributions women make in every aspect of life: in the home, on the job, in their communities, as mothers, wives, sisters, daughters, learners, workers, citizens and leaders.

It is also a coming together, much of the way women come together ever day in every country.

We come together in fields and in factories. We come together in village markets and supermarkets. We come together in living rooms and board rooms.

Whether it is while playing with our children in the park, or washing clothes in a river, or taking a break at the office water cooler, we come together and talk about our aspirations and concern. And time and again, our talk turns to our children and our families. However different we may be, there is far more that unites us than divides us. We share a common future, and are here to find common ground so that we may help bring new dignity and respect to women and girls all over the world. By doing this, we bring new strength and stability to families as well.

By gathering in Beijing, we are focusing world attention on issues that matter most in the lives of women and their families: access to education, health care, jobs and credit, the chance to enjoy basic legal and human rights and participate fully in the political life of their countries.

There are some who question the reason for this conference.

Let them listen to the voices of women in their homes, neighborhoods, and workplaces.

There are some who wonder whether the lives of women and girls matter to economic and political progress around the globe.

Let them look at the women gathered here and at Huairou –- the homemakers, nurses, teachers, lawyers, policymakers, and women who run their own businesses.

It is conferences like this that compel governments and people everywhere to listen, look and face the world's most pressing problems.

Wasn't it after the women's conference in Nairobi ten years ago that the world focused for the first time on the crisis of domestic violence?

Earlier today, I participated in a World Health Organization forum, where government officials, NGOs, and individual citizens are working on ways to address the health problems of women and girls.

Tomorrow, I will attend a gathering of the United Nations Development Fund for Women. There, the discussion will focus on local – and highly successful – programs that give hard-working women access to credit so they can improve their own lives and the lives of their families.

What we are learning around the world is that if women are healthy and educated, their families will flourish. If women are free from violence, their families will flourish. If women have a chance to work and earn as full and equal partners in society, their families will flourish.

And when families flourish, communities and nations will flourish.

That is why every woman, every man, every child, every family, and every nation on our planet has a stake in the discussion that takes place here.

Over the past 25 years, I have worked persistently on issues relating to women, children, and families. Over the past two-and-a half years, I have had the opportunity to learn more about the challenges facing women in my own country and around the world.

I have met new mothers in Jojakarta and Indonesia, who come together regularly in their village to discuss nutrition, family planning, and baby care.

I have met working parents in Denmark who talk about the comfort they feel in knowing that their children can be cared for in creative, safe, and nurturing after-school centers.

I have met women in South Africa who helped lead the struggle to end apartheid and are now helping build a new democracy.

I have met with the leading women of the Western Hemisphere who are working every day to promote literacy and better health care for the children of their countries.

I have met women in India and Bangladesh who are taking out small loans to buy milk cows, rickshaws, thread and other materials to create a livelihood for themselves and their families.

I have met doctors and nurses in Belarus and Ukraine who are trying to keep children alive in the aftermath of Chernobyl.

The great challenge of this Conference is to give voice to women everywhere whose experiences go unnoticed, whose words go unheard.

Women comprise more than half the world's population. Women are 70% of the world's poor, and two-thirds of those are not taught to read and write.

Women are the primary caretakers for most of the world's children and elderly. Yet much of the work we do is not valued – not by economists, not by historians, not by popular culture, not by government leaders.

At this very moment, as we sit here, women around the world are giving birth, raising children, cooking meals, washing clothes, cleaning houses, planting crops, working on assembly lines, running companies, and running countries.

Women also are dying from diseases that should have been prevented or treated. They are watching their children succumb to malnutrition caused by poverty and economic deprivation. They are being denied the right to go to school by their own fathers and brothers. They are being forced into prostitution, and they are being barred from the band lending office and banned from the ballot box.

Those of us who have the opportunity to be here have the responsibility to speak for those who could not.

As an American, I want to speak up for those women in my own country – women who are raising children on the minimum wage, women who can't afford health care or child care, women whose lives are threatened by violence, including violence in their own homes.

I want to speak up for mothers who are fighting for good schools, safe neighborhoods, clean air, and clean airwaves; for older women, some of them widows, who have raised their families and now find their skills and life experiences are not valued in the workplace; for women who are working all night as nurses, hotel clerks, and fast food cooks so that they can be at home during the day with their kids; and for women everywhere who simply don't have time to do everything they are called upon to do each day.

Speaking to you today, I speak for them, just as each of us speaks for women around the world who are denied the chance to go to school, or see a doctor, or own property, or have a say about the direction of their lives, simply because they are women. The truth is that most women around the world work both inside and outside the home, usually by necessity.

We need to understand that there is no formula for how women should lead their lives.

That is why we must respect the choices that each woman makes for herself and her family. Every woman deserves the chance to realize her own God-given potential.

We also must recognize that women will never gain full dignity until their human rights are respected and protected.

Our goals for this Conference, to strengthen families and societies by empowering women to take greater control over their destinies, cannot be fully achieved unless all governments – here and around the world – accept their responsibility to protect and promote internationally recognized human rights.

The international community has long acknowledged – and recently affirmed at Vienna – that both women and men are entitled to a range of protections and personal freedoms, from the right of personal security to the right to determine freely the number and spacing of the children they bear.

No one should be forced to remain silent for fear of religious or political persecution, arrest, abuse or torture.

Tragically, women are most often the ones whose human rights are violated.

Even in the late 20th century, the rape of women continues to be used as an instrument of armed conflict. Women and children make up a large majority of the world's refugees. When women are excluded from the political process, they become even more vulnerable to abuse.

I believe that, on the eve of a new millennium, it is time to break our silence. It is time for us to say here in Bejing, and the world to hear, that it is no longer acceptable to discuss women's rights as separate from human rights.

These abuses have continued because, for too long, the history of women has been a history of silence. Even today, there are those who are trying to silence our words.

The voices of this conference and of the women at Huairou must be heard loud and clear:

It is a violation of human rights when babies are denied food, or drowned, or suffocated, or their spines broken, simply because they are born girls.

It is a violation of human rights when woman and girls are sold into the slavery of prostitution.

It is a violation of human rights when women are doused with gasoline, set on fire and burned to death because their marriage dowries are deemed too small.

It is a violation of human rights when individual women are raped in their own communities and when thousands of women are subjected to rape as a tactic or prize of war.

It is a violation of human rights when a leading cause of death worldwide along women ages 14 to 44 is the violence they are subjected to in their own homes.

It is a violation of human rights when women are denied the right to plan their own families, and that includes being forced to have abortions or being sterilized against their will.

If there is one message that echoes forth from this conference, it is that human rights are women's rights – and women's rights are human rights. Let us not forget that among those rights are the right to speak freely – and the right to be heard.

Women must enjoy the right to participate fully in the social and political lives of their countries if we want freedom and democracy to thrive and endure.

It is indefensible that many women in nongovernmental organizations who wished to participate in this conference have not been able to attend – or have been prohibited from fully taking part.

Let me be clear. Freedom means the right of people to assemble, organize and debate openly. It means respecting the views of those who may disagree with the views of their governments. It means not taking citizens away from their loved ones and jailing them, mistreating them, or denying them their freedom or dignity because of the peaceful expression of their ideas and opinions.

In my country, we recently celebrated the 75th anniversary of women's suffrage. It took 150 years after the signing of our Declaration of Independence for women to win the right to vote.

It took 72 years of organized struggle on the part of many courageous women and men. It was one of America's most divisive philosophical wars. But it was also a bloodless war. Suffrage was achieved without a shot being fired.

We have also been reminded, in V-J Day observances last weekend, of the good that comes when men and women join together to combat the forces of tyranny and build a better world.

We have seen peace prevail in most places for a half century. We have avoided another world war.

But we have not solved older, deeply-rooted problems that continue to diminish the potential of half the world's population.

Now it is time to act on behalf of women everywhere.

If we take bold steps to better the lives of women, we will be taking bold steps to better the lives of children and families too.

Families rely on mothers and wives for emotional support and care; families rely on women for labor in the home; and increasingly, families rely on women for income needed to raise healthy children and care for other relatives.

As long as discrimination and inequities remain so commonplace around the world – as long as girls and women are valued less, red less, fed last, overworked, underpaid, not schooled and subjected to violence in and out of their homes – the potential of the human family to create a peaceful, prosperous world will not be realized.

Let this Conference be our – and the world's – call to action.

And **let us heed the call so that we can create a world in which every woman is treated with respect and dignity, every boy and girl is loved and cared for equally, and every family has the hope of a strong and stable future**.

Thank you very much.

May God bless you, your work and all who will benefit from it.

SESSION EXTRAORDINAIRE CONSACRÉE AUX ENFANTS

PROMOUVOIR UNE EXISTENCE EN BONNE SANTÉ

Bill Gates ▪ Nations Unies ▪ Mai 2002

*D*urant la Session extraordinaire consacrée aux enfants, Bill Gates, Président de Microsoft, a fait un discours **dont voici des extraits :**

« Le monde va-t-il prendre soin de ses enfants ? C'est pour répondre à cette question que nous sommes rassemblés ici. Beaucoup de problèmes importants seront abordés pendant cette réunion historique, mais je pense quant à moi que c'est en améliorant la santé des enfant que l'on améliorera leur avenir... Nous devons faire trois choses :

« Tout d'abord, donner une visibilité accrue aux problèmes des enfants. Les inégalités en matière de santé vont en s'accentuant. Selon moi, la raison en est que ceux qui voient ces problèmes n'ont pas les ressources nécessaires pour les résoudre, et que ceux qui ont les ressources voulues ne les voient pas.

« Je crois que si on prenait le monde et qu'on le réarrangeait au hasard, de telle sorte que les riches vivent à côté des pauvres – et que, par exemple, les habitants des États-Unis voient des millions de mères enterrer leurs bébés morts de la rougeole, de malnutrition ou de pneumonie – quelque chose serait fait. Et qu'ils seraient disposés à y contribuer financièrement.

« Deuxièmement, **on ne peut pas parler uniquement des problèmes. Il faut proposer des solutions efficaces et bon marché – le peu qu'il en coûte pour sauver une vie.**

- Si les gens savaient que le vaccin contre la rougeole ne coûte que 25 cents...
- S'ils savaient qu'une moustiquaire permettant d'éviter le paludisme ne coûte que 4 dollars...
- S'ils savaient qu'il n'en coûte que 33 cents pour sauver la vie d'un enfant atteint de diarrhée...

« S'ils savaient tout cela, ils seraient de plus en plus nombreux à faire don des ressources nécessaires pour résoudre ces problèmes.

« Le troisième élément essentiel est le leadership politique. Et seuls les éminents invités rassemblés ici sont en mesure de l'assurer. L'aide extérieure et les dons des fondations peuvent servir à accomplir des progrès, mais les succès les plus importants ont tous été dus à des prises d'initiatives politiques...

« Avec une visibilité accrue, des ressources supplémentaires et des engagements politiques plus fermes, nous pouvons faire disparaître des maladies telles que la poliomyélite. Pendant 50 ans, les enfants ont souffert d'un mal que nous savons aujourd'hui prévenir. Éliminons-le. Mettons fin à la dracunculose. Vaccinons chaque enfant et sauvons 3 millions de vies chaque année. Engageons-nous à développer et à distribuer des vaccins contre le SIDA, le paludisme et la tuberculose. C'est en agissant ainsi que nous changerons la perception de ce qu'il est possible de faire.

« Tout dépend de notre réponse à la question suivante : le monde va-t-il prendre soin de ses enfants ? C'est à nous de choisir, mais il faut choisir tout de suite. Personnellement, je ne suis arrivé à la philanthropie qu'à une époque assez tardive de ma vie, où j'avais le temps de m'y consacrer pleinement. Mais plus j'apprends et plus je réalise que nous n'avons pas le temps. Les maladies n'attendent pas. Je me suis donc engagé pour cette cause pour le reste de ma vie. »

■ ■ ■

« Promouvoir une existence en bonne santé »

« Une enfant est née et commence son voyage dans la vie. Ses parents vivent avec moins de 2 dollars par jour. Comme beaucoup d'autres enfants des pays pauvres, elle court un risque sur cinq de mourir avant l'âge de cinq ans. Elle, et des millions d'autres enfants, n'ont pas le choix. Ils arrivent dans la vie comme des soldats sur le champ de la mort. »
– Dr Gro Harlem Brundtland, Directeur général, OMS

« Le compte à rebours doit commencer en matière de mortalité des mères et des nourrissons ».
– Tomris Turmen, Directeur exécutif, Santé familiale et communautaire, OMS

Malgré les progrès accomplis au cours des dix dernières années, quelque 11 millions de jeunes enfants continuent de mourir chaque année de maladies et d'une mauvaise nutrition. Dans certains pays, plus d'un enfant sur cinq décède avant d'avoir atteint son cinquième anniversaire, et beaucoup de ceux qui survivent sont incapables de réaliser leur plein potentiel en grandissant.

C'est avec ces statistiques en tête que six groupes de discussion ont examiné plusieurs questions clés liée à la survie et au développement des enfants : protéger la dyade de la mère et du nouveau-né; garantir un cadre de vie sain; parcourir le « dernier kilomètre » pour éradiquer la poliomyélite; poursuivre les initiatives de l'Alliance mondiale pour les vaccins et la vaccination; garantir aux enfants un « départ intelligent » en éliminant les troubles dus à la carence en iode; et lutter contre le paludisme, qui reste la principale cause de décès des enfants en Afrique. L'International Pediatric Association a été l'un des nombreux groupes qui ont organisé des réunions supplémentaires sur ces sujets et autres questions liées.

Ce document contient un résumé des événements suivants :

- Mères en bonne santé, bébés en bonne santé
- Le dernier kilomètre pour vaincre la poliomyélite
- L'Alliance mondiale pour les vaccins et la vaccination
- Éliminer les troubles dus à la carence en iode
- Atténuer les effets du paludisme sur la santé des enfants
- L'impact de l'environnement sur la santé

Mères en bonne santé, bébés en bonne santé

La santé des nouveau-nés dans le monde continue d'être atterrante : 40 pour cent d'entre eux ne vivent pas au-delà de 28 jours. La santé des mères et des nouveau-nés est inextricablement liée, mais reste trop souvent ignorée des programmes de santé publique actuels, qui doivent d'abord remédier à la pénurie d'accoucheuses compétentes et de services d'orientation efficaces vers des soins obstétriques d'urgence, notamment en milieu rural. Les meilleurs résultats en matière de santé et de nutrition sont obtenus lorsque la dyade mère/enfant est soutenue pendant au moins trois ans, notamment en encourageant des pratiques saines d'allaitement maternel.

Dans l'une des deux allocutions liminaires, Virginia Gillum de Quiroga, Première dame de Bolivie, a relaté l'histoire d'une de ses employées de maison qui, ayant reçu des conseils médicaux inadéquats vers la fin de sa grossesse, n'avait pas assez confiance en elle pour les remettre en cause. Pour Mark Malloch Brown, Administrateur du PNUD, il fallait placer les êtres humains au centre du développement et subordonner les institutions au rôle qui était le leur. Mais pour que ces êtres humains vivent pleinement leur vie et réalisent leurs rêves, il faut donner aux femmes la possibilité d'allaiter leurs enfants et lancer d'autres initiatives en faveur de la santé des nouveau-nés.

Le Dr Vinod Paul, Directeur du Centre de recherche et de formation sur les soins du nouveau-né à New Delhi, a décrit les problèmes qui se posent en Inde, où 1,2 million de décès de nouveau-nés enregistrés chaque année représentent près de 30 pour cent du total mondial. Le tétanos néonatal continue de causer la majorité de ces décès, malgré les progrès spectaculaires qui ont permis de réduire le nombre de cas de 300 000 par an au début des années 80 à 4 000 à l'heure actuelle. L'accouchement sans risques s'est révélé plus difficile à réaliser. Des efforts sont déployés à cette fin pour former les médecins et les accoucheuses et moderniser les équipements, et pour offrir des services de sages-femmes dans les communautés.

Pour le Dr Doyin Oluwole, Directrice de la division de la santé de la reproduction et de la famille à l'OMS en Afrique, les systèmes de santé publique devaient faire une plus large place aux soins des mères et des nouveau-nés. La mortalité des mères et des nouveau-nés reste élevée en Afrique alors que ses causes peuvent être pour la plupart évitées, les mêmes facteurs contribuant aux deux. C'est en zone rurale que les soins obstétriques d'urgence et le personnel formé sont le plus nécessaires, comme le sont les moyens de transport d'urgence, les routes et les systèmes de communication.

Janet Museveni, Première dame d'Ouganda, a dit que la situation des nouveau-nés s'était aggravée après l'effondrement des services de santé dans son pays dans les années 70 et 80. Des efforts sont actuellement déployés pour remettre à neuf les hôpitaux, ouvrir des cliniques à proximité des villages, améliorer les transports et les systèmes de communication et donner aux accoucheuses traditionnelles la formation et les équipements nécessaires pour appliquer les méthodes d'accouchement modernes.

Une étude de cas présentée par le Dr Nabeela Ali, Directrice du programme Sauver la vie des nouveau-nés de Save the Children USA au Pakistan, a montré que la mobilisation sociale avait favorisé des changements de comportements propres à faire reculer le tétanos néonatal dans les districts à haut risque. Le succès de cette initiative a reposé sur des partenariats solides forgés avec les responsables de politiques et sur une stratégie de communication parfaitement étudiée. Une approche différente a été évoquée par le Dr Zilda Arns Neumann, fondatrice du Pastoral da Criança au Brésil, qui a expliqué que des familles et des communautés étaient regroupées au sein d'un réseau de solidarité pour échanger les connaissances nécessaires à la protection des mères et de enfants de moins de six ans.

Le dernier kilomètre pour vaincre la poliomyélite

On estime à 3 millions le nombre d'enfants qui marchent aujourd'hui grâce à une campagne universelle de vaccination contre la poliomyélite démarrée en 1988. En 1988, cette maladie paralysait plus de 1 000 enfants par jour; la campagne mondiale d'éradication de la poliomyélite a ramené ce chiffre à moins de 500 par an.

Lors d'une brève cérémonie célébrée le 8 mai, les responsables de la campagne ont promis que la poliomyélite aurait disparu à jamais d'ici à 2005. Le ministre américain de la Santé et des Services sociaux Tommy Thompson s'est joint aux directeurs de l'OMS, de l'UNICEF, de Rotary International et des Centers for Disease Control and Prevention des États-Unis pour signer cette déclaration, alors que l'ambassadeur itinérant de l'UNICEF Roger Moore et deux militants anti-polio de 16 ans du Nigeria et du Pakistan en étaient les témoins.

Le Dr Dave Fleming, Directeur adjoint des Centers for Disease Prevention and Control, a résumé ainsi l'esprit qui animait cette réunion : « Le vol du potentiel humain va bientôt cesser à tout jamais ».

Mais des difficultés demeurent avant que la poliomyélite soit finalement vaincue. L'engagement politique doit se poursuivre sur « le dernier kilomètre »; tous les enfants doivent être vaccinés, notamment ceux qui vivent dans des zones touchées par un conflit; et 275 millions de dollars doivent encore être trouvés. Le Président de Rotary International Luis Vicente Giay, qui a soutenu la campagne depuis le début, a annoncé lors de la cérémonie que Rotary allait effectuer prochainement une collecte de fonds destinée à recueillir 80 millions supplémentaires.

L'Alliance mondiale pour les vaccins et la vaccination

Près de 3 millions de personnes meurent chaque année de maladies évitables par la vaccination. La plupart d'entre elles sont des enfants de moins de cinq ans.

L'Alliance mondiale pour les vaccins et la vaccination (GAVI) a été créée en 1999, à une époque où les taux de vaccination de nombreux pays étaient en baisse et où certaines maladies évitables recommençaient à progresser. Partenariat novateur regroupant des gouvernements, des organisations internationales, des philanthropes, des instituts de recherche et le secteur privé, l'Alliance est actuellement présidée par la Directrice générale de l'UNICEF Carol Bellamy et a attribué à ce jour plus de 850 millions de dollars à 55 nations où le revenu par habitant est inférieur à 1 000 dollars par an.

Lors du débat sur la GAVI, le Dr Gro Harlem Brundtland, Directeur général de l'OMS, a fait valoir que l'Alliance offrait un excellent exemple de partenariat public/privé. Elle a en outre souligné que les investissements en faveur de la santé sont essentiels pour éliminer la pauvreté, mais qu'ils sont sous-financés à la fois par les gouvernements des pays en développement et par la communauté internationale. « Des initiatives comme la GAVI représentent un important investissement dans le secteur de la santé », a déclaré le Dr Brundtland, « qui aident à inverser la tendance à la stagnation et à la détérioration des services de vaccination ».

Le Président mozambicain Joaquim Chissano a rapporté que son pays bénéficiait du soutien de la GAVI et de son mécanisme de collecte de fonds, le Fonds pour les vaccins. Des vaccins quadrivalents combinant des vaccins DCT et contre l'hépatite B fournis par la GAVI en 2001 ont complété avec succès les efforts nationaux de vaccination et ont été administrés à des populations qu'il avait été précédemment impossible d'atteindre. Bien qu'il reste des problèmes techniques et de financement à résoudre, le Président Chissano était convaincu que le partenariat forgé avec le GAVI permettrait de réduire de manière spectaculaire les souffrances et les décès au Mozambique.

Yang Qing, Directeur général adjoint du Département de la santé communautaire, maternelle et infantile de Chine, a présenté les efforts déployés dans son pays pour obtenir un taux de vaccination de plus de 90 pour cent chez les 19 millions de bébés nés chaque année. Son gouvernement et la GAVI se préparent à signer un accord en vertu duquel chacun fournira 38 millions de dollars pour faire vacciner gratuitement tous les enfants de deux générations contre l'hépatite B.

La donation sur cinq ans de 750 millions de dollars faite à la GAVI par la Fondation Bill et Melinda Gates a été motivée en partie par la volonté de préparer des systèmes de vaccination stagnants à l'arrivée de nouveaux vaccins importants contre le paludisme, la tuberculose et le VIH/SIDA, entre autres. Lorsqu'on lui a demandé ce qui se passerait une fois que cette source de financement serait épuisée, Patty Stonesifer, co-présidente et directrice de la Fondation, a déclaré que cet apport de fonds avait toujours été considéré comme un investissement initial. La Fondation espérait toutefois que les gouvernements seraient en mesure de financer leurs propres efforts de vaccination dans cinq ans.

Eveline Herfkens, ministre hollandaise de la Coopération pour le développement, s'est félicitée que la GAVI confie des ressources et des responsabilités aux gouvernements. L'aide ne sert à rien si les pays ne s'impliquent pas, a-t-elle déclaré. Mme Herfkens a attribué à la GAVI le mérite d'avoir initié les partenariats public/privé. Jacques-François Martin, président du Fonds pour les vaccins, a noté que la voie avait été tracée par Rotary International et ses efforts remarquables dans la lutte contre la poliomyélite.

Le Dr Anne Peterson, Administratrice adjointe du Bureau mondial de la santé d'USAID, a annoncé que son organisation ferait un don de 53 millions supplémentaires à la GAVI et au Fonds pour les vaccins dans le courant de l'année prochaine.

Éliminer les troubles dus à la carence en iode

Les troubles dus à la carence en iode, qui menacent les enfants dans les régions où le sol ne renferme pas d'iode, sont la cause principale des lésions cérébrales et des retards mentaux évitables dans le monde. Ils peuvent entraîner une perte de 10 à 15 points du quotient intellectuel moyen. Les troubles dus à la carence en iode ont non seulement des conséquences tragiques pour les enfants, mais ils freinent aussi le progrès économique de sociétés tout entières. **L'iodation du sel est une solution efficace et bon marché pour résoudre ce problème.**

Le Dr Brundtland de l'OMS a ouvert le débat sur le « départ intelligent » des enfants dans la vie en annonçant le lancement du Réseau pour l'élimination durable des troubles dus à la carence en iode, un partenariat unique regroupant des producteurs de sel et des organisations nationales et internationales visant à éliminer définitivement ce problème d'ici à 2005.

Cette nouvelle initiative se fonde sur les progrès réalisés depuis 1990, alors que moins de 20 pour cent des foyers du monde en développement consommaient du sel iodé; ce chiffre est passé à 70 pour cent, ce qui veut dire que 91 millions de nouveau-nés sont protégés chaque année d'une perte importante de leurs facultés d'apprentissage. Mais 41 millions d'autres continuent de courir un risque. Le Réseau s'efforcera donc en priorité de soutenir la formation de coalitions nationales dans tous les pays pour atteindre son objectif.

Les dirigeants nationaux ont fait état des progrès réalisés dans leur pays. Le Premier ministre du Bangladesh Begum Khaleda Zia a expliqué que le taux d'iodation du sel s'élevait à présent à 70 pour cent dans son pays, et que le gouvernement prévoyait de supprimer graduellement le soutien accordé aux producteurs de sel. Beriz Belki, Président de la Présidence de Bosnie-Herzégovine, a déclaré que tout le sel produit dans son pays était désormais enrichi en iode, conformément à la législation adoptée à cet effet et grâce à une collaboration avec les principaux producteurs de sels pour moderniser ce secteur. Le Dr Ali Mohamed Shein, Vice-Président de la République-Unie de Tanzanie, a déclaré que des mesures semblables avaient permis d'atteindre un taux de 83 pour cent d'iodation du sel dans son pays.

Pour ces trois orateurs, la réussite exigeait un engagement politique, des partenariats avec le secteur du sel et une aide extérieure. Parmi les difficultés qui restent à surmonter, ils ont cité le fait d'atteindre les ménages isolés, de travailler efficacement avec les petits producteurs de sel et de maintenir la qualité.

Dong Zhihua, Président de l'Association nationale du sel en Chine, a déclaré que 90 pour cent des foyers chinois consommaient à présent du sel iodé; sa société continue de collaborer avec le gouvernement pour distribuer et promouvoir ce sel dans les régions qui en sont toujours privées. Walter Becky, Président de Morton Salt, s'exprimant au nom des producteurs de sel nord-américains, s'est engagé à fournir une expertise technique et commerciale pour éliminer les troubles dus à la carence en iode dans le monde. Floris A. Bierman, Président de Akzo Nobel Salt et parlant au nom des producteurs de sel européens, a cité l'exemple de la Chine où le transfert de technologie a joué un rôle important. Robert Moore, vice-président de Kiwanis International, un partenaire clé du Réseau, a parlé de l'expérience de son organisation en matière de plaidoyer et de collecte de fonds et a soulevé la question de la participation de la société civile.

Plusieurs gouvernements donateurs soutiennent depuis longtemps l'élimination des troubles dus à la carence en iode. Susan Whelan, ministre canadienne de la Coopération interne, a observé que le nouveau Réseau allait encore faciliter la collaboration entre partenaires publics et privés, notamment dans le secteur du sel. Tommy Thompson des

États-Unis a fait valoir que ces partenariats entre les gouvernement, les producteurs et les philanthropes exploitaient les points forts de chaque secteur. Eveline Herfkens des Pays-Bas a avancé qu'il fallait investir pour protéger le cerveau des enfants si l'on voulait qu'ils terminent l'école primaire.

L'un des moments forts de la réunion a été l'annonce que le champion d'échecs Anatoly Karpov avait été nommé ambassadeur itinérant pour éliminer les troubles dus à la carence en iode dans sa région – l'Europe centrale et de l'Est et la Communauté des États indépendants et des États baltes. Dans le passé, le sel était iodé dans des proportions satisfaisantes dans cette région, mais après l'effondrement de l'Union soviétique, il ne l'est plus que d'un quart. M. Karpov a qualifié les troubles dus à la carence en iode de problème de « sécurité nationale ».

Atténuer les effets du paludisme sur la santé des enfants

À l'échelle du monde, on estime que le paludisme cause plus de 300 millions de maladies graves et 1 million de décès par an, dont 90 pour cent en Afrique sub-saharienne. Partout où sévit cette maladie, et notamment en Afrique, ce sont les jeunes enfants et les femmes enceintes qui en souffrent le plus.

Faire reculer le paludisme, une initiative mondiale lancée en 1998 par l'OMS, le PNUD, l'UNICEF et la Banque mondiale, vise à réduire de moitié l'incidence de cette maladie d'ici à 2010. Réunis à Abuja (Nigeria) en avril 2000, les dirigeants de 44 nations africaines ont adopté la Déclaration d'Abuja qui entérine cet objectif.

Le paludisme est une maladie évitable et curable. Les participants à la réunion ont examiné l'efficacité des moustiquaires imprégnées d'insecticide, qui peuvent réduire de 20 pour cent le nombre de décès d'enfants, et des traitements à domicile; la majorité des enfants atteints de paludisme meurent chez eux avant que leur famille n'aille chercher de l'aide. Toutefois, ce problème peut être évité en apprenant aux parents qu'ils doivent administrer un traitement immédiatement et en s'assurant que les médicaments adéquats soient disponibles dans leurs communautés.

Ces interventions ne concernent actuellement qu'une petite partie des populations à risque, mais **l'objectif ambitieux de réduire de moitié l'incidence du paludisme pourra néanmoins être atteint s'il est soutenu par des engagements politiques plus fermes**, des investissements nationaux plus importants et une augmentation de l'aide internationale. Dans son discours liminaire, le Président béninois Mathieu Kerekou a réaffirmé l'engagement des nations africaines à lutter contre le paludisme, et a observé que 17 pays avaient à ce jour abaissé les taxes et droits de douane sur les moustiquaires traitées, afin de rendre leur coût plus abordable pour les communautés pauvres.

Le Dr Brundtland de l'OMS a préconisé que les partenariats forgés dans le cadre de l'initiative Faire reculer le paludisme soient renforcés et que les programmes nationaux soient étendus, avec le soutien financier du nouveau conseil du Fonds mondial de lutte contre le SIDA, la tuberculose et le paludisme.

Le Dr Anne Peterson d'USAID a annoncé que son gouvernement allait augmenter de manière spectaculaire son soutien aux programmes de lutte contre le paludisme, et contribuerait à hauteur de 65 millions de dollars en 2002, plus de cinq fois la somme de 12 millions attribuée en 1997. Ce financement sera destiné à soutenir l'élargissement des programmes nationaux qui viennent en aide aux enfants et aux femmes enceintes.

L'impact de l'environnement sur la santé

Pour de nombreux jeunes, la dégradation de l'environnement a des conséquences tragiques. Tous les jours, 5 500 enfants meurent de maladies causées par la consommation d'eau ou de nourriture contaminée par des bactéries nuisibles ou des produits toxiques, selon un nouveau rapport publié conjointement par le PNUE, l'OMS et l'UNICEF pendant la Session extraordinaire.

Le rapport *Les enfants au nouveau millénaire : impact de l'environnement sur la santé*, illustre abondamment les menaces qui pèsent sur les enfants. « La vulnérabilité est accrue à un plus jeune âge. Cela veut dire que les enfants doivent être au centre des initiatives en faveur de l'environnement », a déclaré le Dr Gro Harlem Brundtland, Directeur général de l'OMS.

« Je suis convaincu que nous devons accorder une attention accrue aux problèmes de santé des enfants liés à l'environnement, à la fois dans le cadre de la Session extraordinaire et du Sommet mondial sur le développement durable », a affirmé Klaus Töpfer, Directeur exécutif du Programme des Nations Unies pour l'environnement.

Les enfants au nouveau millénaire recommande **une augmentation des investissements nationaux** en faveur des jeunes enfants, notamment pour améliorer leur cadre de vie – maisons, écoles et communautés. Les gouvernements et les ONG doivent poursuivre les efforts qui ont réussi dans le passé, tels la transition à l'essence sans plomb, et soutenir les programmes axés sur les problèmes d'environnement nuisibles au bien-être des enfants et des adolescents.

Dans « Un monde digne de nous », le message du Forum des enfants présenté à la Session extraordinaire, « la conservation et la protection des ressources naturelles » et « la prise de conscience de la nécessité de vivre dans un environnement sain et favorable à notre développement » étaient deux des revendications formulées par les enfants.

Foundation Calls on World Leaders to Increase Resources and Leadership to Improve Children's Health Globally

Gates Foundation announces $50 million grant to newly formed Global Alliance for Improved Nutrition

Bill Gates ▪ New York (États-Unis) ▪ Mai 2002

*J*n a keynote speech today at the United Nations General Assembly Special Session (UNGASS) on Children, Bill Gates, co-founder of the Bill & Melinda Gates Foundation, called for a dramatic increase in leadership and resources from developed countries to improve the health of children worldwide. Gates urged the 80 world leaders in attendance to raise the visibility of global health inequity, prove that global health investments work and increase political leadership.

"There is no greater issue on earth than the health of our children. We have never been in a better position to make dramatic improvements in global health," Gates said in prepared remarks, citing three unique opportunities:

- The opportunity to learn from our successes, including the eradication of small pox;
- The opportunity to take advantage of new and promising collaborations such as The Vaccine Fund and the Global Alliance for Vaccines and Immunization (GAVI), and;
- The opportunity to take advantage of increased attention on global health such as the recent UNGASS on HIV/AIDS and the Global Fund to Fight AIDS, TB and Malaria.

Gates, whose foundation has made increasing global health equity its top priority, stressed the importance of raising awareness about the low-cost, high-impact health interventions that exist today. "If people knew that the measles vaccine costs only a quarter; if they knew we could prevent child malaria deaths with a bed net that costs just four dollars; if they knew we could prevent a child's death from diarrhea for 33 cents, more people would provide the resources needed to solve these problems."

Prior to his address, Gates participated in an announcement for the Global Alliance for Improved Nutrition (GAIN), a public-private partnership created to address the devastating health problems caused by vitamin and mineral deficiencies. The Bill & Melinda Gates Foundation announced a $50 million commitment over five years to support the alliance.

During the press conference, Gates underscored the importance of public-private sector cooperation in addressing global health issues. GAIN's partners include bilateral donors, foundations, UN and other multilateral agencies, developing country governments, private sector companies, NGOs and academic institutions. Funds available for the first year of GAIN activities will be between $20-25 million.

The Special Session on Children, which runs May 8-10, is a meeting of the UN General Assembly dedicated to the children and adolescents of the world. It brings together government leaders and heads of state, NGOs, children's advocates and young people themselves at the United Nations in New York in 2002. The gathering is intended to create an opportunity to change the way the world views and treats children.

■ ■ ■

Bill & Melinda Gates Foundation

Guided by the belief that every life has equal value, the Bill & Melinda Gates Foundation works to reduce inequities and improve lives around the world. In developing countries, it focuses on improving health, reducing extreme poverty, and increasing access to technology in public libraries. In the United States, the foundation seeks to ensure that all people have access to a great education and to technology in public libraries. In its local region, it focuses on improving the lives of low-income families. Based in Seattle, the foundation is led by CEO Patty Stonesifer and Co-chairs William H. Gates Sr., Bill Gates, and Melinda French Gates.

ALLOCUTION DE FIDEL CASTRO RUZ

ALLOCUTION DE FIDEL CASTRO, RENTRÉE SCOLAIRE 2003-2004

LE NOM DE CUBA RESTERA DANS L'HISTOIRE POUR CE QU'ELLE A RÉALISÉ EN FAVEUR DE L'HUMANITÉ (L'ÉDUCATION, LA CULTURE ET LA SANTÉ)

Fidel Castro Ruz ▪ Cuba ▪ Septembre 2003

Chers compatriotes,

*D*ans le domaine de l'éducation, Cuba occupe d'ores et déjà la première place parmi tous les pays, qu'ils soient grands ou petits, qu'ils soient riches ou pauvres. Et ce, alors qu'au début de la Révolution, 30 p. 100 des personnes ne savaient ni lire ni écrire et que 60 p. 100 étaient des analphabètes fonctionnels, autrement dit des jeunes et des adultes privés de connaissances et de culture et n'ayant fait guère plus de trois ou quatre années d'un enseignement primaire extrêmement déficient.

Il n'existait pas assez d'instituteurs pour éduquer des millions de jeunes et d'adolescents. Il a fallu les former. Il n'y avait pas de professeurs ni d'écoles pour les accueillir quand la grande masse atteindrait le certificat d'étude primaire ou le brevet d'étude du premier cycle du second degré. Il a fallu les former en envoyant dans les écoles normales une avant-garde dévouée d'élèves ayant conclu dix ans d'études et exerçant en même temps comme professeurs de collèges, puis faire la même chose plus tard dans les centres du deuxième cycle, avec des bacheliers.

On a fini par construire jusqu'à cinquante mille capacités annuelles pour les élèves du secondaire.

Il n'existait alors que trois universités et un groupe de disciplines réduit. En moins de vingt-cinq ans, le pays a ouvert plus d'une cinquantaine d'établissements d'enseignement supérieur où l'on étudie maintenant quatre-vingt-cinq carrières différentes.

L'enseignement universitaire s'étend peu à peu, aujourd'hui, à toutes les communes du pays, nécessité imprescriptible d'une révolution éducationnelle en plein essor.

Il n'existait pas de crèches, d'écoles spéciales, d'écoles sportives, d'écoles techniques et professionnelles, et pas assez d'écoles primaires pour l'ensemble des enfants et d'adolescents d'âge scolaire. Fort de sa volonté, de sa patience et de son héroïsme, notre peuple a fait le miracle de créer des milliers d'écoles de ce genre où étudient 2 500 474 enfants, adolescents et jeunes, et des dizaines d'établissements d'enseignement supérieur accueillant, à cette rentrée-ci, plus de trois cent mille étudiants.

Tout ceci, la Révolution l'a créé à un rythme sans précédent dans l'histoire.

Comparez donc ceci avec ce qui existe dans le tiers monde, et même dans les pays développés.

Cuba occupe aujourd'hui, comme le reconnaissent de prestigieuses institutions, le premier rang en ce qui concerne les connaissances des écoliers du primaire en mathématique et en langage. La totalité des enfants sont inscrits dans le primaire, sans retard scolaire, et concluent ce cycle. 99 p. 100 d'entre eux concluent le premier cycle du second degré et peuvent suivre les études du deuxième cycle.

Cuba compte 11 177 743 habitants, dont seulement 0,2 p. 100 sont analphabètes, la plupart des personnes âgées n'ayant pas connu le système éducationnel dont notre pays dispose aujourd'hui.

Les écoliers du primaire bénéficient du meilleur taux d'instituteurs par classe : 1 instituteur pour 20 élèves, et 2 s'ils sont plus. Le taux à La Havane, on le sait, a été réduit en deux ans seulement de 37 à 18 élèves par instituteur et salle de classe, grâce à la réparation totale ou à la construction de 789 écoles primaires et secondaires.

On a créé à l'été 2001 quinze écoles d'animateurs culturels.

De nouvelles écoles de peinture, de théâtre, de danse et de musique s'ouvrent dans tous les chefs-lieux de province et les villes importantes du pays.

Deux nouvelles chaînes de télévision éducative ont été lancées : l'une à couverture désormais nationale et l'autre qui le sera d'ici à six mois.

La Foire du livre, qui ne concernait avant que la capitale, s'étend maintenant à non moins de trente villes.

De nouvelles capacités d'impression permettront à la population d'avoir accès aux meilleures œuvres littéraires, scientifiques, politiques, sociales et culturelles, à un coût minime, grâce au système des « bibliothèques familiales » (coffrets de livres bon marché) qui, conçu à Cuba, commence à s'étendre dans d'autres pays, tout comme le font les systèmes d'alphabétisation par radio et télévision qui sont appelés à révolutionner l'éducation dans le monde.

La liste des créations et des nouvelles méthodes éducatives et culturelles à fortes retombées sociales et humaines serait interminable. Même les ennemis les plus jurés de la Révolution n'oseraient pas le nier.

Dans quelles conditions la rentrée scolaire se fait-elle, après les succès extraordinaires obtenus ces quatre dernières années et alors que la Période spéciale n'est pas encore finie ?

Au terme de dix années de recherche scientifique, notre pays applique sur tout le territoire national, depuis l'année 1992-1993, le programme social intitulé « Éduque ton enfant », qui vise à préparer la famille à assurer le développement intégral des garçons et des filles de la naissance à six ans. C'est la famille elle-même qui réalise systématiquement les actions éducatives essentielles auprès de ses enfants. L'extension graduelle de ce programme a permis de toucher, par des voies tant institutionnelles que non formelles, telles les crèches et les maternelles, 99,5 p. 100 des enfants de cette tranche d'âge.

Décisive à cet égard a été l'intégration des médecins et infirmières de la communauté, des animateurs culturels et des instructeurs sportifs, des membres de la Fédération des femmes cubaines et des Comités de défense de la Révolution, des représentants des syndicats, des organisations paysannes, des administrations locales, en particulier des conseils populaires, soit au total plus de cent mille exécutants, comme on les appelle, qui sont chargés de préparer, de suivre et de soutenir les familles et dont la formation est confiée à plus de 30 000 promoteurs, parmi lesquels 8 286 sont des enseignants qualifiés du ministère de l'Éducation, qui les suivent et les conseillent.

L'évaluation réalisée en 1999 a prouvé que 87 p. 100 des 48 000 enfants échantillonnés atteignaient tous les indicateurs de développement prévus pour leur âge, soit 34,6 p. 100 de plus qu'en 1994. 84 p. 100 des familles évaluées, soit plus de 47 000, reconnaissent avoir modifié leur attitude vis-à-vis des enfants : elles leur consacrent plus de temps, elles sont plus affectueuses, elles les écoutent, elles ne recourent pas à des mauvais traitements psychiques ou physiques. Elles reconnaissent aussi que le programme a contribué à leur enrichissement culturel : 62 p. 100 affirment écouter plus de musique; 52 p. 100 se sont mises à visiter des musées et des institutions culturelles; 44 p. 100 lisent davantage; 64 p. 100 se préoccupent davantage d'acheter des livres de contes à leurs enfants et de les leur lire.

Dans le cadre de ce système concernant les enfants de la naissance à six ans, 96,8 p. 100 des enfants entrés à la maternelle durant la dernière année scolaire ont dûment développé les habiletés de base qui leur permettront d'entamer avec succès l'apprentissage scolaire.

L'introduction de l'informatique aux âges préscolaires chez nous constitue une expérience novatrice et unique par sa massivité et par les principes et conceptions scientifiques et pédagogiques qui la sous-tendent. Son introduction généralisée s'accompagne d'une étude qui permet de définir notre position relative à son utilisation pour l'éducation des enfants d'âge préscolaire, en conformité avec notre volonté de prévenir, d'identifier, de contrôler et de supprimer tout facteur de risque éventuel du fait de l'utilisation d'ordinateurs à ces âges.

Pendant la dernière année scolaire, 117 868 garçons et filles de la maternelle ont eu accès à un ordinateur à l'école à raison d'une demi-heure hebdomadaire. Cette année-ci, les 23 527 autres enfants de la maternelle, mais des crèches **cette fois-ci, en bénéficieront aussi, les équipements pertinents étant prévus**.

Un total de 823 professeurs qui se sont formés comme **éducateurs informatiques pour ces âges poursuivront leur formation au niveau supérieur**. Les observations faites à ce jour prouvent que l'ordinateur contribue à développer chez les enfants la motricité fine et les habiletés intellectuelles qui constituent des objectifs à atteindre à la fin de la maternelle et devant servir de base à l'entrée au cours préparatoire.

Cette année-ci, 84 p. 100 des **groupes d'enseignement primaire compteront vingt écoliers ou moins**.

On dispose de réserves d'instituteurs dans toutes les provinces, hormis La Havane-province, Matanzas et Camagüey où l'on travaille pour surmonter cette difficulté.

L'excellente situation actuelle dérive de l'entrée de plus de 14 662 jeunes instituteurs ayant reçu une formation accélérée qui ont eu beaucoup de succès.

Plus de 96,6 p. 100 des écoliers du primaire du pays bénéficient désormais de classes matin et après-midi. Mais la transformation principale a concerné le perfectionnement de l'organisation scolaire qui a permis d'instaurer un horaire unique, de sorte que l'enseignement se fait tant le matin que l'après-midi. On donnera une classe de plus par semaine en langue espagnole et en mathématique; en espagnol, on donnera la priorité à l'orthographe, à l'utilisation du dictionnaire, à l'écriture, à la rédaction et à la compréhension de textes; en mathématique, on renforcera les contenus de calcul, de raisonnement des problèmes, de traitement des grandeurs et de la géométrie.

À compter de janvier, **il y aura une classe de plus par semaine en anglais de la troisième année à la cinquième année du primaire, et deux de plus en sixième année du primaire**, avec utilisation des moyens audiovisuels.

On a mis au point quarante et un logiciels qui entraîneront un changement fondamental dans l'enseignement en ce qui concerne la relation entre l'instituteur et le professeur d'informatique. Tous deux mèneront des activités conjointes, tant scolaires que périscolaires, qui permettront d'élever la qualité de l'enseignement et la formation d'une culture générale intégrale.

Une évaluation de la qualité de l'éducation à La ville de l'Havane réalisée en 1999 avait révélé que les enfants du primaire ne maîtrisaient pas les connaissances de leur niveau avec la qualité et la rapidité requises. Ainsi, en quatrième année, les réponses correctes n'étaient que 43,3 p. 100 en mathématique et de 53,5 p. 100 en langue espagnole.

Les mesures spéciales instaurées dans l'éducation à La ville de l'Havane ont contribué à ce que, en juin dernier, les bonnes réponses se soient élevées à 71 p. 100 en maths et à 86 p. 100 en langage, et que les connaissances se soient améliorées de 60 p. 100 par rapport à 1999.

L'enseignement spécial touchera cette année-ci, comme cela se fait depuis des années, tous les enfants atteints d'un défaut physique ou d'un retard mental compatible avec la capacité d'apprendre, soit un total de 51 938 enfants, dont s'occupent 14 600 professeurs et spécialistes. De ce total d'enfants, 1 386 étudieront chez eux grâce à 580 professeurs ambulants, tandis que 372 le feront dans 22 salles de classe d'hôpital.

Dans cet enseignement spécial, il faut mentionner **l'introduction de méthodes novatrices** pour le traitement de 241 autistes, de 106 sourds et aveugles et de 14 à implant cochléaire. On travaille à l'introduction et à la validation de nouveaux moyens et équipements à même de permettre à des élèves atteints d'une incapacité donnée d'accéder à l'informatique : écran tactile, réponse vocale, interrupteurs, clavier intelligent et scanneur.

On a augmenté de 252 les places d'interprètes de langue par signes et de professeurs d'appoint pour élèves sourds, aveugles et à handicap physico-moteur, ce qui permettra de mieux les suivre.

À cette rentrée, on a mis en marche **une moderne imprimerie Braille pour éditer des livres de texte et des ouvrages qui permettront aux aveugles d'élever leur culture générale intégrale**. Le pays compte 193 groupes de diagnostic et d'orientation, constitués de plus de 1 056 spécialistes chargés de dépister et de suivre les élèves ayant des besoins éducationnels spéciaux.

On a continué de développer **le programme d'informatique** dans tous les établissements des différents enseignements au point qu'il touche maintenant la totalité des élèves : 46 290 ordinateurs sont installés dans les écoles maternelles, primaires et secondaires, y compris dans toutes les écoles rurales, en vue de quoi il a fallu installer des panneaux solaires dans 2 368 écoles, dont 93 ne comptent qu'un seul élève, ce qui prouve le soin extraordinaire que la Révolution prête à l'éducation de chaque enfant, sans la moindre exception.

Le programme d'étude actuel permet à l'élève de maîtriser le fonctionnement d'un ordinateur, le traitement de texte, la création graphique, les tableurs, les présentations multimédias et la mise au point de pages web, et de régler des problèmes en rapport avec les différents domaines de la connaissance. Qui plus est, ce qui est extrêmement important, l'utilisation de l'ordinateur comme outil d'enseignement d'autres matières augmente progressivement.

Ce programme dispose maintenant de 19 227 professeurs, dont 13 805 constituent de nouveaux emplois. On compte aussi deux nouvelles collections de logiciels éducatifs : Multisaber (41 logiciels pour le primaire et l'enseignement spécial) et Navegante (37 logiciels pour le secondaire). Ce qui permettra d'utiliser le logiciel éducatif pour contribuer au développement de toutes les matières dans le primaire et le secondaire.

Ces logiciels se caractérisent par leur grande interactivité, par l'utilisation de ressources multimédias, telles qu'images, sons, photos, dictionnaires spécialisés, explications de professeurs chevronnés, exercices et jeux instructifs qui soutiennent les fonctions d'évaluation et de diagnostic.

Les inscriptions dans les écoles d'animateurs culturels se monteront à 4 840 en première année, de 4 038 en seconde année, de 3 605 en troisième année et de 3 523 en dernière année.

Le corps enseignant est formé de 2 929 professeurs, à savoir 948 de formation générale et 1 981 de spécialités, dont 1 384 sont en même temps des professionnels de la culture.

Des 158 800 élèves ayant conclu l'an dernier le premier cycle du second degré, 89 100 entrent dans le deuxième cycle et 69 700 dans l'enseignement technique et professionnel.

Le cours de recyclage intégral pour jeunes a débuté en septembre 2001. Deux ans après, on peut constater l'énorme impact qu'il a eu sur la famille, la communauté, les élèves et les enseignants, compte tenu du changement d'attitude des jeunes concernés.

À la fin de l'année scolaire précédente, on en comptait 102 005, dont 64 488 préparent maintenant le bac et 34 318 sont entrés dans l'enseignement supérieur.

Le programme éducationnel Alvaro Reynoso, structuré en 2002-2003, accueille cette année-ci 128 377 travailleurs, dont 38 103, soit 30 p. 100, sont payés pour étudier, 4 786 servent de professeurs compte tenu de leur niveau élevé et les 85 488 restants combinent le travail et les études.

A cette rentrée scolaire-ci, plus de 100 000 compatriotes entrent dans l'enseignement supérieur dans le cadre des plans de la Révolution. On constate une augmentation importante d'étudiants faisant des études au niveau des communes, ce qui est là un nouveau modèle en plein développement de l'enseignement supérieur à Cuba.

Dans les études pédagogiques, le modèle de l'universalisation se fonde sur l'entrée des étudiants dans 5 204 établissements d'enseignement considérés comme des micro-universités, sous la conduite de tuteurs qui les suivront durant toutes leurs études, tandis que les livres de texte nécessaires sont accessibles entre autres sur un cédérom par matière et par étudiant. Cette année-ci, on comptera 41 973 enseignants entre professeurs titulaires et tuteurs.

Le plan de réparations des 110 écoles de province prévu en 2003, dont l'agrandissement des salles de classe pour garantir des groupes de vingt élèves ou moins dans le primaire et des classes matin et après-midi dans les collèges, ainsi que le remplacement total du mobilier scolaire, a fortement stimulé l'élévation de la qualité de l'éducation dans toutes les provinces.

De ces 110 écoles du plan 2003, 31 ont déjà été conclues à cette rentrée; 56 le seront d'ici la fin du mois, 20 en octobre et 3 en novembre-décembre. Un effort spécial sera consenti pour réparer totalement 200 écoles de province en 2004. Nous souhaiterions pouvoir élever ces chiffres, mais il faut savoir qu'un programme très important dans le secteur santé, qui exige de nombreuses constructions, se réalise parallèlement dans tout le pays.

Ce qui caractérise la rentrée scolaire 2003-2004 et la rendra historique, **c'est une révolution profonde et inédite de l'enseignement dans le premier cycle du secondaire** (septième, huitième et neuvième années) à Cuba, qui aura une connotation mondiale. Ce cycle – maillon décisif dans la formation de la personnalité et dans la vie de tous les enfants et adolescents – est le plus complexe, mais s'avère pourtant un vrai désastre à l'échelle internationale en matière d'enseignement.

Un système d'enseignement où un professeur super spécialisé doit faire la classe à deux ou trois cents élèves divisés en groupe de trente ou quarante, de sorte qu'il ne sait même pas le nom de tous ses élèves, qu'il ignore leurs caractéristiques individuelles, leurs problèmes personnels, les caractéristiques de leurs familles et leur environnement social, ne peut absolument pas offrir le traitement attentif et différencié dont a besoin chaque adolescent. Luz y Caballero avait déjà voulu l'exprimer prophétiquement dans sa fameuse phrase, telle que nous l'interprétons : éduquer est plus important et plus difficile qu'instruire. Une vérité incontournable. Nous pensons qu'on peut réussir les deux choses aujourd'hui dans notre patrie. Dans le monde actuel où l'éducation massive est imposée, quelque soit l'effort et la qualité des enseignants, le système traditionnel ne peut éduquer ni peut instruire.

Le Nord-Américain Leon Max Lederman, Prix Nobel de physique de 1988, a récemment affirmé quelque chose de très intéressant :

Il est urgent d'améliorer l'éducation. L'important, c'est qu'un adolescent concluant le premier cycle du secondaire ait acquis une manière de penser scientifique, indépendamment de la profession qu'il choisira ensuite.

Il faut réformer le premier cycle du second degré afin que les élèves soient à la hauteur du XXIe siècle, qu'ils puissent maîtriser le développement accéléré et ses conséquences socio-politiques, qu'ils soient capables de gagner leur vie tout en restant attachés à la rationalité comme une forme de vie, de se colleter avec un monde en transformation constante.

Si tout ceci se réalisait, alors les élèves terminant ce cycle connaîtraient mieux les sciences que les anciens bacheliers, voire que les diplômés de Harvard. Dès lors, ils seraient sans aucun doute meilleurs comme parents, comme fils, comme politiques, comme travailleurs, comme êtres humains. L'élève qualifié aujourd'hui de moyen apparaîtrait comme un génie.

Pour nous, qui étions conscients depuis longtemps de la nécessité de faire face à la situation de ce niveau d'enseignement, la difficulté fondamentale était de parvenir à concilier la qualification indispensable de l'enseignant, sa vocation personnelle, le nombre et la fréquence de chaque matière et la quantité totale de professeurs nécessaires.

Nous nous efforcions de chercher des solutions en pleine Bataille d'idées. Et l'une d'elles a été la formation d'un professeur intégral. Même si l'effort était immense, nous n'avons pas hésité à nous engager dans cette direction.

Que faire toutefois du grand nombre d'excellents professeurs spécialisés durant tant d'années ?

La quête incessante de solutions nous a finalement conduits à des modalités qui, partant de bien d'autres idées déjà testées et d'une expérimentation concrète, ont permis la mise au point de la méthode audacieuse et révolutionnaire dont l'application massive démarre justement aujourd'hui, 8 septembre 2003.

Cette méthode combine les solides connaissances des professeurs spécialisés, celles d'un grand nombre de jeunes professeurs ayant reçu une formation accélérée et s'étant engagés à enseigner aux élèves toutes les matières et à être leurs professeurs tout au long de ces trois années, et l'utilisation exhaustive et systématique des moyens audiovisuels les plus pointus.

Le résultat final sera un professeur pour quinze élèves, essentiellement dans des salles de trente élèves où deux professeurs coopéreront étroitement mais seront chacun responsables de tout ce qui concerne l'éducation et la formation des quinze élèves dont ils assumeront la tutelle, la conduite et la préparation à la vie durant cette étape scolaire décisive.

Les plus grandes difficultés apparaissaient, comme à l'accoutumée, dans la capitale. Où l'on avait déjà recruté de nombreux milliers de jeunes pour les former comme travailleurs sociaux, instituteurs en cours accélérés, infirmières selon cette même méthode, techniciens en physiothérapie et autres services de santé, professeurs d'informatique, élèves choisis spécialement pour entrer à l'université des sciences informatiques – déjà en fonctionnement et en expansion rapide, quoique non inaugurée encore – si bien qu'elle ne comptait plus assez de jeunes ayant conclu la terminale pour se former comme professeurs par cours accélérés. À quoi il faut ajouter que l'enseignement dans la capitale était le plus déficient du pays, ce qui avait des retombées sur la qualité des connaissances et sur la formation des jeunes.

On ne pouvait perdre une minute. Il a donc fallu appeler au secours de La ville de l'Havane plus de quatre mille bacheliers de province qui sont entrés à la prestigieuse école Salvador Allende et qui feront des cours pendant une année en compagnie de professeurs spécialisés de premier rang. Et il en sera ainsi chaque année des professeurs issus des cours de formation accélérée de cette École jusqu'à ce que la capitale dispose du personnel suffisant. Et, une fois de retour dans leurs provinces d'origine, ils suivront leurs élèves d'une année à l'autre.

Les résultats de l'école expérimentale Youri Gagarine et de l'école José Martí à la Vieille-Havane avalisent les avantages de cette nouvelle conception dans le premier cycle du second degré, ce qui constitue un apport révolutionnaire et novateur de l'éducation à la formation des adolescents.

Citons parmi les principaux résultats : amélioration de l'assistance et de la ponctualité aux classes; meilleure discipline découlant de la persuasion et de la volonté des élèves eux-mêmes; bonne communication enseignant-élève-famille; meilleure qualité des cours; acquisition des connaissances supérieure à celle du modèle antérieur en maths et en espagnol à partir de normes internationales.

La preuve :

À l'école Youri Gagarine, au début du cours, octobre 2002 : en maths, 31,9 p. 100 des élèves ont donné des réponses satisfaisantes; en mai 2003, 65,7 p. 100. En espagnol : octobre 2002, 57,9 p. 100 de réponses satisfaisantes; en mai 2003, 77,3 p. 100.

A l'école José Martí, début du cours octobre 2002 : en maths, 30 p. 100 de réponses satisfaisantes; en mai 2003, 54,3 p. 100. En espagnol, octobre 2002, 57,2 p. 100 de réponses satisfaisantes; en mai 2003, 70,1 p. 100.

Ecoles-témoin Jorge Vilaboy et Enrique Galarraga : en maths, début de cours, octobre 2002, 31,9 p. 100 de réponses satisfaisantes; en mai 2003, 44 p. 100. En espagnol, début de cours, octobre 2002, 59,1 p. 100 de réponses satisfaisantes; en mai 2003, 54,7 p. 100.

Les élèves de la José Martí et de la Youri Gagarine ont doublé leurs connaissances par rapport à ceux des écoles-témoin qui suivaient la méthode traditionnelle. Par ailleurs, à la fin de l'année scolaire 2002-2003, 99,16 p. 100 des élèves de la Youri Gagarine ont réussi aux examens, soit à peine 3 recalés sur 358 élèves. À l'école expérimentale José Martí, un établissement bien plus complexe, 98,8 des élèves ont réussi aux examens, soit 14 recalés sur 1 167 élèves.

La totalité des collèges du pays, accueillant 494 318 élèves, suivront cette année cette méthode, qui peut être qualifiée de synthèse de toutes les expériences accumulées, dont, bien entendu, celles des écoles expérimentales Youri Gagarine et José Martí.

Dans le cadre de cette prouesse, il faut signaler la réponse donnée par les professeurs en exercice des collèges, dont 33 281, soit 94,8 p. 100, ont été d'accord pour suivre cette méthode : compte tenu de la fonction qu'ils rempliront dans notre société, on peut en toute justice les qualifier de professeurs intégraux.

Ainsi que la contribution décisive et extraordinaire du corps enseignant de l'école Salvador Allende, formé de 409 professeurs, dont 89 titulaires de maîtrise et 43 docteurs en sciences.

Cette année-ci, 95 p. 100 des élèves des collèges auront classe matin et après-midi.

Dans le cadre de cette révolution éducationnelle, la télévision, la vidéo et l'informatique à des fins instructives et éducatives deviennent des facteurs irremplaçables et contribuent à stimuler l'intérêt et la motivation des élèves, leur pensée indépendante, leur réflexion critique, l'envie de la recherche et la créativité, ce qui permettra de continuer de perfectionner l'enseignement dans une quête constante de l'élévation de la qualité de l'éducation.

Les heures d'informatique, dont le programme d'études prévoyait 172, passent à 216. Dans les deux premières années du premier cycle du secondaire, la moitié du temps sera consacrée à son étude, l'autre moitié servira de moyen d'enseignement avec la participation du professeur d'informatique et du professeur intégral. En troisième année, elle servira de moyen d'enseignement dans toutes les matières.

On évalue très positivement les efforts consentis par les professeurs de télé-enseignement et les consultants pour faire des classes attrayantes et novatrices, à profonde approche scientifique, pour satisfaire aux intérêts et aux motivations des élèves en recourant à des matériaux didactiques, à des techniques d'apprentissage, à des méthodes d'études et à des activités axées sur le développement de la pensée logique à partir des nouvelles technologies.

Toutes les classes de maths, d'espagnol et littérature, d'histoire et d'anglais des trois années seront enregistrées sur vidéo-cassettes; ainsi que celles de physique dans les deux dernières, qui serviront de support exceptionnel à la formation des élèves et des enseignants.

Les classes sont enregistrées à partir du travail des professeurs en tandem et avec la participation d'élèves de collèges. A La ville de l'Havane, y participent 28 professeurs d'enseignement à distance et 252 élèves distribués en 14 groupes; dans les provinces de Cienfuegos, de Villa Clara et de Santiago de Cuba, y prennent part 24 enseignants et 216 élèves. Ainsi, un total national de 52 enseignants et 468 élèves ont pris part à ces enregistrements pendant les vacances et continueront de le faire jusqu'à la fin de l'année scolaire. Ils font preuve d'un enthousiasme extraordinaire et d'un grand dévouement.

Par ailleurs, on a augmenté à cinq par semaine les classes de math et d'espagnol- littérature, et introduit 20 p. 100 de nouvelles matières, dont l'informatique, l'éducation au travail pratique et l'histoire en troisième année du secondaire.

L'enseignement des différentes matières se fera matin et après-midi, trois ou quatre heures étant consacrées tous les jours à repasser et à fixer les connaissances acquises par télé-enseignement (télévision et vidéo).

Les matières de ce programme sont éducation artistique en première année du secondaire; biologie, géographie et chimie dans les deux suivantes, et éducation au travail pratique en troisième année.

Pour pouvoir introduire les classes matin et après-midi dans tous les collèges de la capitale, on a bâti 550 salles de classe et quatre collèges, et on a agrandi trois autres. On a créé treize cités pour loger les professeurs intégraux qui enseigneront dans les collèges de la capitale. On a travaillé avec discrétion, mais l'effort réalisé avec le soutien des provinces a été vraiment notable et méritoire.

Pour assurer que la majorité des collèges du pays puissent fonctionner matin et après-midi, on a cherché les locaux nécessaires de concert avec le reste des organismes et organisations, si bien que, compte tenu de l'allocation de plus de cent vingt mille pupitres pour le plan en cours, tous les locaux disposeront du mobilier nécessaire.

En septembre, 177 collèges fourniront une collation scolaire à 93 169 élèves et à 9 728 travailleurs, si bien que, en comptant les 115 110 internes, 42 p. 100 du total des élèves en bénéficieront.

D'ici à septembre prochain, la totalité des externes recevra cette collation qui contient environ 40 p. 100 des protéines requises à cet âge.

Je dois signaler que huit pays, grands et petits, dont un de l'OCDE, appliquent actuellement la méthode cubaine d'alphabétisation par radio et télévision. L'intérêt croît et les demandes de coopération technique et de conseil pleuvent. Ce mouvement irrépressible pourrait contribuer à éliminer en peu de temps ce qui est une honte inconcevable : 860 millions d'analphabètes et des milliards de semi-analphabètes dans le tiers monde.

Les ennemis les plus perfides, dans le pays et à l'étranger, sont frappés par la résistance héroïque de notre peuple et par les succès de la Révolution, en particulier à partir de la Bataille d'idées et de l'effondrement progressif de l'idéologie néo-libérale et de l'ordre économique intenable imposé au monde et d'ores et déjà en pleine décadence et en profonde crise. Des individus aux aguets brûlent d'impatience de lancer de nouveaux coups de griffe, incapables qu'ils sont de comprendre que nulle force au monde ne pourra plus vaincre la Révolution cubaine si, comme nous l'avons fait pendant un demi-siècle, nous sommes capables de détecter nos erreurs et de les amender, ainsi que de préserver les vertus qui nous ont donné et nous donneront toujours la victoire.

Le nom de Cuba passera à l'Histoire pour ce qu'elle a fait et continue de faire au profit de l'humanité dans les domaines de l'éducation, de la culture et de la santé, à l'époque la plus difficile qu'ait connue notre espèce.

Notre pays a-t-il beau être soumis au blocus de la seule superpuissance et au quasi-blocus de l'Europe, les deux ensemble ne pourront pas vaincre la Révolution cubaine, entre autres raisons parce que les deux ensemble ne possèdent ni ne posséderont jamais le capital humain et les valeurs morales nécessaires pour faire ce que Cuba socialiste a été capable de faire.

La Patrie ou la Mort !

Nous vaincrons !

EUROPE

Forum Économique Mondial de Davos

Visioconférence du Président de la République,
Jacques Chirac ▪ Paris (France) ▪ Janvier 2005

Monsieur le Président,

*M*erci pour votre accueil et pour votre indulgence. J'y suis très sensible. En ce début d'année en effet, j'avais souhaité avec beaucoup de plaisir, vous rencontrer et dialoguer avec vous sur cet enjeu de solidarité dont dépend l'avenir même de la mondialisation.

Les conditions météorologiques difficiles, malgré tous les efforts faits par les autorités compétentes, celles du Forum et celles de la Suisse, ne m'ont malheureusement pas permis de rejoindre Davos et croyez bien que je le regrette vivement. Et je remercie tous les organisateurs du Forum Économique Mondial qui ont bien voulu que je m'adresse à vous par télé-conférence.

Première catastrophe naturelle majeure du vingt-et-unième siècle, le raz-de-marée qui vient de ravager l'Océan Indien est un révélateur de l'état de notre monde.

L'ampleur de la tragédie humaine, comparée à d'autres catastrophes récentes en Europe, en Amérique du Nord, au Japon, met en évidence le fossé qui sépare les riches et les pauvres face aux risques de notre planète. Car les pauvres n'ont pas les moyens de se protéger physiquement, et encore moins financièrement, contre les dangers de l'existence.

L'ampleur des destructions nous rappelle la fragilité de l'humanité face à la nature. Elle engage notre civilisation urbaine et technicienne à davantage d'humilité, de respect, de responsabilité.

L'organisation de l'aide aux régions dévastées souligne que, face à des défis d'une telle dimension, seule une réponse internationale coordonnée est efficace.

L'immense élan de générosité qui s'exprime de toute part témoigne de l'affirmation d'une conscience planétaire, d'un sentiment de citoyenneté mondiale. À l'heure du monde ouvert, l'humanité, dans sa diversité, mesure combien elle partage une même destinée. Pour que cette solidarité s'exprime par des actions collectives efficaces, elle a besoin de nouveaux modes de coopération entre les États et la société civile, ONG et entreprises.

▪ ▪ ▪

Cette catastrophe doit provoquer un éveil des consciences. Car le monde souffre de façon chronique de ce que l'on a appelé, d'une formule saisissante, les « tsunamis silencieux ». Famines. Maladies infectieuses qui déciment les forces vives de continents entiers. Violences et révoltes. Régions livrées à l'anarchie. Mouvements migratoires non maîtrisés. Dérives extrémistes, terreau fertile au terrorisme.

Ces drames, ces dérèglements exigent une réaction collective et solidaire. Ce n'est pas seulement un devoir d'humanité. C'est aussi l'intérêt bien compris des pays les plus favorisés. Car le monde ne s'arrête pas aux limites de leur prospérité. Il ne se borne pas aux certitudes de ceux que la fortune sert aujourd'hui.

Le dynamisme de l'Occident, son modèle économique sans rival, suscitent légitimement la fierté. Ils s'appuient sur le travail, l'esprit d'innovation, la liberté d'entreprise et l'état de droit. Avec la libéralisation des échanges commerciaux et la diffusion du progrès scientifique, la mondialisation permet à des centaines de millions de femmes et d'hommes d'améliorer leur condition, en Chine, en Inde ou en Amérique Latine.

Vous êtes ici, à Davos, à la pointe de ce mouvement. Dans les bilans de vos entreprises se lit la puissance de l'économie mondialisée. Le chiffre d'affaires des cent premières entreprises mondiales s'élève, en 2004, à plus de sept mille milliards de dollars. La somme des chiffres d'affaires des deux premières dépasse le Produit National Brut de l'Afrique tout entière.

Cette économie mondialisée ne concerne pourtant qu'un tiers de la population du globe, minorité privilégiée dans un monde de précarité. En Afrique, dans les pays émergents, une immense majorité de la population, dans les campagnes ou dans les bidonvilles, attend encore, mais n'attendra pas indéfiniment la concrétisation des promesses du progrès.

Cette situation est lourde de menaces. Elle est moralement inacceptable. Elle est aussi une absurdité économique, quand on mesure les opportunités et les perspectives de croissance ouvertes par le décollage, par exemple d'un pays comme la Chine.

Le développement constitue le premier défi et la première urgence de notre temps.

C'est une question de morale. C'est, pour le système économique ouvert et la civilisation humaniste que nous avons en partage, la meilleure des garanties et le meilleur investissement pour l'avenir.

Le fossé entre riches et pauvres s'est accru dans des proportions vertigineuses ! L'écart de revenu par habitant entre les pays les moins avancés et les pays de l'OCDE, qui était, en 1980, de un à trente, s'établit aujourd'hui de un à quatre-vingts ! **La jeunesse d'Afrique, d'Asie, d'Amérique Latine revendique à juste titre son droit**

à l'avenir. Elle lui apportera son énergie et son talent, pourvu qu'il lui soit donné de le faire. Prenons garde à sa révolte si cette perspective lui était refusée.

Vaincre la pauvreté par l'alliance du marché et de la solidarité. Telle doit être notre ambition partagée.

■ ■ ■

Nous avons progressé ces dernières années. Nous avons levé bien des obstacles. Une nouvelle vision globale du développement s'impose. Une vision rompant avec les logiques archaïques ou les idées reçues, s'appuyant sur l'idée de partenariat qu'expriment les objectifs du Millénaire, les conclusions de Monterrey ou les ambitions du NEPAD.

Laissées à elles-mêmes, les forces économiques sont aveugles et accentuent la marginalisation des plus faibles. Mais, accompagnées par des règles appropriées, la libéralisation du commerce et l'ouverture aux investissements stimulent puissamment le développement.

Pour que l'ouverture économique porte ses fruits, il faut en ajuster le rythme aux capacités d'adaptation de chaque pays. C'est pourquoi nous devons replacer les préoccupations des pays les plus pauvres, notamment d'Afrique, au premier rang des objectifs du cycle de Doha, ce qui n'est pas assez le cas aujourd'hui. Car le développement est la première finalité, la première justification de ce cycle. La France travaille en ce sens pour assurer le succès de la conférence de l'OMC à Hongkong, en décembre, et la conclusion de la négociation en 2006 sur des bases larges et équilibrées.

■ ■ ■

Le progrès démocratique, l'amélioration de la gouvernance, la lutte contre la corruption figurent au premier rang des conditions du décollage économique. Les hommes s'épanouissent dans la liberté. Les entreprises, grandes ou petites, nationales ou étrangères, ont besoin pour investir de sécurité juridique, de règles respectées, d'une concurrence loyale. Avec le NEPAD, l'Afrique a engagé sa mutation. Ces efforts doivent être poursuivis. Il faut y répondre par l'engagement massif de la communauté internationale. C'est l'un des objectifs du sommet du G8 de Gleneagles. La France sera au rendez-vous.

■ ■ ■

Mais l'ouverture économique, la bonne gouvernance et la libération de l'esprit d'entreprise ne sont pas suffisantes. Il est d'autres entraves au développement. Tant de pays sont enclavés, subissent de façon récurrente des calamités naturelles, voient leur population en proie aux pandémies, à la sous-alimentation, à l'analphabétisme, à la tyrannie des besoins immédiats. Comment peuvent-ils envisager autre chose qu'une économie de survie ?

Le moyen de briser cette fatalité, le moyen de permettre à des centaines de millions d'hommes, de femmes, d'enfants d'entrer dans la dynamique d'une mondialisation positive, **c'est l'aide et la solidarité internationales**. Ce sont elles qui permettront de financer les infrastructures de base, l'accès à la santé, l'accès à l'éducation, en un mot l'accumulation de ce capital physique, humain et financier nécessaire au décollage économique. Une fois encore, l'exigence morale, l'exigence de paix et de sécurité et l'intérêt économique se rejoignent.

Tel est le sens des objectifs de développement du Millénaire que la communauté internationale s'était fixés. Réduire de moitié l'extrême pauvreté et la malnutrition d'ici à 2015. Assurer l'éducation primaire universelle des filles et des garçons. Diminuer des deux tiers la mortalité des enfants de moins de cinq ans. Enrayer le sida et maîtriser le paludisme. Réduire de moitié le pourcentage de la population mondiale n'ayant pas accès à l'eau potable et à l'assainissement. Des engagements pris solennellement en 2000 par la communauté internationale. Objectifs en réalité modestes par rapport aux besoins légitimes, des objectifs qui sont aujourd'hui hors d'atteinte si nous ne prenons pas les mesures qui s'imposent.

Le rapport de M. SACHS le démontre. Il n'est pas encore trop tard pour atteindre ces objectifs du Millénaire. A condition que toute la communauté internationale se rassemble et s'engage dans un doublement progressif, d'ici à 2015, de l'effort de solidarité des pays riches. En 2006, c'est près de cinquante milliards de dollars d'aide publique supplémentaire qu'il faut mobiliser.

Ces montants peuvent sembler considérables. Ils sont en réalité minimes par rapport aux richesses créées par la mondialisation. Aux quarante mille milliards de dollars du Produit National Brut mondial. Aux huit mille milliards que représente chaque année le commerce international. Aux mille cinq cent milliards de dollars créés par la croissance en 2004.

Trois pour cent de l'augmentation annuelle de la richesse du monde : voilà ce qu'il faut mobiliser pour vaincre la pauvreté.

Et contrairement aux craintes qui s'expriment parfois, cette aide supplémentaire, nous pouvons l'utiliser efficacement. Dès maintenant.

Avec un effort dans la durée de deux milliards de dollars par an, on finance la recherche d'un vaccin contre le paludisme.

Avec deux milliards de dollars par an, on garantit l'éducation primaire de tous les enfants d'Afrique subsaharienne.

En engageant pendant quelques années de l'ordre de cent millions de dollars par an, on assure la réinsertion des trois cent mille enfants soldats aujourd'hui recensés dans le monde.

Ces ressources nouvelles n'impliquent en aucun cas la création de nouvelles bureaucraties internationales. Nous devrons au contraire utiliser les mécanismes existants, en les rationalisant et en les rendant toujours plus transparents, toujours plus efficaces. Je pense d'abord aux Nations Unies qui disposent d'une expérience irremplaçable et d'une capacité de coordination unique, encore démontrées en Asie. Nous devons aussi nous appuyer sur l'ensemble des autres acteurs, institutions de Bretton Woods, agences et banques bilatérales et multilatérales de développement, administrations locales, organisations non gouvernementales, dans une démarche au cas par cas, faisant prévaloir, dans un esprit de pragmatisme, les exigences de transparence et de bonne gestion.

■ ■ ■

Ces ressources additionnelles, comment les réunir ? La France propose de combiner les approches.

L'augmentation de l'aide publique est nécessaire. Tous les pays qui n'atteignent pas encore le chiffre de 0,7 pour cent de leur PIB devraient s'engager, comme le font le Royaume-Uni et la France, sur un calendrier pour y parvenir dans les meilleurs délais.

Mais soyons réalistes. Cela ne suffira pas. Les pays en développement ont besoin de financements prévisibles et stables, c'est-à-dire fondés sur des mécanismes pérennes.

La France propose d'avancer simultanément dans deux directions qui exigent les efforts conjoints des États et des entreprises.

Première direction : la facilité financière internationale. La France a immédiatement soutenu cette proposition britannique qui permettrait de lever sans délai des sommes très importantes sur les marchés financiers. Nous appuyons le projet d'un mécanisme expérimental dans ce domaine consacré à la vaccination, qui permettra de sauver la vie de plusieurs millions d'enfants.

Nous sommes également prêts à envisager, comme le propose le Royaume-Uni, un mécanisme similaire contre le sida.

Mais comment rembourser ces emprunts sans diminuer l'assistance internationale ou grever les budgets ? En adossant ces emprunts à des ressources nouvelles, taxes ou prélèvements internationaux ou bien contributions volontaires. Des ressources qui pourraient aussi être utilisées directement pour financer le développement.

Le rapport que j'ai commandé sur ces questions à un groupe d'experts de tous horizons – français et étrangers, économistes, responsables d'entreprises, banquiers, représentants des ONG – ainsi que les travaux conduits par la France, le Brésil, le Chili et l'Espagne démontrent l'opportunité, la rationalité économique et la faisabilité technique de tels instruments. Le 20 septembre dernier, à New York, plus de cent dix pays ont apporté leur soutien à cette démarche.

Il est normal que ces propositions fassent débat. Il ne saurait être question d'outrepasser la souveraineté et les compétences fiscales des États. Le consentement à l'impôt est l'un des fondements de la démocratie et il n'existe pas aujourd'hui de parlement mondial pour le voter. Mais rien n'interdit aux États de coopérer, de s'entendre sur de nouvelles ressources et sur leur affectation à une cause commune.

Et je propose aujourd'hui d'aller de l'avant, par la création à titre expérimental d'un prélèvement pour financer la lutte contre le sida.

Pourquoi le sida ? Parce que, malgré l'action remarquable du Fonds Mondial, de l'Organisation Mondiale de la Santé, de la Banque mondiale, des bailleurs de fonds bilatéraux, nous sommes en train d'échouer face à cette terrible pandémie. Nous ne sommes parvenus à placer sous antirétroviraux, à ce jour, huit ans après leur découverte, que quatre cent cinquante mille malades dans les pays pauvres, très loin de l'objectif minimal fixé par l'OMS de trois millions d'ici la fin de 2005. Trois millions de vies sauvées chaque année, voilà l'enjeu.

Pour financer la recherche d'un vaccin, développer les campagnes de prévention, lever les obstacles qui demeurent pour l'accès aux soins, nous avons besoin de mobiliser au moins 10 milliards de dollars par an, au lieu de six aujourd'hui.

Nous pourrons ainsi renforcer les systèmes de santé, notamment du point de vue des ressources humaines. Consolider les baisses de prix, par la mise en œuvre effective de l'accord de l'OMC sur les médicaments. Nous engager, dans les pays les plus pauvres ou les plus touchés par ce fléau sur la voie de la fourniture universelle et gratuite des soins aux malades. L'exemple notamment du Brésil ou du Sénégal démontre que cela est économiquement faisable et efficace en termes de santé publique.

Plusieurs assiettes pour ces nouvelles ressources sont envisageables.

Explorons la voie d'une contribution sur les transactions financières internationales. Ce ne serait pas une taxe Tobin : le prélèvement de solidarité internationale serait conçu de manière à ne pas entraver le fonctionnement normal des marchés. Il reposerait sur trois exigences principales :

– Un très faible taux, au maximum d'un dix millième ;
– Appliqué à une fraction des transactions financières internationales, qui représentent quelque trois mille milliards de dollars par jour.
– Ce prélèvement serait enfin fondé sur la coopération des grandes places financières mondiales pour éviter les effets d'évasion.

Il permettrait de mobiliser dix milliards de dollars par an.

Deuxième voie possible. **Pourquoi ne pas demander aux pays qui maintiennent un secret bancaire, considéré par eux comme un élément de liberté individuelle, d'en compenser une partie des conséquences** sur l'évasion fiscale mondiale, si préjudiciable aux pays les plus pauvres, par un prélèvement sur les flux de capitaux étrangers sortants et entrants de leur territoire. Ce prélèvement serait affecté au développement.

Troisième piste. Ouvrons l'hypothèse d'**une contribution sur le carburant** utilisé par le transport aérien ou maritime. Ce ne serait là que la fin d'un régime d'exemption. Le carburant utilisé par ces secteurs, qui contribuent pourtant à l'effet de serre et à la pollution de notre planète, est aujourd'hui pratiquement exonéré de toute imposition. Là encore, il serait possible de mobiliser plusieurs milliards de dollars.

Autre piste encore. Un faible prélèvement sur les trois milliards de billets d'avion vendus chaque année dans le monde. A titre d'exemple, une contribution d'un dollar par billet rapporterait, sans compromettre l'équilibre économique du secteur, au moins trois milliards de dollars.

Ce qui frappe, dans tous ces exemples, c'est la disproportion entre la modestie de l'effort nécessaire et les bénéfices qui en résulteraient pour tous.

Il serait également possible, avec une bonne information, de susciter en plus grand nombre des contributions volontaires pour le développement.

Les citoyens américains donnent chaque année pour la philanthropie plus de deux cent vingt milliards de dollars, dont trois pour cent pour des causes internationales. Je propose que les grands pays développés mettent en place des incitations fiscales coordonnées pour stimuler et encourager les dons privés pour le développement. L'élan de solidarité qui s'est manifesté à l'occasion du raz-de-marée de l'Océan indien nous montre que les esprits sont prêts à cela.

Cette approche volontaire n'est pas nécessairement limitée aux individus, mais pourrait également s'appliquer aux grands acteurs économiques mondiaux. Ce serait, par exemple, pour les grandes entreprises et les institutions financières privées, à l'image de la Fondation Bill et Melinda GATES, une œuvre magnifique que de créer, sous leur égide, de grandes fondations internationales dédiées à la lutte contre la pauvreté. Pensons aux perspectives fructueuses de coopération entre acteurs privés et publics du développement qu'ouvrirait une telle initiative.

La France, avec les pays qui l'ont accompagnée depuis le début dans cette démarche et avec ceux qui voudront la rejoindre, portera au cours des prochaines semaines ces propositions dans toutes les enceintes compétentes : ONU, Union européenne, institutions financières internationales, institutions spécialisées telles que l'Organisation de l'aviation civile internationale.

Notre but est d'aboutir à des décisions lors du sommet des Nations Unies de septembre sur la mise en œuvre des objectifs du Millénaire.

Le G8 de Gleneagles, en juillet prochain, doit permettre de franchir une étape décisive sur le financement du développement. Je sais que mon ami Tony BLAIR a de grandes ambitions à cet égard. Et il aura tout l'appui de la France.

Dans cette perspective, l'adhésion des entreprises est capitale. Et je propose au Secrétaire Général des Nations Unies d'organiser, à Paris, une réunion du Pacte Mondial afin d'associer le plus grand nombre d'entre elles dans ce combat qu'impose la morale et dont dépend l'avenir même de la mondialisation.

■ ■ ■

Monsieur le Président,

Mesdames et Messieurs,

Nous voulons que l'économie mondialisée ait un avenir. Pour cela, nous devons lui donner sa dimension éthique, nous devons l'humaniser, la maîtriser, l'élargir aux vraies mesures du monde.

Nous voulons que les peuples et la jeunesse du monde y voient un projet d'espoir et de progrès. Pour cela, nous devons simultanément mettre en place, à l'échelle de la planète, de nouvelles formes de gouvernance politique et les règles d'un marché global, comme nos devanciers l'ont fait, au dix neuvième siècle et au vingtième siècle, à l'échelle nationale ou continentale.

L'histoire de l'Europe et des États-Unis démontre qu'il existe un lien dynamique entre le progrès économique, appuyé sur des règles de marché garanties par la puissance publique, le progrès social et la démocratie.

Il nous revient de renforcer la gouvernance mondiale. Tel sera, avec le développement, l'objectif du sommet des Nations Unies de septembre. Tel est le sens des propositions françaises sur la création d'un conseil de gouvernance économique et sociale.

Il nous revient aussi de promouvoir la responsabilité sociale et environnementale des entreprises comme des États. L'avenir de la mondialisation n'est pas dans une économie de dumping social ou de gaspillage des ressources naturelles, mais dans le respect des droits sociaux, dans l'élévation générale du niveau de vie et dans un développement respectueux des équilibres écologiques.

Libérer les plus vulnérables de l'horizon du quotidien, horizon de survie, c'est aussi leur donner les moyens de se prémunir contre les principaux risques de l'existence. Dans les pays développés, la mise en place de mécanismes de protection sociale et de mutualisation des risques a puissamment contribué à l'essor économique. Il est indispensable d'aider les pays en développement à mettre en place des filets de sécurité minimum.

Monsieur le Président,

Mesdames et Messieurs,

Le combat pour le développement est un combat pour l'avenir de la mondialisation. Ce combat est aussi le vôtre. C'est votre intérêt de dirigeants économiques. C'est votre responsabilité de citoyens. C'est votre devoir de femmes et d'hommes.

C'est un combat qui engage l'humanité tout entière. Et c'est ensemble que nous le gagnerons.

Je vous remercie.

Banlieues : le discours de Jacques Chirac

À LA TÉLÉVISION

Jacques Chirac ∎ Paris (France) ∎ Novembre 2005

*L**e Président de la République s'est exprimé lundi soir, à la télévision, sur les violences urbaines. Il a notamment annoncé la création d'un service civil volontaire, rejeté la politique des quotas d'immigration et déclaré que la pression perdurerait pour maintenir l'ordre. Voici le texte de son allocution télévisée, telle que retransmise par l'Élysée :*

Déclaration aux Français de Monsieur Jacques Chirac, Président de la République.

Mes chers compatriotes,

Les événements que nous venons de vivre sont graves. Ils ont entraîné des drames humains et des pertes matérielles considérables. La justice est saisie : elle fera toute la lumière, elle sera sans faiblesse. Les procédures d'indemnisation seront accélérées. À toutes les victimes, à leurs familles, je veux dire ma peine et la solidarité de la nation tout entière.

Ces événements témoignent d'un malaise profond. Certains ont provoqué des incendies dans les quartiers mêmes où ils habitent, ils ont brûlé les voitures de leurs voisins, de leurs proches, ils s'en sont pris à leurs écoles, à leurs gymnases.

C'est une crise de sens, une crise de repères, c'est une crise d'identité.

Nous y répondrons en étant fermes, en étant justes, en étant fidèles aux valeurs de la France.

Face aux violences des dernières semaines, face aux souffrances et aux difficultés de tant de nos concitoyens, notamment parmi les plus vulnérables, la première nécessité, c'est de rétablir l'ordre public. J'ai donné au Gouvernement les moyens d'agir. J'ai notamment décidé de proposer au Parlement de proroger, pour une durée limitée, l'application de la loi du 3 avril 1955. Ceux qui s'attaquent aux biens et aux personnes doivent savoir qu'en République on ne viole pas la loi sans être appréhendé, poursuivi et sanctionné. Et je veux rendre hommage aux forces de l'ordre, aux policiers, aux gendarmes, aux pompiers, aux maires et aux élus, aux magistrats, aux travailleurs sociaux, aux enseignants, aux associations qui se sont mobilisés pour ramener le calme et la tranquillité. Ils font honneur à la République.

Des problèmes, des difficultés, beaucoup de Français en ont. Mais la violence ne règle jamais rien. Quand on appartient à notre communauté nationale, on en respecte les règles.

Les enfants, les adolescents ont besoin de valeurs, de repères. L'autorité parentale est capitale. Les familles doivent prendre toute leur responsabilité. Celles qui s'y refusent doivent être sanctionnées, comme la loi le prévoit. Celles qui connaissent de grandes difficultés doivent en revanche être activement soutenues.

Ce qui est en jeu c'est le respect de la loi mais aussi la réussite de notre politique d'intégration. Il faut être strict dans l'application des règles du regroupement familial. Il faut renforcer la lutte contre l'immigration irrégulière et les trafics qu'elle génère. **Il faut intensifier l'action contre les filières de travail clandestin, cette forme moderne de l'esclavage.**

Mais l'adhésion à la loi et aux valeurs de la République passe nécessairement par la justice, la fraternité, la générosité. C'est ce qui fait que l'on appartient à une communauté nationale. C'est dans les mots et les regards, avec le coeur et dans les faits, que se marque le respect auquel chacun a droit. Et je veux dire aux enfants des quartiers difficiles, quelles que soient leurs origines, qu'ils sont tous les filles et les fils de la République.

Nous ne construirons rien de durable sans le respect. Nous ne construirons rien de durable si nous laissons monter, d'où qu'ils viennent, le racisme, l'intolérance, l'injure, l'outrage.

Nous ne construirons rien de durable sans combattre ce poison pour la société que sont les discriminations.

Nous ne construirons rien de durable si nous ne reconnaissons pas et n'assumons pas la diversité de la société française. Elle est inscrite dans notre Histoire. C'est une richesse et c'est une force.

Mes chers compatriotes,

Le devoir de la République, c'est d'offrir partout et à chacun les mêmes chances. Grâce à l'école, grâce au travail des enseignants, un nombre considérable de jeunes issus des quartiers difficiles réussissent dans tous les domaines. Mais certains territoires cumulent trop de handicaps, trop de difficultés. Des territoires confrontés à la violence et au trafic. Des territoires où le chômage est massif et l'urbanisme inhumain. Des territoires où des enfants sont déscolarisés, où trop de jeunes peinent à trouver un emploi, même lorsqu'ils ont réussi leurs études.

Aux racines des événements que nous venons de vivre, il y a évidemment cette situation.

Nous sommes à l'oeuvre pour y répondre. Beaucoup a déjà été entrepris : les zones franches urbaines pour ramener de l'emploi dans les quartiers; le plan de rénovation urbaine pour remplacer les barres et les tours par un habitat plus humain ; le plan de cohésion sociale pour lever un à un les handicaps dont souffrent les plus vulnérables; des mesures fortes pour permettre aux familles surendettées de s'en sortir; le contrat d'accueil et d'intégration. La loi sur l'école entre en application : elle donnera à chaque élève les moyens d'acquérir le socle des connaissances indispensables et permettra de lutter plus efficacement contre le fléau de l'illettrisme.

Et le Gouvernement vient de prendre des décisions nouvelles pour aider davantage les personnes et les territoires qui ont moins d'atouts que les autres.

Sachez que cette volonté politique et cet engagement financier majeur de la France sont sans précédent. Ils commencent à apporter des réponses aux problèmes des quartiers difficiles. Mais il s'agit nécessairement d'un effort de longue haleine.

Cependant, mes chers compatriotes, nous ne changerons pas les choses en profondeur sans l'engagement de chacun. Sans une profonde évolution des esprits.

Nous appartenons à une grande Nation, par son Histoire, mais aussi par les principes sur lesquels elle est fondée. Une Nation qui rayonne dans le monde.

Et ce soir je veux dire aux Françaises et aux Français, et plus particulièrement aux plus jeunes, que par delà les doutes et les difficultés que chacun peut connaître, **nous devons tous être fiers d'appartenir à une communauté qui a la volonté de faire vivre les principes d'égalité et de solidarité, et qui fait pour cela des efforts considérables**. C'est une chance d'appartenir à la communauté française. Chacun doit en avoir conscience et agir en conséquence.

Mais je veux dire aussi à tous les Français que pour que ce modèle singulier continue à vivre, pour qu'il garde toute sa force, nous ne pouvons transiger avec certains principes.

Nous le savons bien, les discriminations sapent les fondements même de notre République. Une Haute autorité de lutte contre les discriminations a été créée. Ses pouvoirs sont considérables, puisqu'elle pourra désormais infliger des sanctions. Mais ne nous y trompons pas. Ce combat ne pourra être gagné que si chacune et chacun d'entre nous s'y engage vraiment et personnellement.

Les entreprises et les organisations syndicales doivent se mobiliser aussi sur la question essentielle de la diversité et de l'emploi des jeunes issus des quartiers en difficulté. Il n'est pas question d'entrer dans la logique des quotas, qui montre en quelque sorte du doigt ceux qui en bénéficient et qui est injuste pour ceux qui n'y ont pas droit. Il s'agit de donner aux jeunes les mêmes chances face à l'emploi. Combien de curriculum vitae passent encore à la corbeille en raison du nom ou de l'adresse de l'intéressé ? Je rencontrerai sur cette question les représentants des partenaires sociaux dans les prochains jours.

Pour mieux aider les jeunes, notamment les jeunes en difficulté, à aller vers l'emploi, j'ai décidé de créer un service civil volontaire, associant accompagnement et formation. Il concernera 50.000 jeunes en 2007.

J'appelle aussi tous les représentants des communes à respecter la loi qui leur impose d'avoir 20 % au moins de logements sociaux. Oh, j'ai conscience des difficultés. Mais on ne sortira pas de la situation actuelle, si l'on ne met pas en cohérence les discours et les actes.

Je rencontrerai également l'ensemble des responsables de l'audiovisuel. Les médias doivent mieux refléter la réalité française d'aujourd'hui.

Et j'invite les chefs des partis politiques à prendre leur part de responsabilité : les élus, la représentation nationale doivent eux aussi refléter la diversité de la France. C'est une exigence pour faire vivre notre démocratie.

Mes chers compatriotes,

Soyons lucides. Soyons courageux. Sachons tirer toutes les leçons de cette crise. Chacun doit respecter les règles, chacun doit savoir que l'on ne viole pas impunément la loi. Mais sachons aussi nous rassembler pour agir dans la fidélité aux principes qui font la France : la communauté nationale tout entière en sortira meilleure et plus forte.

Et vous pouvez compter sur ma détermination.

Vive la République ! Vive la France !

REMISE DE LA MÉDAILLE DE LA FAMILLE FRANÇAISE
EXTRAIT DU DISCOURS DU PRÉSIDENT DE LA RÉPUBLIQUE

Jacques Chirac ■ Paris (France) ■ Mai 2000

« *A*u milieu de toutes les transformations que connaît notre société, s'il est une institution qui tient bon, tout en s'adaptant, c'est la famille.

Elle est plus vivante que jamais, telle qu'en elle-même, sous la forme où elle nous a été transmise de génération en génération, mais aussi sous des modalités nouvelles, familles monoparentales, familles recomposées. Face aux bouleversements du monde, elle demeure dans toutes les cultures ce qu'elle a toujours été, la cellule de base de la vie sociale. À travers l'espace et le temps, l'humanité ne se conçoit pas sans elle. Contre vents et marées, elle reste le bien le plus précieux de l'homme. Elle constitue le creuset des apprentissages fondamentaux, le lieu où chacun forge son identité et sa personnalité, un lieu de paix et de chaleur, de confiance et d'intimité, une source inépuisable d'ardeur, de renouveau et d'épanouissement.

Dans le contexte de la vie contemporaine, l'idéal familial se heurte à des obstacles, mais contrairement à certaines idées reçues, le socle de la famille demeure très solide. Plus de 80 % des enfants vivent sous le même toit que leurs deux parents. Le désir de famille est une réalité moderne. Il est, je crois, plus fort que jamais. Il n'a pas à être stimulé.

La famille a cependant besoin d'être aidée et soutenue car elle ne trouve pas les conditions les plus favorables à son épanouissement dans l'organisation actuelle de la société et de l'économie. Elle se forme de plus en plus tard. Les conditions de son installation et les exigences de la vie professionnelle retardent souvent la première naissance. Avoir de jeunes enfants entraîne aujourd'hui des difficultés de logement, de garde et de conciliation entre activité professionnelle et vie familiale qui n'existaient pas, en tous les cas, au même degré pour les générations précédentes. Cela impose des arbitrages difficiles, et souvent coûteux. Et ces problèmes sont bien sûr amplifiés quand il s'agit de familles nombreuses.

Les familles sont aussi confrontées à la multiplication des risques, la violence dans la rue, à l'école, la maltraitance, la pédophilie, le racket. Et dans un contexte de plus en plus marqué par une volonté inacceptable de banalisation de l'usage des drogues, les pressions que les dealers exercent sur les jeunes créent encore de nouveaux dangers.

(...)

À ces risques du monde moderne s'ajoutent les conséquences cumulées de vingt années de chômage et d'exclusion, avec leur cortège d'effets déstructurants. Sans la famille, sans l'aide apportée par les parents aux foyers de leurs enfants, sans cette solidarité plus forte que toutes les autres parce qu'elle repose sur un lien d'amour, nous savons bien que notre société n'aurait pas résisté. Les mécanismes de solidarité collective sont indispensables, naturellement, mais ils montrent vite leurs limites quand ils ne s'accompagnent pas d'une entraide de personne à personne qui donne à la solidarité un visage.

Malgré le soutien qui pouvait leur être apporté, bien des parents aux prises avec des difficultés aiguës d'emploi, de revenu, de logement et même de santé, se sont cependant trouvés hors d'état d'assumer leurs responsabilités affectives et éducatives. Cela n'a pas été sans conséquence sur nos sociétés modernes. L'incivisme, la violence et l'insécurité, plus particulièrement dans les quartiers sensibles, plongent leurs racines les plus profondes dans ce terreau. Là où la famille a cessé de jouer son rôle auprès des enfants, l'enseignement, la police, l'éducation surveillée et les services sociaux se trouvent soumis aux tensions les plus rudes.

Ces grands services publics doivent aujourd'hui affronter des situations auxquelles ils n'avaient pas été préparés. Parce qu'il tarde à se réformer lui-même, dans tous les pays, l'État peine à dégager les ressources nécessaires au renforcement de ses moyens d'action.

La première demande des familles est aujourd'hui de vivre en paix et en sécurité, dans un environnement stable où les enfants puissent grandir, s'épanouir et construire leur avenir à l'abri des dangers. Pour mieux répondre à cette attente, forte attente, la mobilisation doit être renforcée autour des maires et des préfets. La politique en faveur de la famille commence, je crois, par-là. Comme l'UNAF le rappelle souvent, elle ne peut se limiter aux prestations familiales. Elle doit porter attention à tous les paramètres de la vie des familles. Elle doit être globale.

C'est dans cet esprit que la réforme de la sécurité sociale a entendu donner à la politique familiale une meilleure assise. J'ai voulu, quant à moi, la création d'une conférence annuelle de la famille, d'une délégation interministérielle chargée d'en préparer et d'en suivre les travaux. La conférence de la famille ponctue désormais et utilement l'action des pouvoirs publics. Elle crée pour eux, en quelque sorte, l'obligation, de faire vivre la politique familiale, quelles que soient les autres priorités du moment. C'est pour les familles un rendez-vous essentiel qui leur garantit d'être mieux écoutées et plus souvent entendues.

Mais il faut bien sûr que les engagements pris chaque année à cette occasion soient effectivement tenus, c'est toujours le problème de tous les gouvernements. Je sais que le mouvement familial est préoccupé du fait de la non-reconduction de la garantie de ressources de la branche famille, prévue pour cinq ans par la loi de 1994.

Vous avez dit aussi, Monsieur le Président, l'inquiétude que vous avez en ce qui concerne les conditions de mise en oeuvre des décisions prises sur le financement de l'allocation de rentrée scolaire.

Vous demandez enfin une plus grande transparence des comptes, notamment sur les restrictions fiscales qui ont été imposées aux familles et dont vous souhaitez à tout le moins que le produit soit entièrement rendu à la politique familiale, comme annoncé.

Plus généralement, il importe que l'ensemble des ressources de la politique familiale reste à la famille, et n'aille pas compenser les déficits persistants de l'assurance-maladie ou contribuer au financement des retraites. Il ne faut pas confondre en un seul compte des politiques qui doivent rester distinctes, c'est un souci permanent pour les pouvoirs publics. La politique familiale devra désormais être plus attentive aux conditions de la vie moderne, cela aussi c'est un défi permanent à relever. Pour toutes les mères, elle doit ouvrir le champ du possible en les rendant plus libres de leurs choix. Travailler, bien sûr, mais alors disposer des moyens de mieux concilier vie familiale et vie professionnelle, notamment par l'amélioration des modes de garde, la création de crèches et le rétablissement d'un niveau élevé d'aide fiscale pour la garde des enfants à domicile. Un « chèque-famille » pourrait être créé avec l'aide des caisses d'allocations familiales pour permettre aux entreprises de soutenir non seulement la garde des enfants mais aussi leurs activités éducatives, culturelles ou sportives. Je souhaite que l'organisation du travail prenne mieux en compte les impératifs familiaux.

La négociation collective n'est pas assez active dans ce domaine, je l'ai souvent dit aux organisations syndicales et professionnelles, et je sais que c'est aussi le souci du gouvernement.

Pour recruter des collaboratrices et des collaborateurs qualifiés, les entreprises devront savoir répondre à leurs nouvelles exigences, à leurs nouveaux besoins. Les partenaires sociaux ne peuvent pas s'en désintéresser.

Autre choix : s'arrêter de travailler et bénéficier pendant plusieurs années d'une aide financière qui compense en partie au moins l'abandon du salaire. C'est tout le rôle de l'allocation parentale d'éducation, plébiscitée par 500,000 familles. Elle constitue aujourd'hui un acquis de la politique familiale et qui ne doit pas être remis en cause.

Il faut aussi pouvoir s'occuper de grands enfants ou de parents âgés. C'est pourquoi, au-delà du congé parental, on peut imaginer la création d'un congé de solidarité familiale correspondant à une attente assez forte, aujourd'hui, que vous avez vous-même évoqué, Monsieur le Président.

Reprendre une activité professionnelle, enfin, et pouvoir disposer alors de tous les atouts nécessaires. Je suis pour ma part attaché à l'idée d'un nouveau contrat au bénéfice des femmes qui ont consacré plusieurs années de vie à leurs enfants. Il leur donnerait accès aux formations dont elles ont besoin et allégerait les charges de l'employeur pour encourager leur embauche.

Ce contrat de libre choix permettrait aux mères qui s'arrêtent de travailler de ne pas renoncer pour autant à leur avenir professionnel. Il correspond à une profonde aspiration. Je croix également indispensable d'étaler dans le temps le surcroît d'impôt provoqué par l'arrivée d'un deuxième salaire. Mais je sais que tous ces problèmes sont actuellement étudiés par la ministre chargée de la Famille et de l'Enfance

Au-delà de l'activité professionnelle, je pense que la politique familiale doit aborder de manière nouvelle les problèmes de logement des familles. Notre système d'aide est à la fois complexe et injuste. A revenu égal, il pénalise les actifs par rapport aux titulaires des minima sociaux. **Il est également souhaitable, et vous l'avez demandé, de prolonger** jusqu'à l'âge de 22 ans **la prise en compte des jeunes adultes logés au foyer de leurs parents. (...)**

La politique familiale, en créant un contexte plus ou moins favorable à l'accueil de l'enfant, contribue à permettre à ces choix personnels de se réaliser. Beaucoup de couples n'ont pas autant d'enfants qu'ils le souhaitent. C'est une déception, silencieuse mais parfois profonde. L'ambition de la politique familiale doit être d'élargir l'horizon pour que chacun puisse accomplir son rêve familial. Il suffirait de peu de choses pour que la France assure au moins le renouvellement de ses générations. Elle serait alors plus forte pour affronter l'avenir. Elle aborderait dans de meilleures, en particulier, la réforme des régimes de retraite. La politique familiale relève d'un devoir de solidarité en faveur des familles, de toutes les familles. Mais elle constitue aussi un impératif d'intérêt national. Un impératif ne saurait être nié. »

REMISE DE LA MÉDAILLE DE LA FAMILLE
DISCOURS DU PRÉSIDENT DE LA RÉPUBLIQUE

Jacques Chirac ■ Paris (France) ■ Mai 2006

Monsieur le ministre,
Monsieur le Président, cher Président
Madame la Présidente,
Mesdames, Messieurs,
Mes chers amis,

*J*e suis, bien sûr, heureux de vous accueillir aujourd'hui, ici, pour remettre la Médaille de la famille, l'une des plus belles que l'on puisse imaginer, aux parents rassemblés aujourd'hui. Des parents d'origine de toute la France, de métropole et d'outre-mer, et qui incarnent notre pays dans toute sa diversité et dans son unité.

Cette cérémonie traditionnelle est l'occasion de rendre un hommage républicain et légitime aux valeurs d'engagement, de solidarité, de liberté et de responsabilité qui sont au cœur même, comme l'a souligné le Président, du projet familial. C'est aussi l'occasion de réaffirmer combien notre société a besoin des familles pour sa cohésion et pour son avenir.

Cette cérémonie, Monsieur le Président, revêt c'est vrai, vous l'avez souligné, un caractère particulier, alors que vous avez décidé de quitter vos fonctions à la tête de l'UNAF. Depuis dix ans, vous avez fait évoluer cette grande institution qui a célébré, l'an dernier, son 60e anniversaire. Vous avez exprimé les attentes des familles. Vous avez défendu leurs intérêts. Vous avez fait du pluralisme de l'UNAF une richesse et une force. Vous avez imposé l'institution comme un partenaire incontournable des pouvoirs publics et aussi de toutes celles et de tous ceux qui œuvrent en faveur des familles.

En vous, je veux rendre hommage au militant, au négociateur, au médiateur. Je salue l'engagement de l'homme de conviction, toujours à l'écoute des autres et ouvert à toutes les réflexions.

J'ai l'occasion aussi de redire à la Présidente du Conseil d'administration de la CNAF, chère madame PRUDHOMME, toute mon estime et tout le respect que j'ai pour votre action.

Dans quelques semaines, le Premier ministre réunira la Conférence de la famille.

Nous pouvons, sans aucun doute, être fiers de ce que nous avons fait ensemble pour améliorer les prestations en faveur de la petite enfance. Avec la création de la prestation d'accueil du jeune enfant, la PAJE, le montant annuel sera passé de 8 milliards à près de 11 milliards d'euros.

L'offre de garde a été élargie et diversifiée. Et cela dans le respect des principes d'universalité, de simplicité des aides et de respect du libre choix des familles. C'est beaucoup votre œuvre. Et c'est un atout pour notre démographie, qui est l'une des clés de la vitalité de notre Nation. Je suis fier, aussi de ce que nous avons fait ensemble en faveur de l'adolescence, un âge trop souvent délaissé par nos politiques familiales.

Pour cette année 2006, j'ai demandé que la Conférence de la famille consacre ses travaux à la solidarité entre les générations. **Il faut en effet sortir ou évoluer et sortir de cette conception trop étroite de la famille, sur laquelle repose largement notre politique familiale.** Une famille qui serait composée des seuls parents et de leurs enfants et qui ne pourrait compter que sur elle, ou sur des solidarités collectives, pour réaliser ses projets, ce n'est pas cela notre objectif.

Car telle n'est pas la réalité des familles. La réalité des familles, c'est souvent celle de trois ou quatre générations aujourd'hui, compte tenu de l'évolution de l'âge et de la vie. Ce sont des générations parfois séparées par la géographie mais toujours rassemblées par ce lien unique qu'est le lien familial.

La réalité des familles, aujourd'hui, ce sont ces jeunes adultes qui n'ont pu s'installer qu'avec l'aide matérielle des grands-parents. C'est celle de jeunes grands-parents qui travaillent encore et dont les enfants recherchent un emploi. C'est, pour des parents qui viennent d'achever l'éducation de leurs enfants, s'occuper de leurs propres parents ou grands-parents désormais dépendants.

Notre responsabilité, c'était d'agir pour renforcer les solidarités collectives face au défi du vieillissement de notre population. Nous l'avons fait avec la réforme des retraites et la création d'une nouvelle branche de protection sociale pour les personnes âgées dépendantes.

Notre responsabilité, c'est aussi de faire en sorte que l'ensemble de notre législation reconnaisse et encourage toutes les solidarités familiales. Nous avons franchi une première étape en facilitant les donations entre grands-parents, parents et enfants. **Il faut aller plus loin en ayant une approche globale portant sur la protection sociale, la fiscalité, le droit du travail, la validation des acquis de l'expérience.** C'est tout le sens des décisions qui devront être prises début juillet par le Gouvernement.

Je souhaite que pour l'an prochain, les travaux de la Conférence de la Famille s'engagent sur un autre défi essentiel : faire en sorte que le temps extra-scolaire soit un temps d'épanouissement pour les enfants et pour les adolescents. **Dans les familles où les deux parents travaillent tard, dans les familles monoparentales, souvent modestes, dans les quartiers en difficulté, nous devons faire en sorte qu'aucun enfant, aucun adolescent, c'est l'objectif, ne soit, en quelque sorte, livré à lui-même.**

Certes, dans ce domaine, nous ne partons pas de rien. Mais les pouvoirs publics, les collectivités locales, les associations, les caisses d'allocations familiales, parfois sollicitées à l'excès, agissent trop souvent en ordre dispersé.

Et nous n'utilisons pas à plein tout ce qui existe. Il faut ouvrir plus largement les salles de classe et les équipements sportifs des écoles, des collèges, des lycées, et ceci, hors du temps scolaire. Nous devons y organiser des études surveillées et proposer aux enfants des activités culturelles et sportives. C'est essentiel pour l'égalité des chances et pour l'apprentissage des disciplines individuelles et collectives. Le réseau de la Jeunesse et des Sports doit être également mieux mobilisé, en particulier avec les enseignants de l'Éducation nationale. **Nous devons aussi aider les clubs sportifs à dépasser leurs légitimes particularismes pour accueillir les enfants et adolescents qui en ont besoin. Et donner plus d'ampleur au programme Ville, vie, vacances.**

Il faut aussi tout mettre en œuvre pour que les services utiles aux familles soient disponibles dans chaque ville, dans chaque quartier. Faire en sorte que ces services soient accessibles après l'école, les week-ends, pendant les vacances. **Il faut rendre solvable les familles, pour que les plus modestes puissent raisonnablement y avoir un accès naturel.** S'assurer, toujours, de la disponibilité et de la qualité de l'encadrement.

Monsieur le Président, cher Hubert BRIN,

Comme vous, je crois en l'importance majeure pour la Nation de la politique familiale. Une politique familiale qui doit s'adapter en permanence aux évolutions de notre société. Notre responsabilité, ce n'est pas seulement de verser des allocations, même lorsqu'elles sont légitimes et naturelles ou nécessaires. C'est de plus en plus de soutenir l'action éducative des familles, de conforter l'autorité parentale et la solidarité entre les générations.

Et ces défis sont ceux de l'avenir, ils sont une nécessité, ils doivent être pris en compte. Nous devons nous y engager et les relever ensemble.

Monsieur le Président,

Mesdames, Messieurs,

Je vous remercie.

DISCOURS DE FRANÇOIS FONDARD, PRÉSIDENT DE L'UNAF

François Fondard ■ Juin 2006

Mesdames et Messieurs les présidents d'UDAF,

Mesdames et Messieurs les directeurs d'UDAF,

Mesdames et Messieurs,

Mes chers amis.

Je tiens à vous remercier pour votre confiance. Les présidentes et les présidents d'UDAF me l'ont prouvée hier en m'élisant au conseil d'administration. Les administrateurs me l'ont confirmée ce matin à travers mon élection à la présidence de l'UNAF. Je ferai en sorte d'être à la hauteur de la tâche qui m'attend.

J'aurais deux remerciements particuliers à formuler, tout d'abord au président Roger Burnel qui m'a accueilli au conseil d'administration de l'UNAF en 1992 et m'a confié la responsabilité de la délégation de l'UNAF à la CNAF.

Ensuite à Hubert Brin qui lors de son élection en 1996 m'a confirmé dans mes fonctions.

Merci Hubert pour ton investissement sans relâche pendant 10 ans à la présidence de notre institution.

Merci pour les évolutions que tu as su conduire, afin que l'UNAF soit reconnue des pouvoirs publics et qu'elle puisse peser sur les orientations gouvernementales, en particulier au moment de la conférence de la famille.

Je crois que l'on peut te féliciter, Hubert, pour les heures que tu as passées à convaincre les hommes et femmes politiques en général, de droite ou de gauche, et d'avoir pu conserver la forme actuelle de **la conférence de la famille**.

Merci pour ta confiance que tu m'as témoignée tout au long de ces 10 ans, d'abord dans la délégation de l'UNAF à la CNAF, **et ensuite dans de nombreux dossiers de politique familiale**.

Ceci dit, je mesure toute l'importance de la responsabilité qui m'est confiée : être à la tête d'une institution chargée de défendre les intérêts matériels et moraux des familles et de les représenter est une fonction essentielle pour notre pays et qui m'honore particulièrement.

Car, 61 ans après sa construction, l'UNAF est aujourd'hui reconnue comme un véritable partenaire social dans tous les domaines qui touchent à la famille.

A la lecture du rapport d'activité 2005, nous percevons le dynamisme de l'Union, toute son influence sur les politiques aussi bien nationales que locales, ainsi que **dans les départements d'outre-mer**, à travers tous les **représentants familiaux**.

Et pour moi, l'Union, ce n'est pas seulement l'institution nationale de la place Saint-Georges, mais aussi au même titre, chacune des UDAF, toutes les URAF ainsi que chaque mouvement familial.

Je voudrais maintenant vous faire part de la façon dont, depuis ces derniers mois que je travaille le sujet, je perçois les termes du mandat que vous venez de me confier.

Je vous propose de lister quelques dossiers sur lesquels nous allons, à l'évidence, devoir travailler dans les prochaines semaines.

Sur la politique familiale

En ce qui concerne la politique familiale, je pense qu'il ne faut pas hésiter à partir de nos acquis : nous l'avons écrit dans le rapport moral, la politique familiale dans sa conception française a su articuler de manière très originale vie familiale et vie professionnelle. Elle produit aujourd'hui des effets particulièrement positifs en matière d'indice de fécondité, et la France n'aura pas les mêmes questions à se poser que d'autres pays européens dans les décennies futures concernant les retraites.

On observera avec satisfaction que, conscients des effets du faible taux de leur natalité, certains pays de l'Union Européenne envisagent de mettre en place des mesures familiales comparables aux nôtres. Récemment, la commission européenne a publié un livre vert sur la démographie, et cette prise de conscience au niveau européen des enjeux démographiques **devrait ouvrir la voie à une meilleure prise en compte des intérêts familiaux dans le débat européen**.

Cela nous conforte évidemment dans notre volonté de persuader le gouvernement français de maintenir les ressources de la branche famille et de le convaincre du principe de l'Universalité.

N'oublions pas qu'un effort sans précédent a été consenti à notre demande ces dernières années, en particulier sur la Prestation Accueil du Jeune Enfant (PAJE) depuis 2004 et les investissements en matière de petite enfance et de temps libre. **Cela représente sur 5 ans, un « plus » pour les familles** de 2,5 milliards d'euros par an.

Le coût de cette politique volontariste ne nous empêchera pas de retrouver l'équilibre financier de la branche au cours de l'exercice 2009, soit dans à peine trois ans.

À propos de la politique sociale

Nous ne pouvons pas laisser de côté le dossier de la politique sociale. Nous l'avons dit dans le rapport moral : il ne s'agit pas de l'opposer à la politique familiale, mais comme l'ont démontré les débats en inter-région, les frontières sont loin d'être étanches et nous sommes face à des politiques complémentaires.

C'est sur cette complémentarité qu'il nous faudra travailler et nous faire entendre. L'accès à l'emploi des jeunes, le temps partiel contraint, le travail précaire, ont des répercussions sur la vie familiale. De même l'accès au logement, son coût, le développement de l'habitat périurbain et la désertification de certaines zones rurales, et plus généralement les questions liées au milieu de vie des familles sont des préoccupations sur lesquelles nous devons continuer à nous investir.

Nous ne pouvons pas nous satisfaire du fait que 6,3 pour cent des familles vivent sous le seuil de pauvreté. Cependant, **il ne faut pas oublier qu'il y a 25 ans, nous étions à 13 pour cent, que les politiques publiques mises en œuvre** par les précédents gouvernements ont été efficaces, mais que de **nouveaux dispositifs doivent être développés** pour sortir **ces familles de la précarité**.

La première cause étant la situation de l'emploi, ces personnes étant au RMI, une solution parmi d'autres consisterait à ajouter les allocations familiales au RMI, plutôt que de les inclure comme aujourd'hui, ce qui aurait pour conséquence de faire repasser au-dessus du seuil de pauvreté toutes les familles avec enfants à charge. Quoi qu'il en soit, **l'institution familiale ne peut être absente des débats sur la pauvreté et la précarité**.

Plus largement, l'Union doit s'interroger sur l'ensemble des équilibres financiers dans la protection sociale, la branche maladie, la branche retraite, la branche famille, sans oublier de prendre en compte le déficit du budget de l'État. Nous ne pouvons pas laisser aux générations futures une dette insurmontable. Nous devrons participer à ce débat dont les familles ne peuvent être exclues, car elles sont particulièrement concernées.

Ces dossiers de fond seront un travail sur du long terme.

Dans l'immédiat, nous allons devoir travailler sur les conventions d'objectifs, et le projet institutionnel.

Les conventions d'objectif

La réforme du fonds spécial va modifier les relations entre l'UNAF et les UDAF par l'avènement des conventions d'objectifs. Le décret du 29 décembre 2005 a défini un cadre, cela se traduit par une convention État-Unaf qui se déclinera par une convention UNAF-UDAF.

Un travail en commun va se faire dès le mois de Septembre pour choisir les thèmes retenus pour les trois prochaines années. Les orientations nationales devront être déclinées au niveau local après un accord commun.

Le financement des conventions d'objectifs sera assuré par la seconde part du fonds spécial, je m'engage à ce que le conseil d'administration décide que la répartition soit réalisée sur les bases antérieures, c'est-à-dire 70 pour cent pour les UDAF et 30 pour cent pour l'UNAF, ce qui n'entraînera pas de modification de niveau de financement pour les UDAF.

Le projet institutionnel

D'autre part, le débat sur les inter-régions a dégagé un très large consensus autour de l'utilité et de la nécessité pour l'institution d'élaborer son projet institutionnel. Il doit constituer le socle de l'Union, il en affirmera l'identité commune dans un esprit fédérateur et repréciserera les valeurs communes.

Au centre de ce projet institutionnel nous retrouverons **la famille**.

La famille est une valeur sûre.

La famille est l'organisation de base de toute société, et pour nous, elle véhicule des valeurs fondamentales telles que la solidarité entre tous ses membres.

La famille est un mode de vie adopté et reconnu par tous, par 83 pour cent des jeunes, et 86 pour cent des personnes de tous âges. Ne sombrons pas dans la morosité ambiante, les parents n'ont d'autre but que de permettre la réussite de leurs enfants et de leur inculquer les valeurs fondamentales. Les parents sont les premiers éducateurs.

Ce projet institutionnel n'est surtout pas un texte figé. Il reprendra les textes fondateurs de l'institution, établira un état des lieux de notre fonctionnement, et il proposera aussi des perspectives, des objectifs, des chantiers à ouvrir pour l'Union de demain. En particulier, **il nous faudra entériner des propositions nécessaires, de nouvelles pratiques propres à renforcer les relations entre l'UNAF** et les UDAF. Les inter-régions ont été très claires à ce sujet. Nous devons faire des propositions précises et les mettre en pratique sitôt qu'elles seront validées collectivement.

Enfin, **il me semble indispensable de travailler très vite sur notre légitimité**. Nous représentons 7 557 associations et 772 000 adhérents. Nous ne sommes pas une quantité négligeable.

Dans le processus en cours de décentralisation, les 25 000 représentants des UDAF jouent un rôle chaque jour plus important.

De plus, les UDAF emploient 5 500 salariés et représentent 140 000 mesures de protection juridique. Nous proposons de multiples services aux familles, la médiation familiale, les REAAP, les familles gouvernantes, la gestion des fonds solidarité logement, l'accompagnement social pour le logement, et le RMI, la procédure de rétablissement personnel et bien d'autres activités.

Le décret du 29 décembre 2005 a donné une légitimité aux URAF à travers les association interdépartementales. Il faudra continuer les négociations afin que les URAF soient reconnues par la loi.

De plus, d'autres associations, pour l'instant hors de l'UNAF interviennent également auprès des familles. **Nous devons, à travers le chantier de notre projet institutionnel, nous interroger sur les ouvertures nécessaires que nous pourrons favoriser, afin de puiser d'autres forces dans la richesse du tissu associatif français.**

Nous sommes donc une véritable force sociale et économique. On peut nous contester, mais on ne peut pas nous ignorer. Nous devons prendre les moyens d'être un véritable partenaire économique et social.

Pour conclure, vous me confiez la conduite de l'UNAF. Notre institution continuera à progresser si chacun a la volonté de respecter son pluralisme. Je constituerai une équipe dans ce sens, pour assurer mieux encore nos missions. **Des échéances importantes nous attendent, les élections présidentielles et législatives amèneront l'Unaf à poser des questions aux candidats, une plate-forme sera réalisée dès l'automne pour réaffirmer nos positions dans tous les domaines de notre responsabilité, afin que nul ne les ignore.**

Mesdames et messieurs, vous pouvez compter sur moi pour que l'ensemble de l'Union joue son rôle, et pour faire en sorte que les attentes et les besoins des familles soient pris en compte par les pouvoirs publics dans toutes les politiques.

Conférence de presse conjointe
de Jacques Chirac et Silvio Berlusconi
à l'occasion des XXIVes consultations franco-italiennes

Jacques Chirac et Silvio Berlusconi ■ Paris (France) ■ Octobre 2005

*L*E PRESIDENT – Mesdames, Messieurs, je voudrais tout d'abord remercier chaleureusement le Président du Conseil, mon ami, Monsieur Silvio BERLUSCONI qui a bien voulu changer le protocole qui aurait normalement exigé que j'aille à Rome. Il a accepté de venir ici à Paris pour m'éviter de prendre l'avion. Je l'en remercie chaleureusement. C'est pour moi aussi l'occasion de souligner l'importance, la cordialité et l'étroitesse des relations qui exigent, de notre part, un suivi permanent dans une période difficile des relations entre l'Italie et la France. Elles ont toujours été, chacun le sait, excellentes mais dans une période où l'on s'interroge, où les opinions publiques, en particulier, s'interrogent, les Françaises et les Français de leur côté, mais aussi les Italiennes et les Italiens, sur la vision que l'on doit avoir de l'Europe, il était bon que nous puissions, par nos échanges, par notre coopération renforcer les liens déjà très forts qui existent entre nous.

Alors, nous avons d'abord évoqué ces liens, ces actions communes, ces politiques et ces préoccupations que nous partageons. Nous l'avons vu dans le domaine de l'énergie où notre partenariat est tout à fait exemplaire. C'est un partenariat stratégique particulièrement important dans une période comme celle que nous traversons, marquée par le problème de l'énergie et du pétrole. Nous avons une conception commune de l'effort à faire ensemble pour la recherche et l'innovation.

Nous avons donc décidé de nous associer pour mettre en commun, au travers notamment de nos grandes entreprises industrielles, scientifiques, technologiques, nos moyens, nos recherches et nos ambitions, nos objectifs dans le domaine des technologies et de grandes réalisations de demain. Les groupes de travail de même nature que celui que nous avons créé avec l'Allemagne –et nous serons dorénavant trois et probablement plus ultérieurement- assument cette responsabilité.

Nous avons évoqué notre coopération très forte dans le domaine de la défense qui se traduit par notre présence commune sur le terrain, notamment en Afghanistan, en Bosnie où l'Italie va prendre le commandement, au Kosovo. Dans l'ensemble de ces régions et dans des opérations de la communauté internationale pour la paix, Italiens et Français militaires marchent véritablement la main dans la main, et dans une parfaite cohérence et concordance de solidarité et de pensées.

Nous avons aussi cette coopération dans le domaine de l'armement où nous allons mettre ensemble en place notre projet de Frégates Multi-Missions, où nous avons signé un texte tout à l'heure qui nous permet de pénétrer dans nos espaces aériens mutuels pour lutter notamment contre le terrorisme. Bref, une coopération très forte en matière de défense.

Nous avons évidemment évoqué notre vision commune en ce qui concerne l'Europe : constater qu'il y avait aujourd'hui un problème qui s'est manifesté en France et aux Pays-Bas par le refus de ratifier le traité constitutionnel, et qui s'est manifesté dans les autres pays d'une autre façon, avec une inquiétude, des questions que se posent les citoyens et citoyennes sur le bien-fondé de l'action de l'Europe. Et nous devons y réfléchir sérieusement.

C'est ce que nous commencerons à faire au prochain Conseil européen à Londres, c'est ce que nous ferons de façon approfondie au premier Conseil sous présidence autrichienne, en début d'année prochaine. Mais c'est ce que nous entendons faire ensemble déjà, entre l'Italie et la France puisque nous avons une même vision des choses, de l'avenir et des problèmes. De façon à apporter une contribution commune aux problèmes auxquels l'Europe est aujourd'hui confrontée.

Nous avons également évoqué, cela va de soi, notre position commune sur le plan méditerranéen, nous travaillons ensemble, d'ailleurs, à la commémoration du dixième anniversaire du processus de Barcelone. Nous n'avons aucune divergence de vues dans ce domaine.

Nous avons évoqué, enfin, les différentes crises dans lesquelles nous sommes là aussi en parfaite harmonie, notamment au Moyen-Orient, qu'il s'agisse de l'Irak et des projets qu'il faut essayer de mettre ensemble en place pour sortir des problèmes que connaît ce pays. Qu'il s'agisse des problèmes israélo-palestiniens et de l'aide nous devons apporter notamment à M. WOLFENSOHN pour ce qui concerne la reprise économique, la situation sociale à Gaza, qui suppose également la maîtrise de la situation politique et matérielle. Qu'il s'agisse de la Syrie et du Liban et les inquiétudes que l'on peut avoir dans ce domaine, notamment en raison de certains actes de déstabilisation se traduisant notamment par des attentats. Qu'il s'agisse de l'Iran où nous partageons la même vision des choses, celle qui a été d'ailleurs portée par l'Union européenne dans la période récente.

Voilà ce que nous avons évoqué, le Président du Conseil et moi, et je lui laisse maintenant volontiers la parole pour qu'il donne son sentiment, avant de donner la parole à ceux qui voudront la prendre.

M. SILVIO BERLUSCONI – Merci, Monsieur le Président. Je vais répondre en italien pour la télévision italienne et je crois ne pas devoir répéter ce qui a été fort bien dit et exposé par le Président CHIRAC car nous avons traité beaucoup de sujets et vous avez entendu de sa bouche même qu'il a utilisé un adjectif « commun ». Le mot « commun » est celui qui marque ces rencontres. Ayant maintenant plusieurs années d'expérience en matière de relations franco-italiennes, je dirai que, jamais comme aujourd'hui, nous avons eu une vision aussi proche, des sentiments en commun sur l'Europe et les problèmes internationaux.

Notre collaboration est plus étroite que jamais. Nous avons beaucoup de projets en commun, car ensemble, nous devons relever les défis internationaux de l'économie mondiale, de la mondialisation.

Il y a une autre chose sur laquelle nous avons une communauté de vues, c'est le fait qu'au cours des prochaines rencontres avec nos collègues européens, il faudra approfondir quelle Europe nous souhaitons, comment rapprocher l'Europe des citoyens, comment faire en sorte que l'Europe suscite la sympathie des citoyens européens.

Nous avons examiné les différentes raisons de ce désenchantement. Je dirai que nous nous sommes parfois privés de certains éléments de souveraineté comme sur la monnaie. Nous avons une nouvelle monnaie, nous ne pouvons plus mener une politique monétaire nationale. Nous sommes passés d'un système de dévaluation pour soutenir nos exportations à un système de surévaluation de la monnaie. Nos produits européens sont devenus moins avantageux pour les clients qui paient en dollars et moins avantageux aussi pour les Européens qui, parfois, ont plus intérêt à acheter des produits fabriqués dans la zone dollar.

À cela, il faut ajouter l'augmentation du coût de l'énergie, des carburants, ceci est tout particulièrement vrai en Italie, puisque dans les années 80, nous avons renoncé à l'énergie nucléaire; à cela il faut aussi ajouter la concurrence des pays émergents, des pays de l'est, de l'Inde, de la Chine qui sont présents sur nos marchés, par des produits qui sont réalisés avec un coût de main d'œuvre qui représente des décimales par rapport à nous. Nous croyons donc qu'ensemble, il nous faudra affronter lors de la réunion informelle de Londres ces sujets pour voir ce qui peut changer dans l'action de l'Europe, dans l'action de la Commission européenne. Et ce qu'il faut faire pour que les citoyens européens voient dans l'Europe une zone de paix et de prospérité, et puissent voir dans l'Europe cet espoir d'une vie meilleure tel que c'était le cas par le passé.

Merci pour votre accueil affectueux et après de nombreuses années, même si nous avons eu parfois des divergences sur certains sujets spécifiques, il y a toujours eu une très grande sympathie, une grande estime, un grand respect, que je confirme aujourd'hui au Président CHIRAC. Je crois pouvoir parler au nom de tous les Italiens; je dirai qu'il n'y a pas de pays, qu'il n'y a pas de citoyens qui ne soient plus proches de nous que la France et les Français.

Donc, je crois que dans cette action commune, il est nécessaire ou même indispensable qu'il en soit ainsi pour régler nos problèmes.

QUESTION – Monsieur le Président, l'Europe est en panne. Ses peuples sont majoritairement eurosceptiques, vous l'avez dit. Est-il de bonne politique d'en appeler à Bruxelles pour des problèmes de gestion dans des entreprises privées ou publiques alors que Bruxelles déclare son incompétence et rappelle ses contraintes ?

LE PRÉSIDENT – Vous évoquez, et à juste titre – nous en avons parlé aussi –, une certaine morosité à l'égard de l'Europe chez les citoyennes et les citoyens des pays européens en général et qu'ils expriment sous une forme ou sous une autre et qui est exacte. Alors, il faudrait d'abord se demander, probablement, pourquoi il y a cette morosité ? Je l'ai évoqué, le Président BERLUSCONI l'a fait également, nous pourrons y revenir, mais parmi ces motifs de déception ou d'interrogation, il y a notamment le fait que les citoyens ont le sentiment, en tous les cas c'est vrai en France, mais ailleurs aussi, que la Commission ne défend pas avec suffisamment de détermination et d'énergie leurs intérêts et notamment les intérêts de l'Europe et, en particulier, les intérêts économiques et, par voie de conséquence, les problèmes sociaux qui en découlent.

Est-ce qu'il est légitime et normal que la Commission, je dirais, se désintéresse d'un problème du type de celui que vous avez évoqué : grande entreprise internationale implantée en Europe, ayant ici une part non négligeable de ces marchés, gagnant beaucoup d'argent, faisant des bénéfices considérables, prenant des décisions à fortes conséquences sociales, sans que l'Europe, l'Union européenne, c'est-à-dire en réalité la Commission ne s'estime impliquée, concernée ou n'estime avoir quelque chose à dire ? L'une des raisons qui explique le désaveu actuel de l'Europe, c'est cela.

Au-delà de ce qu'a évoqué tout à l'heure Monsieur BERLUSCONI sur les politiques monétaires et les problèmes que cela pose à la croissance dans des pays comme l'Italie, la France ou l'Allemagne ou d'autres, ce n'est pas normal. La vocation de l'Europe et des institutions européennes c'est aussi, et je dirai surtout, de défendre l'Europe, de défendre les intérêts économiques, financiers, sociaux de l'Europe.

Je prends un autre exemple de la même nature, celui des discussions à l'OMC : ce sont des discussions importantes, chacun le comprend, qui doivent permettre au commerce international de se développer, ce qui est évidemment souhaitable et qui pour cela essaie d'édicter les règles. Les Européens ont le sentiment que, face à un ensemble américain qui défend avec énormément de détermination ses intérêts et qui, pour dire les choses comme elles sont, n'a pas bougé d'un iota dans les domaines qui le concernent, face à des pays émergents qui, à juste titre, défendent également leurs intérêts – souvent d'ailleurs dans ce domaine au détriment des pays les plus pauvres et notamment des pays africains – que face à cela, nous avons une Commission qui évolue de concessions en concessions et qui ne donne pas le sentiment de défendre les intérêts de l'Europe alors que cela devrait être sa vocation.

Il y a donc un problème qui doit être examiné et qui fait partie de cette réserve que l'on a sentie ces derniers temps à l'égard d'une certaine vision de l'Europe. C'est ce dont nous avons parlé ce matin, c'est ce dont nous parlerons à Londres, dans quelques jours, à l'occasion du Sommet organisé par la présidence britannique, par le Premier ministre britannique. C'est ce dont nous parlerons également au moment du premier Conseil européen sous présidence autrichienne sur l'Europe.

QUESTION – Monsieur le Président de la République, au mois de juillet, la France a suspendu l'application des accords de Schengen; aujourd'hui, il n'est pas bien clair si la France applique ou non les accords de Schengen, ce n'est pas le côté technique sur lequel je voudrais vous interroger, c'est sur la volonté politique de la France et de l'Italie de continuer sur le chemin de Schengen car il y a eu des incertitudes, des balbutiements ces derniers temps. Est-ce qu'il y a cette volonté politique de la part des deux pays ?

LE PRÉSIDENT – Le Président BERLUSCONI vous répondra pour l'Italie, je vous dis moi que pour la France il n'a jamais été question et il n'est pas question de remettre en cause les accords de Schengen.

M. SILVIO BERLUSCONI – C'est absolument la même chose pour nous.

LE PRÉSIDENT – Il y a eu une clause de contrôle aux frontières, c'est un aspect technique des choses qui est en train d'être revu mais l'accord de Schengen n'est pas en cause. En tous les cas, je ne crois pas pour l'Italie et je suis sûr que non pour la France.

QUESTION – Monsieur le Président, une question sur la Turquie. Malgré le non des Français au référendum, malgré le souhait de l'UMP qui penchait plutôt pour un partenariat privilégié et malgré votre Premier ministre qui déclarait le 2 août qu'il serait urgent d'attendre, la France a décidé de soutenir l'ouverture de négociations pour l'adhésion de la Turquie. Alors, pourriez-vous nous dire quelle est la raison de cette détermination de votre part ?

LE PRÉSIDENT – D'abord, ce n'est pas la France qui l'a décidé, c'est l'Union européenne, c'est-à-dire, ses 25 membres. Deuxièmement, la question aurait dû être « pourquoi êtes-vous favorable à la Turquie dans cette affaire, malgré les réserves que l'on sent, que l'on voit s'exprimer ici ou là » ? Tout simplement parce que je crois qu'il faut un peu penser à l'avenir.

Quand on parle de l'Europe, que veut-on en réalité ? Forts de ce que nous a enseigné l'Histoire, émaillée de guerres, de drames, ce que nous voulons, c'est laisser à nos enfants un espace aussi large que possible où soient réellement enracinées la paix et la démocratie, en règle générale, d'ailleurs, la démocratie étant une condition essentielle de la paix. La paix et la démocratie. Nous voulons aussi que cette Europe soit forte, elle est confrontée de plus en plus dans le monde à de très grands ensembles, la Chine, l'Inde, l'Amérique, demain la Russie, à de très grands ensembles qui ont une puissance d'intervention pour imposer leurs points de vues tout à fait considérable. Et si l'Europe veut avoir son mot à dire, il faut qu'elle ait le poids spécifique nécessaire dans 20 ans, dans

50 ans pour parler d'égal à égal avec ces grands ensembles et pour y défendre ses valeurs et ses intérêts.

Quand on regarde l'Europe telle qu'elle est, on regarde par le petit bout de la lorgnette et l'on se dit au fond, on était très bien à 6 aussi naturellement. Mais cela ne répond à aucune vue et à aucune exigence de l'avenir, notamment en terme de paix et de démocratie.

On ne peut pas ne pas voir que cet espace de paix, de démocratie et de puissance impose, en réalité, la présence de la Turquie. D'abord, il est légitime qu'un peuple qui veut rallier nos valeurs, puisse le faire. Il apporte une puissance considérable qui donne à l'Europe la dimension nécessaire pour exister dans le monde de demain. Et puis, si dans un mouvement d'humeur un peu léger ou une réaction un peu épidermique, on dit : « eh bien non, ils ne sont pas Européens, qu'ils s'en aillent ! », qui vous dit que cet ensemble ne basculera pas, le monde évoluant tel qu'il évolue aujourd'hui, dans l'intégrisme ? Vous vous rendez compte du danger que cela représenterait ?

C'est que l'ensemble du monde musulman autour de la Turquie, cela représente trois cent cinquante millions d'habitants au-delà de la Turquie. Vous vous rendez compte de la responsabilité que l'on prendrait si l'on disait : « non, il n'y a rien à voir, circulez, on ne vous veut pas ». Et d'ailleurs, au nom de quoi, au nom de quelle tradition humaniste européenne nous pourrions dire à des gens qui disent « nous voulons avoir les mêmes valeurs que vous », « on ne vous veut pas », au nom de quoi ?

Naturellement, cela a une conséquence, c'est que ce n'est pas l'Europe qui adhère à la Turquie, mais la Turquie qui adhère à l'Europe et, par conséquent, cela exige qu'elle fasse tous les efforts nécessaires pour adhérer à la totalité de nos valeurs, de nos principes. C'est un effort considérable pour elle. C'est une révolution culturelle majeure, elle est demandeur, très bien. Est-ce qu'elle pourra y arriver ? Je n'en sais rien. Ce qui est sûr, en revanche, c'est qu'il lui faudra du temps, beaucoup de temps.

C'est une affaire de dix à quinze ans minimum. Parce que cette révolution culturelle en Turquie qui est tout de même un vieux peuple avec une longue histoire, des traditions, d'une culture forte, c'est un effort considérable. Alors, est-ce qu'elle réussira ? Je ne peux pas vous le dire. Je le souhaite. Mais je n'en suis pas sûr du tout. Et, par conséquent, ayons l'élégance et c'est conforme à nos intérêts, de discuter.

Alors, vous me direz : « mais si ça ne marche pas, alors, qu'est-ce qu'on fera » ? Si ça ne marche pas, on verra à ce moment là quelle est la nature des liens privilégiés, d'une façon ou d'une autre, des liens forts que nous pourrons créer si la Turquie le veut encore, avec elle. Mais cela, c'est au terme de notre discussion et de la procédure qui a été arrêtée. Vous me dites : « les Français ne veulent pas » ou bien d'autres d'ailleurs, peu importe. Mais qui vous permet, aujourd'hui, de dire ce que les Français voudront dans quinze ans ? Au nom de quels principes certains s'arrogent le droit de parler au nom de nos enfants ou de nos petits-enfants ? Pour être bien sûr qu'il n'y ait pas de problème, j'ai décidé, et j'ai fait faire une réforme constitutionnelle pour l'acter définitivement, que l'éventuelle entrée de la Turquie dans l'Europe, puisque c'est d'elle dont il s'agissait, exigerait une décision prise, non pas par le Parlement, mais par voie de référendum.

Donc, les Français garderont la décision entre leurs mains quoiqu'il arrive. Mais quand j'entends certains dire : « mais les Français ne veulent pas », qu'est-ce qui leur permet de dire ce que les Français voudront dans quinze ans ? Au nom de quoi se permettent-ils ce coup de filet sur la volonté des Français ? Attendons le moment venu. Ce que je peux vous dire, c'est que les Français auront le dernier mot, comme il se doit dans une démocratie.

M. SILVIO BERLUSCONI – Je veux ajouter qu'au-delà du fait que, de toute façon, je suis totalement en accord avec la position du Président CHIRAC sur ce sujet, en tant que responsable d'un gouvernement européen, je suis parmi ceux qui ont le plus voulu que ces négociations débutent. Et nous ne pouvons donc que considérer ce moment, comme un moment fort pour les rapports entre l'Occident et le monde musulman et le monde arabe, en général. Bien sûr, ces rapports sont émaillés par des événements tragiques qui sont dûs au fondamentalisme, de ceux qui pensent que leurs États doivent être gouvernés par la Charia, c'est-à-dire la loi de Dieu, la loi de la religion qui devient loi de l'État.

Eh bien la Turquie est un grand peuple, de plus de soixante dix millions d'habitants et, au contraire, c'est devenu un pays laïc. La Charia a été mise à l'écart. Elle réglemente la vie privée et la vie religieuse et la Turquie s'est dotée d'une constitution faite de lois laïques qui se tournent vers ce que l'on appelle l'acquis communautaire européen, c'est-à-dire l'ensemble de valeurs et de principes qui sont le fondement du fait que l'on se sente occidental et qui font partie de la Constitution européenne.

La Turquie, par le biais de son gouvernement et de son Parlement a déclaré sa volonté d'adhérer à ces principes et d'adapter ses propres législations et ses propres règlements à ces principes. Je crois donc que nous avons là une occasion que nous ne saurions laisser passer, de jeter un pont entre l'Europe, l'Occident et le monde arabe et musulman. Ainsi nous pourrons instaurer un dialogue qui est pour nous la seule possibilité qui, nous soit offerte de résoudre les problèmes qui se posent.

Sauf à vouloir une guerre de religion et de civilisations, je crois que ce serait impardonnable si nous devions dire non à la Turquie. Ce serait impardonnable de rejeter quelqu'un qui vient vous voir, mu par sa sympathie. Si l'on peut comparer des rapports entre personnes et des rapports entre gouvernements, quelqu'un qui vient vous offrir son amour, et vous le repoussez ? Non, à ce moment-là, l'amour peut se changer en haine ou quelque chose qui s'approche de la haine.

Je crois, au contraire, que le Président CHIRAC s'est montré courageux ainsi que l'ont été les ministres du gouvernement malgré la réponse négative du peuple français, à un moment donné, en fonction d'une actualité et d'événements qui ont généré une certaine préoccupation. Il a su regarder vers l'avant, vers l'avenir. Il a su raisonner en pensant à la négociation à long terme. La première date de négociation sera 2014. Et il a su prendre cette décision en commun avec les autres pays européens. Donc, je le félicite pour cette décision. Je le félicite pour sa détermination, pour son courage, et pour sa capacité à se tourner vers l'avenir. Je crois que nous n'aurions pas pu prendre une décision différente de toute façon, et cette décision nous l'avons prise pour nous, mais nous l'avons prise pour ceux qui viendront plus tard.

QUESTION – Il y a de nombreux points communs, nous l'avons vu lors de ce Sommet. Cependant, il existe encore une divergence, au sujet de l'Irak. Est-ce que vous en avez parlé, parce que les soldats italiens sont encore stationnés en Iraq avec les Anglais et les Américains ?

M. SILVIO BERLUSCONI – Effectivement, nous en avons parlé, bien sûr. Nous avons partagé nos opinions concernant l'avenir de l'Irak, l'avenir d'un pays démocratique, libre, autonome, indépendant. Un pays qui doit savoir gérer seul son propre ordonnancement public. C'est indispensable pour qu'il y ait une véritable démocratie. Nous sommes tous les deux convaincus que le processus pour aller dans cette direction ne pourra s'achever que lorsqu'il n'y aura plus de soldats étrangers, et quand l'ordre public et la sécurité et la défense des frontières iraquiennes seront garanties par des forces iraquiennes. Force de l'ordre et forces armées, bien évidemment.

L'Italie a annoncé un retrait progressif des troupes stationnées dans ce pays, et ce retrait a d'ailleurs commencé avec un premier contingent de trois cents militaires en moins. Un retrait qui, de toute façon, fera l'objet d'un accord avec le gouvernement iraquien, et les alliés. Un retrait qui sera rendu possible par le fait que, progressivement, nous sommes en train de former, d'entraîner, les soldats des forces armées iraquiennes ainsi que des policiers qui composent les forces de l'ordre iraquiennes. Dans notre province, nous en avons déjà formé plusieurs milliers. Ils sont, à l'heure actuelle, capables d'apprendre ce que nous avons à leur enseigner. Donc, nous réfléchissons bien évidemment en fonction d'un parcours qui s'étale dans le temps, jusqu'à ce que l'Iraq soit capable de gérer sa propre sécurité publique sans avoir besoin de l'aide des troupes étrangères.

QUESTION – La France est d'accord ?

M. SILVIO BERLUSCONI – Bien sûr que la France est d'accord. Bien sûr. La France est d'accord sur le fait qu'on doit donner à l'Irak la liberté la plus complète pour se défendre et régler ses problèmes intérieurs.

LE PRÉSIDENT – Nous avons pu avoir une divergence d'analyse à l'origine. Tout cela est passé. Sur l'analyse de la situation actuelle et la nécessité de tout faire pour que l'Irak reprenne son destin en mains et conserve son unité, nous sommes entièrement d'accord et nous n'avons pas du tout de divergences de vues.

Je vous remercie.

4th WORLD CONGRESS ON FAMILY LAW AND CHILDREN'S RIGHTS

CHILD MIGRANTS AND HUMAN RIGHTS IN OUR TIME

Dr. Sev Ozdowski OAM, Human Rights Commissioner
Cape Town (South Africa) ■ Mars 2005

1. Introduction

Today I am going to talk to you about the global movement of separated children within the context of 4 constructs or pillars:

the first pillar is the size of that global movement of children and the different factors that lead to its creation;

the second pillar is that notwithstanding the Convention on the Rights of the Child, domestic laws in most mainstream industrialised countries are failing these children and Australia is one of these;

the third pillar is that punitive responses to stem the flow are proving ineffective/or exact too high a cost;

the fourth pillar suggests that a co-ordinated response by mainstream industrialised nations, under the umbrella of the UNHCR/UNICEF, is urgently required to meet this growing challenge.

I should add, at this point, that my work over the past few years and my inquiry on children in immigration detention (CIDI), in Australia, the report of which "A last resort?" was tabled in the Australian Federal parliament in May of 2004, has made me even more keenly aware of the fragility of child asylum seekers. But more on that later!

2. The Global Movement of Children

Separated minors are children and young people under 18 years of age outside their country of origin. They have been separated voluntarily or involuntarily – from their parents or care givers.

This is not a new problem.

From the Old Testament, we know that the child Joseph in Canaan was sold to a party of Ishmaelite traffickers who took him to Egypt where he was compelled to work as a slave. Unusually, this story had a happy ending, because he became the Pharaoh's trusted adviser, saved Egypt from famine and ultimately was reunited and reconciled with his family. He also provided the source material for the hit Broadway show, "Joseph and the Amazing Technicolour Dreamcoat"!

In 1618, a group of 100 boy 'vagrants' (to use the vernacular of the day) were shipped from the London area to Virginia, their passage arranged by London's City fathers. There they were forced to work on tobacco plantations under what must have been shocking conditions. Arguably, this was the first example of state-sponsored child migration.

Through to current times, where in 2001, a 15 year old girl in Benin City, Nigeria, hypothetically named Sarah, is forced to take part in "voodoo" cult rituals. Terrified, Sarah agrees to go to London where she is compelled to work as a prostitute under slave-like conditions, until luckily, she is rescued by British police; incidentally this incredible story is really true.

So, this snapshot covering several thousand years shows that child migration is not new. Lamentably, these examples demonstrate that if anything, conditions are now as bad as they ever were, despite international legal mechanisms designed to protect separated children.

Categories of Separated child movement

When one looks at different child movements throughout history one can distinguish four different categories of child movement:

- State sponsored migration
- Refugee
- Humanitarian
- Trafficking

State Sponsored Child Migration

I have already referred you to the seventeenth century example of British children sent to Virginia. The migration of these so-called "Orphans of the Empire" ultimately numbering 130,000 trafficked by their own government was mercifully halted in 1967.

The Canada Home Children scheme, from 1869 until the last arrival in 1948, involved 100,000 unaccompanied children sent to Canada from Britain.

Once Canada stopped its program, the Australian government escalated its own, which had been temporarily suspended during the Second World War.

From 1947 to 1967, around 3,000 children from Britain and Malta (under British jurisdiction) were forcibly sent to Australia and put into the care of charitable organisations – Dr Barnardo's Homes, the Catholic Church, Salvation Army, YMCA, Boy Scouts Association and so on.

Whatever the intention – settling the Empire with "good British stock" or "rescuing" children from poverty – the facts speak for themselves. From Catholic agencies alone, 87% of those children came to Australia without parental consent and 96% of them had one or both parents alive in Britain. In May 2002, the Australian government announced a "benefits package" of US$2m for the former child migrants, along with a statement of regret.

Whatever the "humanitarian" motives behind such policies, it is now universally agreed that the negative effects flowing from these large scale government-sponsored activities far outweighed the alleged positives. Accordingly the practice may be deemed to have ceased.

Child Refugee Movement

The separated children of today may be seeking asylum because of fear of persecution or lack of protection due to human rights violations in their country.

In other words, children who fulfil the classical definition of "refugee" under the Refugee Convention.

For instance in Austria in the first half of 1999, 265 applications for asylum by separated children were received in Vienna alone, while Sweden received 137 such applications in the same period. In Australia, the most obvious recent examples of this category would be the group of young unaccompanied Afghanis in the period 2000 – 2002.

Child Humanitarian Movement

Examples could also include children caught outside their home country because of circumstances of war or civil unrest who may not qualify as refugees.

For instance, in 1939, 20 children from the Vienna Boys Choir were touring in Western Australia when WWII broke out. Rather than being interned by the Australian government, the boys were given safe haven for the duration of the war, with Melbourne families. The foster care was arranged by the Archbishop of Melbourne. After the war, all the boys except one chose to stay in Australia and take citizenship.

There are other historical examples of creative efforts to save children in times of war.

These include the 1944 exodus of Polish children from Stalin's forced labour camps through what was then Persia to New Zealand. The New Zealand government invited 733 children to migrate there, and paid for their care and education. Most were unaccompanied but some came with their mothers.

Among several thousand Holocaust survivors who came to Australia after the war, 300 of them were orphans, brought to Australia by the Australian Jewish Welfare Society between 1947 and 1950.

Official resettlement programs are another example. In 2002-03 Australia's Department of Immigration accepted 388 unaccompanied humanitarian minors (UHMs). However some of these were accompanied by adults, who provided the Department with undertakings they would be responsible for 'their' children in Australia.

The rest, not so covered, became wards (the legal responsibility) of the Immigration Minister and received state welfare assistance.

This small UHM intake varies from year to year. Other mainstream industrialised nations have similar, limited programs. Its existence permits a medium to long-term response to either man-made or natural catastrophes – the recent Tsunami Disaster is a case in point; ultimately some of those children, established as orphaned, may well form part of a future UHM intake. This point is more fully articulated in the UNHCR's January 2005's "Unaccompanied and Separated Children in the Tsunami-Affected Countries – Guiding Principles".

Or, they may be separated children who travel internationally, seeking to escape conditions of serious hardship, for a better life. Typically, they would qualify for humanitarian protection, by virtue of their special vulnerability as separated children.

This paper focuses on separated children crossing international boundaries in the absence of either State or UN sponsorship.

Trafficking

Or, they may be the victims of trafficking.

It is important upfront to note the essential difference between trafficking and smuggling.

Trafficking is moving children without their informed consent; it applies whether a child was taken forcibly or voluntarily. The US Government defines it as:

"all acts involved in the transport, harbouring, or sale of persons within national or across international borders through coercion, force, kidnapping, deception or fraud, for purposes of placing persons in situations of forced labour or services, such as forced prostitution, domestic servitude, debt bondage or other slavery-like practices".

Smuggling, on the other hand, is where the child or parents knowingly buy the service of a people smuggler to move them illegally to another country. This often results in an application for protection under either the refugee or humanitarian categories within the target country. For example, most of the Afghan unaccompanied minors (UAMs) in Australia would fit into this category.

The child victims of trafficking are overwhelmingly girls, whereas unaccompanied smuggled children may be of either sex but are usually boys. This distinction might require the international community to look at "gender specific" solutions that recognise the subtle, but important, variations at work here.

3. Current trends

Today, the annual figures of separated children crossing international borders dwarf all historical figures of child migration.

The globalisation of the world economy, including much improved communication and transportation, has increased flows of people across borders. Transnational organised criminals have taken advantage of the freer movement to open new markets for their trade. So today, children can literally travel across the world undetected.

At this point I should add that there are many different sources of figures and comparisons are difficult to make. But the key reality is that the figures are large; very large!

Child – Refugees and Humanitarian Claimants

In 2003, the most recent year for which UNHCR has some numbers on this, a little under 13,000 (data from 28 industrialised countries, but excludes some important countries – USA, Canada, Australia, France and Italy) separated children applied for asylum.

This figure is estimated to be a welcome reduction of about 11% from the 2001 peak (20,000).

But this may be just the tip of the iceberg; in Sandy Ruxton's year 2000 work: "Separated Children Seeking Asylum in Europe: A Program for Action", he estimates that there may be as many as 100,000 separated children in Europe alone, hidden from official view because they have not applied for asylum!

Incidentally, to deviate even further for a second, an article in the March 2004 edition of the ABA Journal by Margaret Graham Tebo, sheds some light on the current separated children figures in the USA. The article quotes officials as asserting that approximately 5,000 UAMs a year end up in the Unaccompanied Minors Program, which is overseen by the US Office of Refugee Settlement within the Department of Health and Human Services.

But back to the big picture: considering the total refugee figures it is not surprising that separated children figures are also high. In June 2004, UNHCR estimated that at the end of 2003, there were 38 different "protracted situations" accounting for some 6.2 million refugees in total (a protracted refugee situation is one in which refugees find themselves in a long-lasting and intractable state of limbo).

This represents a substantial increase since 1993, when the total stood at 27, although the absolute number of refugees living in protracted situations has fallen since 1993 from 7.9 to 6.2 million.

To amplify, separated children crossing borders may be refugees, humanitarian asylum seekers, trafficked girls like Sarah forced to work as prostitutes, or simply children lost in the aftermath of war or natural disaster. Their relatives may have paid a people smuggler to transport them to a place where they believed the child would be safe.

They can be from all corners of the world, but in general, the flows are from south to north and from east to west; from the poorer to the wealthier states.

The majority of unaccompanied refugee and humanitarian asylum seeker children who make it to the west go to Western Europe (especially the Netherlands, the Nordic countries and Switzerland), the USA and Canada. A small number end up in Australia and New Zealand.

Trafficked Children

The majority of trafficking victims, on the other hand, are sent to Western Europe, the Middle East, Thailand and India – and also to the US. According to the US Congressional Research Service and the State Department, between 245,000 and 700,000 children are trafficked each year through international borders. It is estimated this figure could rise to as high as one million this year.

Mostly they are girls, trapped in debt bondage and forced to work as unpaid prostitutes.

Every year, 300,000 women and girls are trafficked into Thailand alone, to be exploited in the commercial sex trade. They come from Burma, Laos, Cambodia and southern China (reputedly a major element of Triad commerce).

Every year, between 5,000 and 7,000 Nepali girls are trafficked to India. Most of them are deceived into a life as sex workers. According to UNICEF, approximately 200,000 Nepali women, most of them girls under 18, work in Indian cities.

Child trafficking from the former Soviet Union has reached epidemic proportions.

From Ukraine alone, in the first decade after the collapse of communism, 400,000 women and girls were trafficked into international commercial sex markets (Western Europe, Israel, the US). That is the Ukrainian Interior Ministry estimate; NGOs and independent researchers believe the number could be much higher.

From the African continent, children are trafficked to Western Europe and the Middle East to be sold as sex slaves. They are also trafficked to neighbouring countries.

In the mid-90s in Uganda, for example, the "Lord's Resistance Army", a heavily-armed rebel group that has been fighting the Ugandan government, systematically abducted between 6,000 and 8,000 children. Most were between the ages of 10 and 17, and were marched to southern Sudan. They were forced to take part in combat, carry heavy loads, act as personal servants to the rebels, and, in the case of girls, serve as "wives" to rebel commanders. Roughly half the children escaped but the remainder probably died in captivity.

As an aside, it should be noted that UNHCR remains committed to resolving this hotspot. The September 2004 report of the 'Inter-Agency

Internal Displacement Division Mission to Uganda', gives a graphic account of the challenges faced in permanently resolving these issues.

Finally, with regard to the last point, time does not permit here, but a whole speech could be devoted to the terrible practice of inducting children to serve as 'child soldiers'. In some parts of the world it is endemic.

I think this little snapshot unhappily demonstrates the extent of "cultural pluralism" at work here!!!

4. The difference between the past and current movements

There are significant differences between the past movements of children across borders and current migration. One common theme, however, is that the parents (and children) often have no idea of what really awaits their children at the end of their journey.

One key difference between the past and today is the sponsorship of this mass movement of children.

State Sponsorship

In the past it was dominated by state sponsorship, with very heavy NGO involvement, such as the Catholic Church or Barnardo's.

Now, transnational criminal syndicates, and small-time people smugglers such as fishermen and truck drivers, dominate this market.

Heavy Costs

So, a second difference is that many children (or their families) now bear the cost of their own movement. They incur huge debts that must be repaid. Many of you here would be familiar with the use of children as 'anchors'. This is where the family is prepared to pay a high price to send a child, via people smuggler to a target country, in the hope that once 'anchored', they can sponsor the rest under family reunion visa conditions.

Dangerous transport methods

A third difference is that in the past, children were moved in relatively large groups and by secure transportation. Now, they come in small groups, under inherently dangerous transportation, either crammed into trucks or leaky boats, or walking alone for thousands of kilometres over dangerous terrain.

Different 'push-factor' motives

Perhaps the key to these differences lies in the fact that the motives for sending children across borders are also very different now from previously.

Britain's motivation for sending its children abroad was perhaps as much about empire-building as about securing the best interests of the child. There is no doubt, however, that most people believed they were saving children from poverty by sending them to the open air and spaces of the colonies.

Nowadays, any government placement of "at risk" children into alternative care is done purely with a child protection motive, and always within the broadly defined local community. No western government today would allow export of its "at risk" children overseas.

Parents – not governments – now send their children away in an attempt to save their lives or to earn money.

Poverty

For instance, extreme poverty can force desperate parents to sell their daughters to traffickers to avoid paying a future dowry. Or the child's parents may have died forcing them to leave the country in order to survive.

Official greeting on arrival

A key feature of today's arrival, at a particular country, by a child is the lack of official "meet and greet". Past movements were the opposite, although subsequent "abuse" in institutional care, especially religious, is sadly well documented. In Australia, official parliamentary inquiries about an institution in Western Australia, revealed shocking abuse.

International Conventions

Finally, a key difference is that, in the past, there were no international legal protections specifically for children. Since the mid-1980s, a sizable body of international children's rights instruments (treaties, guidelines, rules) have developed.

Now I will briefly examine the various relevant international instruments, such as the Convention on the Rights of the Child.

5. International legal instruments

In 1989, the adoption of the United Nations Convention on the Rights of the Child (CRC) formally established children's legal rights to special protection and assistance.

The genesis of this treaty was recognition by the world community that the existing legal framework failed to adequately recognise child-specific human rights. The adoption of the CRC was a watershed in UN-inspired painstaking negotiation.

It became the most ratified human rights treaty in history.

Its subject matter is wide, covering everything from the child's right to protection from sexual exploitation to the right to play.

It covers the child's civil, political, economic, social and cultural rights.

The principles articulated in Article 20 of the CRC apply to all unaccompanied children.

Article 20(1) states:

"A child temporarily or permanently deprived of his or her family environment, or in whose own best interests cannot be allowed to remain in that environment, shall be entitled to special protection and assistance provided by the State."

Article 20(3) provides guidance on long-term solutions for unaccompanied children over whom a state has assumed care:

"...When considering solutions, due regard shall be paid to the desirability of continuity in a child's upbringing and to the child's ethnic, religious and linguistic background."

Article 22 and especially sub-section (2) is also relevant due to its positioning the UN, via its various agencies, as the key focal point, especially with regard to refugee children.

In addition, the UNHCR has developed a set of Guidelines on Policies and Procedures in Dealing with Unaccompanied Children Seeking Asylum.

Finally, the ongoing work of the Committee on the Rights of the Child, in developing 'general comments' that will further assist member states, in how their policies should evolve to appropriately discharge their obligations to separated children, in connection with the CRC, is also instructive.

But let us now examine how these fine principles are applied in practice.

6. Government reactions to the unlawful child arrivals

Some western countries have established systems or programs for the safe return of unaccompanied children to their home country, pursuant to these international Conventions, but most have not.

The UNHCR points out that western governments:

"...vacillate between stringent control measures, including locking children up in jail, x-raying them to assess their age or shipping them back to 'safe' third countries, and serious efforts to care for the youngsters in the spirit of ...the Convention on the Rights of the Child which requires signatories to provide adequate protection and assistance to children, whether alone or with their families."

Let us look for example at what Australia does.

Australia's Domestic Laws unhelpful to child refugees

There have been a number of important court cases where HREOC has used its intervention power to argue for either common law remedies or applicability of relevant international conventions, to assist child asylum seekers in Australia.

The high water mark in this respect was the High Court decision in Teoh in 1995, where the court held that visa applicants could entertain a reasonable expectation that immigration officials would apply relevant international conventions when considering their application.

Unfortunately it has been downhill since then, in a human rights/international convention sense.

In 2002 the Federal Court found against two child asylum seekers Odhiambo and Martizi, in their argument that there was an irreconcilable conflict of interest between the Minister for Immigration acting as both the determining visa authority and their legal guardian.

Re Wooley; Ex parte Applicants M27/2003 by their next friend GS [2004] 49 has upheld the operation of the immigration detention regime in relation to children, notwithstanding that it contravenes basic requirements of the Convention on the Rights of the Child and attracts the consequences revealed in the HREOC Report 'A last resort?'

Interestingly in this case the High Court also found that children could not rely on the writs of habeas corpus and prohibition to effect their release from (the arguably) adverse immigration detention camp conditions.

While in B and B the High Court absolutely found that the protective child custody provisions of the Family Law Act (regulating all divorce issues within Australia, including child custody and by extension welfare) could not be extended to include protection of children in immigration detention.

Some legal commentators in Australia even believe that when the High Court considers a Teoh situation again that the 'legitimate expectation' principle will also be overturned.

But the biggest difficulty is the operation of the Migration Act 1958 (Cth). This was examined in detail by HREOC over two and a half years, in relation to its compliance with international conventions, like the CRC and child asylum seekers.

"A last resort?"

In Australia, since 1992 the Migration Act has imposed a regime of mandatory immigration detention for all unlawful non-citizens, including children, whether accompanied or unaccompanied.

My inquiry into this regime vis a vis compliance with CRC found the following:

First – we found that the mandatory detention policy itself breaches the Convention on the Rights of the Child because it makes detention the first and only resort, not the last resort.

The policy also fails to ensure that there is an individual assessment of the need to detain and there is no effective review of detention in the courts.

Second – we found that children have been in detention for long periods of time. The longest a child has been in detention is five years, five months and 20 days.

Third – we found that children in detention for long periods are at high risk of serious traumatisation or even mental illness.

In fact, some of these children and their parents have developed in detention serious mental health issues which have required specialised, on-going medical help – help they often cannot get and are not getting in the detention environment.

For example, some children have been diagnosed with clinical depression, post traumatic stress disorder and developmental delays. Many children have showed symptoms like nightmares, bed-wetting, muteness, lost appetite and suicidal ideation – the list goes on.

The Inquiry found that the Department's failure to implement the repeated recommendations of mental health professionals to release children with mental problems amounts to cruel and inhumane treatment under article 37(a) of the Convention on the Rights of the Child.

This is the most serious finding that the Inquiry made.

Fourth – we found that the conditions in detention centres:

failed to provide sufficient protection from physical and mental violence;

failed to provide the appropriate standard of physical and mental health;

failed to provide adequate education until late 2002;

failed to provide appropriate care for children with disabilities; and

failed to give unaccompanied children the special protection that they needed.

This directly relates to the fact that the Minister for Immigration is both the guardian and jailer of unaccompanied children.

Key Inquiry Recommendations

Having found these breaches of human rights the question is: Where do we go from here and what should be done in the future to avoid ongoing breaches?

Recommendation 1: Release

The Inquiry said that the first step is to get the children who are in detention centres and residential housing projects out of there.

While many of the children who were the subject of my Inquiry have been released, unfortunately as I stand before you today there are still children in immigration detention.

But releasing the children who are in detention now, only solves the immediate problem. We need to make sure that asylum seekers who arrive in the future don't end up suffering under this same system again.

Unless Australia's laws change, children will continue to be locked up in places for indefinite periods of time. That is why we went on to make a second recommendation.

Recommendation 2: Change the law

So what kind of laws do we need?

We need new laws that make detention of children the last resort – NOT the first and only resort.

We need new laws that make detention of children for the shortest appropriate period of time – NOT for indefinite periods of time.

And we need new laws that make the best interests of the child a primary consideration – NOT laws that force a choice between family separation or indefinite detention. This is a false dichotomy.

Overseas Experience

Many countries immediately deport children, simply turning them around at the border, especially if the child has not explicitly sought asylum. Trafficked children are deported to their countries of origin, sometimes literally dumped over the border with no assistance.

There is a particular unwillingness to offer protection to young boys over 13 who are often deemed by officials as "adult" or simply too difficult to handle.

Some countries detain unaccompanied children while their circumstances are investigated. For instance, police raid a city's brothels, arrest and detain girls and women, possibly subjecting them to human rights abuses in detention. Trafficked girls in these countries under this scenario are often not treated as children in need of protection, but as criminals. They do not get support, health care or the opportunity to testify against their traffickers – they are just quickly deported.

On the other hand there are countries whose laws and practices are more supportive of child migrants:

In Canada, unaccompanied minors are treated as children in need of protection and are looked after by provincial social services.

In Denmark, unaccompanied children stay at one of the Red Cross children's centres while the authorities process their claim.

Other countries presumptively give unaccompanied children permission to stay. In the UK, any child is entitled to protection under the Children Act 1989. If the child is unaccompanied, the immigration authorities have the power to grant temporary admission ("exceptional leave to remain").

In America, referring again to the Tebo article, the situation also seems positive for UAMs. After a difficult period post 9/11, the ORR's (Office of Refugee Resettlement) goal is to ensure that every child in the Unaccompanied Minors Program is in a placement that reflects the needs and circumstances of that child.

However, the trouble is countries are not sufficiently sharing their experiences of dealing with children in a way that systematically protects and assists them.

7. Need for Best Practice Model for Refugees or other Separated Children

So with that in mind, it is worth spending a little time examining some more key principles that should apply to separated children:

1. Do not turn them around at the point of arrival.

Provide appropriate time to establish their circumstances. The Danish model is a good example, where in practice no child under the age 15 arriving at the airport is refused entry to the country. 15 to 18 year olds and land border arrivals are assessed on a case-by-case basis.

2. Do not detain them for longer than absolutely necessary.

Although international law prohibits the detention of children except as the last resort and even then only for the shortest period of time, few governments enact laws that ensure this. However, in the UK, it is government policy not to detain any unaccompanied child unless in exceptional circumstances, and then only overnight before they can be collected by a social worker in the morning.

3. Appoint a guardian for each child.

In Sweden, all separated children are appointed a guardian known in Swedish as 'the good man'. The guardian ensures that all decisions are in the child's best interests, and that he or she has suitable care, legal assistance, interpreters etc.

4. Provide a lawyer for each child.

In Austria, the Minister of Interior issued instructions in October 2000 to improve the conditions of detention, by mandating that unaccompanied children receive legal assistance.

5. Processing should occur in child-friendly accommodation.

Unaccompanied children should be cared for by suitable professionals who understand their cultural, linguistic and religious needs. For instance, in Finland, provision is made for children to be placed with **private families or residential centres, supported by specialised professional help as necessary.**

When processing unaccompanied children, countries should be motivated by child protection principles, not migration or crime control measures.

Time does not permit me to provide you with more than an overview of these key issues in regard to child migrants in either the refugee or humanitarian category. For additional ideas in this area the October 2004: 'Separated Children in Europe Program (SCEP) – Statement of Good Practice' a joint venture of UNHCR and International Save the Children Alliance provides a comprehensive list of good practice procedures.

8. What about Trafficking?

The current deficiencies with regard to treatment of child refugees pale into insignificance when compared with the problems evident in trying to deal with trafficking of children. However, there has been a recent attempt to improve the situation.

In November 2000, the UN General Assembly adopted the Convention on Transnational Organized Crime (CTOC). This included a Protocol to Prevent, Suppress and Punish Trafficking in Persons, Especially Women and Children (The Trafficking Protocol).

In Australia there is currently a bill before Parliament titled the: Criminal Code Amendment (Trafficking in Persons Offences) Bill 2004.

My Commission has welcomed this legislation as a significant step in meeting some of the obligations Australia will assume when it eventually ratifies the Trafficking Protocol (although further domestic law amendment would then be required for Australia to be fully compliant). At this point Australia has only 'signed the Protocol' (11 December 2002).

Unfortunately, however neither the Convention on Transnational Organized Crime nor its protocols have entered into force, because not enough countries have ratified them.

Ratification would require countries to undertake in-depth measures to combat the buying and selling of women and children for sexual exploitation or sweat shop labour.

Countries would have to treat separated children as victims in need of protection like any other homeless child, rather than as criminals.

But even if they do ratify, we know from experience with the Convention on the Rights of the Child that governments must improve their domestic laws in order to breathe life into the treaty.

It is all very well to set up an international protection system for separated children, but it is largely ineffectual unless countries enforce it via their domestic laws and policies. Unless a country has done this, or submitted itself to the jurisdiction of an external court (e.g. Britain is bound by decisions of the European Court of Justice in Strasbourg), the rights enshrined in the treaty cannot actually be legally enforced.

This is the reality at the heart of the international treaty system: there is no international enforcement method, no "international crimes against children tribunal" to make findings on violations of international treaties to which a country is a party.

9. How effective are governments' current policies in managing the migration of separated children?

At present, the world's response to separated children who cross borders uninvited, ranges from the humanitarian to the highly inappropriate. But either way, the numbers keep growing.

Try as they might, most governments are not able to control their borders effectively.

Their response to this problem is the creation of more and more sophisticated methods of detecting and repelling illegal entrants. Some argue that this acts as an effective deterrent; others say it is the "push factor" (war, poverty), not the "pull factor" (peace, prosperity) that counts.

Whoever is right, the perceived "pull factor" produces policy responses that are mostly ad hoc and frequently draconian. Instead of nurturing children as victims of trafficking or smuggling, they are often criminalised.

When law enforcement officers raid a brothel, you can be sure that the best interests of the child prostitute are not of paramount importance in all subsequent actions and decisions concerning the child. When immigration officials detain "illegal entrants", there is no legal requirement to house separated children in foster care as a matter of course.

Separated children who arrive uninvited are not treated in the same way as citizen children who are wards of the host country. They are not even treated at the level of invited refugee children – that is, those who are chosen from refugee camps as part of a country's official migration program. Such discrimination goes to the heart of what the Convention on the Rights of the Child is about.

It is also uneconomic; consider again Australia's mandatory immigration detention policy. 93% of the children so detained are ultimately released into the Australian community with some form of visa. Because of the length of detention, some of the mental problems suffered by some children will be exacerbated. In the medium to long term the general Australian community will foot the bill for treatment of those problems.

Arguably, there will always be movement of children across borders, clandestine or otherwise.

Combating trafficking and smuggling through better detection and policing methods will not stop children trying to enter western countries. Only the elimination of the "push factors" such as religious persecution, war, famine and poverty could possibly achieve this. Unfortunately, this outcome does not look likely in the immediate or even distant future. So where do we go from here?

10. Where do we go from here? – International Co-ordinated action under UNHCR/UNICEF mandate

The long-term strategy has to be a reduction in the "push factors" such as war, poverty and famine, which I freely acknowledge will not be easily achieved and is outside the scope of what I am trying to say today.

In the meantime, mainstream industrialised countries must develop short-term strategies that acknowledge the reality of this continuing flow of separated children, and treat them as the children they are.

Some countries must be prepared to show leadership and a co-ordinated international response must be developed. It is not good enough for first world countries to use their domestic laws to try and shift the problem on to other countries, by denying children refugee status. Interestingly, there is an Australian precedent.

In 1979 the Fraser Government was at the forefront of diplomatic efforts to solve the Vietnamese boat people crisis. In the aftermath of North Vietnam's victory in 1975 more than half a million Vietnamese boat people left the country, many of whom perished at sea.

Recognising the potential scale of the disaster the Australian Government assisted with brokering an agreement – the 'comprehensive plan of action (CPA)' whereby 65 nations established orderly departure points inside Vietnam with legal, organised queues. South East Asian nations were designated as countries of first asylum and Western nations, such as Australia, guaranteed to more than double their refugee intakes. Time does not permit a comprehensive analysis of the strengths and weaknesses of the CPA, and it should be noted that the UNHCR did not consider the Vietnamese exodus, resolved until the mid to late 1990s – however it is a good template to start with.

This is the kind of international response I'm talking about, under the auspices of the UNHCR/UNICEF. Only then can we truly say with regard to child migration that the CRC has meaning! It is also the direction in which the European Commission is moving.

In the limited time available to me today, I have attempted to outline what constitutes the best implementation of that Convention, and other applicable international instruments, in this regard. For those of you who are overwhelmed by the magnitude of this problem, let us take heart from one of the good lessons that history provides us.I refer here to Wilberforce's eighteenth century campaign to abolish the slave trade which led to the abolition of slavery itself in British overseas possessions.

That campaign surmounted hurdles similar to those we now face: the immensity of the slave trade, the substantial economic interests that were dependent on its continuation, its international nature, and the difficulty confronting existing resources (transport, communications) to effect its abolition.

Surely the success of that campaign is an inspiration to us all.

Even the biggest international challenges can be successfully tackled if sufficient numbers of people work towards the desired outcome. The movement of separated children is a reality that cannot be swept under the carpet. If we are to learn anything from the past, it is that separated children must not be allowed to become someone else's problem. They are the world's children and we all share collective responsibility for their care and protection. As a symbolic first step in this direction I call on the United Nations to establish an "International Child Migrants Day".

Thank you.

MAKING EUROPE AND CENTRAL ASIA FIT FOR CHILDREN

2nd INTERGOVERNMENTAL CONFERENCE

Deputy Secretary General
Sarajevo (Bosnie-Herzégovine) ▪ Mai 2004

We sometimes grumble because our children put many questions to us.

In fact, we are scared because children put real and fundamental questions that we cannot or we do not dare to answer. We prefer telling our children all kinds of stories. We begin by telling them that they were delivered to us by a stork, or born beneath a cabbage, or even posted from Paris! Then we continue with Santa Claus, Mr. Sandman, the Man in the Moon, the Tooth Fairy, the Befana...

Through our stories, we design a magic world where everything is possible and Good always defeats Evil. We love our children and want to protect them from reality...

However, sooner or later, children discover a world **which is not fit for them**. The gap between the values we teach them and the reality we offer is as big as our children's frustration. They accept our values but cannot fight for them; they suffer from the reality but cannot change it, they are the first victims but their voice is the last to be heard.

We know that children deserve clear and sincere answers. They also deserve our commitment to bring reality closer to their dreams. In 2002, we made a promise. We promised to change the world for, and with, children. This is a promise we need to keep.

Europe is a big continent. And yet a small part of the world. The Council of Europe has a regional scope and at the same time a global reach. Human rights are by definition universal. The instruments we propose aim to make them a reality for every citizen. They could indeed be transposed to other regions of the world. I very much hope that representatives of Central Asia will find in our achievements the motivation to join us in our endeavours.

When preparing this speech, I tried to assess whether the answers we have given since 2002 were clear and sincere enough. I tried to evaluate whether we are closer to keeping our promises. I have selected the questions for which I have found at least part of the answer.

*The first question I wish to address
is our promise to put "Children first"*

The well-being, the best interests of children and the protection of their fundamental rights are values shared by all 45 member States of the Council of Europe. Children are not mini-persons with mini-rights. On the contrary, the vulnerability of children entitles them to a special and reinforced protection. Such are the conclusions to be drawn from three key legal instruments: **The European Convention on Human Rights, the European Social Charter and the European Convention for the prevention of torture and inhuman and degrading treatment.**

Banning ill-treatment, violence and abuse against children – in the family but also in public institutions or foster homes, safeguarding family ties, ensuring the rights of juveniles – specially if in custody –, prohibiting child labour and protecting children's health, are just a few of the rights enshrined in these treaties. The European Court of Human Rights and the European Committee of Social Rights, have emphasised in their case-law the special vulnerability of children and, consequently, their entitlement to special protection. Thanks to the Additional Protocol to the European Social Charter (collective complaints), various organisations (including trade unions) can submit complaints alleging unsatisfactory application of the Charter.

To date, there have been seven complaints that directly concern children's rights. The issues of child labour, corporal punishments and right to education for children with disabilities have been tackled. We are proud to note that the impact of the decisions of these bodies is growing and that countries are more and more aware of the implications of the commitments they entered into when ratifying those treaties.

In addition to the three treaties I just mentioned, the Council of Europe has produced an impressive **arsenal of legal texts** aiming to protect the interests of children. Although it is difficult to evaluate the impact of the various Conventions and the many Recommendations and Resolutions, we must assume that they have contributed to raise the awareness of the national authorities and civil society on certain issues and have set the standards that guide today most – if not all – European policies.

But children know very well that the gap between words and reality may be too wide. To help countries (both authorities and civil society) to fill that gap, we have designed programmes, produced guidelines, disseminated best practices, held public debates and launched information campaigns.

The role played by our **Commissioner for Human Rights** deserves particular attention. **His mandate includes promoting awareness of human rights, identifying possible shortcomings in the law and practice of States and helping to promote the effective observance and full enjoyment of human rights**, as embodied in the various

Council of Europe instruments. Matters concerning children to which the Commissioner has paid particular attention are: domestic violence, trafficking in human beings, access to education, detention of children in mental institutions and refugee children. **The Commissioner is currently preparing a survey on the legal and material** conditions under which separate children are being received by and expelled from our member States, be they refugees, asylum-seekers, migrants or victims of trafficking.

The second question I have selected is the imperative of "Zero tolerance on any harm against children"

The Council of Europe is deeply committed to the protection of children against all forms of violence, abuse, exploitation and harm. Here, I would like to underline our action against corporal punishment, sexual exploitation and trafficking of children.

The context of **corporal punishment** provides us with an excellent illustration of the effectiveness of our main instruments. For instance, in the UK we managed, together with the authorities, to ensure that corporal punishment is banned from public and private schools in the country. To use the terms of the Strasbourg Human Rights Court, "[...] Children and other vulnerable individuals, in particular, are entitled to State protection, in the form of effective deterrence, against such serious breaches of personal integrity." A number of complaints filed under the European Social Charter also refer to children's rights and concern, inter alia, the prohibition of corporal punishment. Our Parliamentrary Assembly is currently working on this question. Let me take this opportunity to express the hope that, the combined application of several Council of Europe instruments will make of Europe a continent free of corporal punishment

The Council of Europe has adopted Recommendation (2001) 16 on the protection of children against **sexual exploitation** which requires States to take a full range of measures – legal, social, cultural, administrative in character – to counter the exploitation of children for sexual purposes. The implementation of the legislation in this area is to be regularly and permanently evaluated. In order to achieve this aim, we have developed a tool called "REACT on sexual exploitation and abuse of children". In this respect, I would like to pay tribute to the very good co-operation we have developed with UNICEF in bringing forward this important and demanding task.

In addition, the Convention on Cybercrime, adopted also in 2001, provides for the obligation to criminalise activities related to child pornography on the Internet. Most aspects of sexual exploitation of children, through the use of new IT technologies, have also been tackled.

However, recent tragic events demonstrate the need to go further in protecting children against sexual exploitation. It may be

indeed necessary to make a further step and propose the negotiation of an international treaty to ban sexual exploitation of children in our region.

Trafficking in human beings directly undermines the values on which the Council of Europe is based. It is estimated that several million persons – most of them women and children –are trafficked worldwide every year.

A Council of Europe treaty on action against trafficking in human beings is currently under preparation. The Convention's primary concern will be the protection of the fundamental rights of victims of trafficking and the effective prosecution of traffickers, as well as of those who make use of the services of victims. It will also set up an independent monitoring mechanism to ensure the effective implementation of its provisions and will contain preventive measures.

But we need to do even more and do it even better. **Violence against children remains present in every country**, cutting across boundaries of cultures, class, education, income, ethnic origin and age. Child violence is still admitted under the garb of cultural or religious practices. Abuses committed at home are are tacitly condoned through silence and inaction by law-enforcement authorities under the pretext of respect of privacy.

Ladies and Gentlemen,

All these problems are highly inter-related. **We need to improve the co-ordination of our actions to obtain better results. I have therefore launched the elaboration of an action plan to eradicate all forms of violence against children.** I particularly welcome the preparation of the UN Global Study on Violence, by Professor Paulo Pinheiro, member of the Inter-American Commission of Human Rights. **The Council of Europe is actively contributing to this study and will co-operate further with relevant UN agencies in the preparation of the regional consultation in 2005.**

My third and last question refers to our promise to Ensure participation

This is an area where the Council of Europe is particularly active. Our action is twofold. Firstly, we raise **children's awareness** on their role in a democratic society (we show them "the rules of the game"). Secondly, we give children the **possibility to really participate** in our actions and influence the decisions concerning them (we allow them to play their cards and develop their own strategy to win the game).

Our activities on **education** seek to incorporate basic values such as respect for human rights and human dignity, democracy, tolerance, non-discrimination and peaceful resolution of conflicts into the daily practice of teaching and learning. In this context, the Council of Europe launched a project called "The Education for Democratic

Citizenship", designed to help young people to participate actively in democratic life, exercising their rights and responsibilities in society. Our Committee of Ministers intends to declare 2005 "European Year of Citizenship through Education".

The UN Convention on the Rights of the Child – the most ratified international instrument in the world – has significantly contributed to improving the situation of children around the world. Unfortunately, the exercise of children's rights is very often difficult or even impossible. To contribute to the UN's efforts, the Council of Europe has adopted a **Convention on the exercise of children's rights. I do hope that this convention will become the most ratified one in Europe.**

Children's voices are heard at the Council of Europe. We involve children in many of our discussions and promote the creation of institutions, fora or opportunities for the children to express their concerns. We encourage the development of projects with children's participation at local and community level where children are on their own ground, speaking their own language The complexity of the issues connected with child protection require promoting renewed and co-ordinated efforts of all actors concerned. For instance, we encourage States to set up children's ombudsmen and support the co-ordination at European level between such Ombudsmen, which is carried out through the European Network of Ombudsmen for Children (ENOC), as well as the role played by the Council of Europe Commissioner for Human Rights in this respect.

The Council of Europe is willing to explore new avenues to associate children and children's representatives to its action. The experience of our **Forum for Children and Families** has shown us the way. It has discussed issues such as reconciling work and family life, perinatal psychiatry, residential care, corporal punishment within the family and effective parenting.

Children have proved to be reliable game partners and excellent strategists. The best news is that, when they enter the game, we all win.

Conclusion

Ministers, Ladies and Gentlemen,

My conclusion is that we still owe many answers to our children. We have to endeavour to fill the gap between the promises (the commitments accepted by our States to protect and promote children's rights) and the actions that follow them. Therefore, we all, States, international institutions, NGOs, society as a whole, need to double our efforts, to co-ordinate them and invest money and resources **in ensuring that all national and international obligations concerning children's rights are fully implemented.**

Should there be a need for additional international obligations, we must not be afraid to take this avenue too.

I call on all stakeholders to remain motivated. A Europe fit for children is not just a wonderful place imagined in a fairy tale. It is a place we can really design, build and enjoy together with our children.

I would like to thank the authorities of BiH and Germany for bringing us here together to make a further step in the right direction>

Allow me to finish my intervention by quoting the poet Robert Frost:

"The woods are lovely, dark and deep.

But I have promises to keep,

And miles to go before I sleep,

And miles to go before I sleep."

Thank you very much for joining me in this trip.

Milestones on the Road of Private International Law Developments

Ferenc Mádl ■ The Hague (Netherlands) ■ Octobre 2003

*M*r. President, Mr. Minister of Foreign Affairs, Mr. Secretary General, Excellencies, Ladies and Gentlemen:

First of all I would like to extend my sincere thanks for having been invited to this celebration; I also would like to extend my gratitude to the Secretary General, and to all of those who have organised this commemoration of the 110th anniversary of the Hague Conference, to have thought of my country, Hungary, and of a Hungarian to take the floor. The Hungarians settled in Hungary 1100 years ago. Ever since they have participated in the construction and shaping of European legal culture and European history in general.

After forty years of communist rule, Hungary has developed a new structure of political democracy and of liberty, as well as a modern legal system based on the rule of law. Also, a great deal of efforts have been made in respect of the moral values of the European heritage, and with a view to building a social market economy in order to join the European family and become a member of the European Union. I think it was on the basis of such considerations that a Hungarian was asked to speak here today.

First, a personal word. It is a hardly deserved privilege to be invited to address this jubilee conference. I think the real consideration behind this was that Hungary has been for 1100 years part of European legal culture, and took part as from 1893 in the First Session of the Hague Conference on Private International Law. Hungary has also joined a few Hague Conventions, and should be able to stimulate more activities also by its own efforts in this family of 62 Member States, striving for – as Article 1 of the Statute claims – "the progressive unification of the rules of private international law". Having now the privilege and the duty to co-celebrate with you the 110 years, I decided to choose a way of celebration fairly commonly resorted to at such memorial events.

On this basis I thought I would visit with you those main milestones along which the road of legal thinking moved through human history when substantive or conflicts law treatment was required to regulate international relationships, cases with foreign element. This road may also shed some light, we may assume, on the present requirements concerning the Hague Conference programs.

First of all, I would stress that we all know that Roman Law – Greek and Roman political and legal genius – has been the very foundation and framework of European legal development. Both Greece and Rome had developed domestic and international commercial activities, supported by equally developed and sophisticated laws and rules in all or in most public and civil law matters. They, of course, covered also relationships and cases with foreign elements.

The question may be asked: Do we see in that distant legal world a milestone of what we are talking about? A milestone around which legal thinking generated comparative substantive or conflict of laws ideas and rules to serve the respective needs of Greek and Roman antiquity?

The answer is "yes" and "no".

The "yes" answer is very strong. Both Greece and Rome developed and constantly improved domestic substantive law instruments and forensic practice. These laws and practice were applied also with respect to cases with a foreign element. The "ius peregrini" also was substantive Roman law. These propositions are well evidenced by the works of, e.g., Aristotle and Plato, and the vast body of laws and regulations represented by the Roman Corpus Iuris Civilis. As to the substantive law structures, the mutual learning and influencing process – as a result, the harmonizing effect – was very strong.

At the time of setting up the Twelve Tables, the Roman people – as D. 1. 2. 2. 4. of the Digests recall – realised that their law was working with vague ideas and that there was a need for clear legislation. So, to put an end to this state of affairs, it was decided that there be appointed a commission of ten men by whom were to be studied the laws of the Greek city states and by whom their own city was to be endowed with laws. It was from this exercise that the laws of the Twelve Tables got their name.

Many other things have had long lasting influence from Greek legal culture on Roman law development. Lex Rhodia is a well-known example. The notions of Aequitas, Ius Gentium and Ius Naturale were also part of such transplantation processes. The most far-reaching Greek, and later Christian impact on Roman Law, were the principles-based and system building approach as against the case law method of the classical Roman Law. This resulted, as Ihering, the famous German lawyer, pointed out in the big Iustinian codification efforts, and the Corpus Iuris Civilis.

The Corpus Iuris Civilis gave Roman Law the chance to survive first as text-book and then as an identifiable real legal instrument for general civil law practice, a sort of lex mercatoria, practically all over Europe, either by formal reception or by informal penetration into the national legal systems.

The "no" answer is also fairly strong. At the time of the first big milestone mentioned, a conflicts law structure did not evolve. Substantive law took care of the need for harmony when it came the treatment of cases involving foreign elements. This approach prevailed also in the regional or national laws of the later Middle Age centuries; e.g. in the Leges Barbarorum of the middle of the first millennium or in the Laws of the Hungarian kings at the beginning of the second millennium.

There are very rare exceptions to this. For example, Professor Vrellis of Greece reported a case, called Aegineticus, in which the author (Isocrates, 436 – 338 B. C.) observed a conflict between three legal sysems, and speculated about the choice which of them should rationally apply. Many are of the view that this, together with one or two other sporadic cases, remained isolated conflicts law phenomena throughout the whole of antiquity.

The next milestone on the road of how legal thinking might react to legal relationships with a foreign element, was to be met in the 13th century A.D. Legal history claims that at this intersection a big change occured: Accursius (1185 – 1263) in his Glossa Ordinaria added glossas to the Codex Iustinianus, viz. to the introductory lines "Cunctos populos" (C. 1. 1. 1.). In these he submitted the proposition that the litigants' legal disputes with a foreign element should be resolved most reasonably according to their own respective legal system. He assumed the equivalence of the legal systems and responded to the conflict brought about by the international trade and personal relations, with conflict of laws technics.

Many say that this was a real "big bang" in the process of European legal thinking. Other glossators followed by the statutists developed this approach into generalized notions, theories and comprehensive conflicts law systems. This soon found general acceptance and extension through legal writing, legislation and legal practice in most countries. Later on this way of thinking, regulation and practice has been working fairly generally for centuries: national and regional substantive laws – more or less based on Roman Law – were applied both the internal and international relationship; To the extent that a conflict arose as to which substantive national law should apply, the conflicts law of the respective forum country was expected to provide the solution.

The next new phenomenon in the morphology of legal thinking and regulation, which affected also international legal relationships, was the emergence of comparative law. While the cementing force of Roman Law started to subside, nation states and national codification and codes became predominant.

After the weakening of Roman Law which had fostered unity, disintegration occurred with national laws and regulations becoming the rule. At this point – around a new milestone on the road of legal development – the interests of international trade, transport, capital and money transactions, among others, gave rise to a new approach: namely to optimise the relevant national laws by learning from the laws of other countries, i.e. by comparative law. Of course a harmonizing effect went hand in hand with these efforts. The Twelve Tables effect, referred to above, came to the fore.

As is well-known, comparative law became a very instrumental and intensively developed discipline from the middle of the 19th century on (as an example, the French Société de Législation Comparée was founded 1869 with the epigraph lex multiplex – ius unum) to the world-wide undertaking of the International Encyclopedia of Comparative Law of the recent decades.

The next milestone is very close to that just described. They really merge into each other. Comparative law searches for and identifies the common elements and values of the different legal systems and serves thereby directly or indirectly the unification of law.

Soon after efforts at unification emerged around the end of the 19th century (the Bern Union Convention of 1886 on copy-right protection became a very important first initiative), they soon expanded to many substantive law areas, and this has been going on ever since. The wide range of international substantive law unification treaties and arrangements is evidence of this development. The substantive law unification arrangements include also non-legislative instruments (like the 1990, 2000 INCOTERMS or the 1994 UNIDROIT Principles of International Commercial Contracts).

This new milestone marked also the beginning of the unification developments in the sphere of private international law and related areas.

They complemented the general harmonization and unification efforts concerning issues where international relationships called for more thoroughly harmonized treatment.

The great beginning, and still the most outstanding initiative to this end, was the birth of the child of our private international law family: the First Session in 1893 of the Hague Conference. Others – like the Latin-American Bustamante Code (1928), the EU Convention of 1980 on the Law Applicable to Contractual Obligations –followed later.

Before addressing a few words of appreciation for the Hague Conference's accomplishments, I think I should briefly point to the last of the milestones constituting the main forms of legal thinking concerning the treatment of international legal relationships in private and commercial law spheres.

This particular new phenomenon became expressed by the forms and body of laws of – as it is referred to – the European Community Private Law, the "Gemeinschaftsprivatrecht" as the German wording goes. This, as we know, is an increasingly expanding instrumentality of the EU integration process. EU directives, regulations, conventions – like the just mentioned Conflicts Law Treaty on Contracts, the EU Contract Law Principles, or the initiatives to develop a European Civil Code, are part of this development.

I thought it appropriate to submit an address to the Hague Conference jubilee pointing out its achievements which reflect the highest qualities of human legal thinking. Now at the end of my presentation I would limit myself to a few statements only. Given the fact of the 62 Member States and the 35 conventions – with all the scholarly, theoretical and lawmaking efforts and achievements behind these, with the vast amount of knowledge also of the present audience – I must be modest in saying a few concluding words.

The 35 conventions cover many classical conflicts law fields. They also cover areas of civil procedure as well as jurisdiction, substantive civil and family law matters. Nevertheless I agree with those who claim that there are still areas which should come under the Hague Conference legislation; for example electronic commerce, recovery of maintenance claims, civil liability for environmental damage, unfair competition, etc. More efficiency is expected in the ratification and actual operation of the conventions. **More ratifications and accessions would contribute substantially to the values of uniform law for all. To this end, special conferences and other means, for example database services will be instrumental.**

Apart from other countries with a less active record of ratification, quite a few European nations with EU aspirations should catch up with the Hague Conference unification family, although a few have been active already. Let me conclude with an example in the hope that it will be promising. Hungary – although founding Member State of the Hague Conference – adheres to only 4 conventions.

Nevertheless there is a described program along which substantial growth can be made (see Ferenc Mádl: Ius Commune Europaea – Lex mercatoria. "Unification of Law, the Hague Conventions and Hungary"; in "Mélanges ou l'honneur d'Alfred E. von Overbeck" Fribourg 1990 p. 287 – 319). I anticipate that this may happen.

EUROPEAN UNION PRESIDENCY STATEMENT – THE RIGHTS OF CHILDREN

PERMANENT REPRESENTATION OF BELGIUM TO THE UNITED NATIONS

Ms. Birgit Stevens, First Secretary
New York (États-Unis) ■ Octobre 2001

Mr. Chairman,

I have the honor to speak on behalf of the European Union. The countries of Central and Eastern Europe associated with the European Union Bulgaria, Czech Republic, Estonia, Hungary, Latvia, Lithuania, Poland, Romania, Slovakia, Slovenia, Cyprus, Turkey and Iceland align themselves with this statement.

(Special Session on Children)

Mr. Chairman,

In recent months, the rights of children have had pride of place on the international agenda. The preparatory process for the General Assembly Special Session on Children, including the regional preparatory conferences, has helped to create a truly global dynamic on behalf of children. However, for tragic reasons of which we are all aware, the Special Session on Children has had to be postponed to a later date.

This dynamic on behalf of children will not evaporate in the month, which remains before the Session itself. We shall continue to put the higher interests of children at the very heart of our actions, as laid down in the Convention on the Rights of the Child. **We shall ensure that our attention to children, especially those living in particularly difficult** circumstances for whom the international community was prepared to reinforce its commitment at the Special Session, does not falter. We shall redouble our efforts to ensure that the voices of children are listened to more attentively at national and international level: children, including adolescents, must be able to exercise their right to express their opinions and to participate in the decision-making process so that, with them, we can continue to build the world that children deserve. The European Union Charter of Fundamental Rights solemnly proclaimed on 7 December 2000 contains aspects relating to children's rights, including the right to express their opinions.

The European Union reaffirms its commitment to participate constructively in the negotiations on the final document, which should define effective strategies to improve the promotion and protection of children's rights in practice. It will continue to

defend with vigor the principles in which it believes in order to arrive at a strong declaration, together with an ambitious and visionary action plan.

So as not to prejudge the negotiations in the Preparatory Committee for the Special Session, which are currently suspended, GRULAC and the European Union will introduce a procedural resolution under this agenda item for the Third Committee, rather than the traditional omnibus resolution.

(Convention on the Rights of the Child)

Mr. Chairman,

First and foremost, our actions must be guided by the Convention on the Rights of the Child. That remains the instrument of reference, the essential legislative basis for achievement of children's rights. The European Union, together with a very large majority of delegations, is anxious to reflect the primacy of this approach to children's rights into the final text of the Special Session on children. The European Union considers it of paramount importance that the States parties to the Convention actually implement its provisions and that those who have not yet ratified it now do so. The European Union is extremely concerned about the number of reservations which have been lodged with regard to the Convention and continues to urge Member States to review and withdraw those reservations, which are contrary to the spirit and purpose of the Convention.

The European Union also calls on Member States to sign, ratify and apply the two Optional Protocols to the Convention on the Rights of the Child, one on the involvement of children in armed conflict and the other on the sale of children, child prostitution and child pornography.

The European Union welcomes the work accomplished by the Committee on the Rights of the Child and wishes to express its support for the Committee's efforts in promoting and protecting children's rights. It is important that the amendment to Article 42(2) of the Convention allowing the membership of the Committee to be extended should enter into force and therefore that the States which have not yet done so should give their agreement.

(Children and armed conflict)

Mr. Chairman,

The Secretary-General's report on children and armed conflict draws our attention to the dramatic and devastating impact which armed conflicts have on entire generations. It is encouraging that more and more efforts are being made to understand and analyze the problem.

However, these should lead to clearer coordination of political will and tougher action to protect those who are dearest to us.

Entry into force of the Optional Protocol on the involvement of children in armed conflict, which sets the minimum age for taking part in hostilities at 18, will constitute a remarkable advance. The European Union calls on States also to sign and ratify the Rome Statute of the International Criminal Court, which classifies the enlistment of children under 15 years of age and their participation in combat as war crimes. In the final document of the General Assembly Special Session on Children, the European Union wishes to include firm commitments on the protection of children affected by armed conflict, particularly child soldiers and children in need of humanitarian aid.

The European Union welcomes the inclusion of the issue of children in armed conflicts in the Security Council's proceedings. The European Union fervently hopes that the Security Council will, in the course of the planned debate on children in armed conflicts, adopt an ambitious resolution designed to recommend a positive response to the calls made by the Secretary-General in his last report on the subject. Inclusion of the protection of children in peacekeeping operations, such as MONUC in the DRC and UNAMSIL in Sierra Leone, constitutes one example of tougher action on behalf of children affected by armed conflicts. Political and operational mandates for restoring, maintaining and building peace should always include special provisions on the protection and help to be given to children.

The European Union would like once again to express its appreciation in this forum of the work accomplished by the Secretary-General's Special Representative, Mr Otunnu, and by many non-governmental and international organizations, such as UNICEF, which are doing a remarkable job in the field. The EU wishes in particular to salute the efficiency and devotion of UNICEF in making a decisive contribution to the promotion and protection of children's rights. The European Union would also like to pay homage to Ms. Graça Machel who, through her dedication, is contributing to the growing awareness of the tragedy of children affected by armed conflict.

(Protection against violence and exploitation)

Mr. Chairman,

Children have the right to be protected against all forms of violence and torture, mental or physical abuse or brutality, neglect or negligence, ill treatment or exploitation. The EU is in favor of unequivocal language on this subject in the final document of the General Assembly Special Session.

A better understanding of the many aspects of violence against children will enable us to formulate strategies and target our action more effectively to help the millions of children who are victims of violence. In this context, the European Union appreciated the discussion day organized at the end of September in Geneva by the Committee on the Rights of the Child, on the topic of violence against children at school and in the family. The European Union hopes that the Committee's recommendations will be taken into account in the formulation of measures to eradicate this scourge. That discussion was the second part of the general discussion on the topic of violence against children, which began in 2000. The European Union supports the Committee's call for the creation of a working party to study the issue of violence against children in depth.

Children continue to be victims of many forms of sexual exploitation, such as prostitution, pornography, the sale of children, acts of pedophilia and sexual abuse within the family. Here, too, greater awareness and an in-depth study of the problem should lead to constant tougher action. Such action must go beyond national borders, since the crime of sexual exploitation of children also goes beyond them. Such crime is increasingly professional and makes use of advances in new technology, turning to its own advantage the openings provided by globalization: ever more sophisticated cross-border organizations, possibilities offered by the Internet, prostitution networks, sex tourism, etc. In European Union Member States a number of measures, both national and international, have been introduced to combat the sexual exploitation of children. The European Union has put the STOP and DAPHNE programmes in place and will continue to step up its action at all levels. All its Member States have signed the Protocol on the sale of children, child prostitution and child pornography.

The European Union welcomes the work done by Ms. Calcetas-Santos, Special Rapporteur on the sale and sexual exploitation of children. The Union also welcomes the opportunity, which will be given to the international community at the Yokohama Conference against Commercial Sexual Exploitation of Children (17 to 20 December 2001) to take stock of action in this sector since the Stockholm Congress. Like the UNGA Special Session devoted to children, the Yokohama Conference will also be an opportunity to make further progress.

Unfortunately, sexual exploitation is not the only form of exploitation of children. According to ILO estimates, 250 million children aged from 5 to 14 work to earn a living. Nearly half of those children work full time every day of the year and 70% of them do so in a dangerous environment. An even larger number of children are involved in "invisible" work or are exploited in conditions of virtual slavery. The eradication of any form of exploitation of children must be a priority for all States. The European Union calls on those States, which have not yet done so to ratify Convention No 182 on the Worst Forms of Child Labor and calls on the States, which are parties to it, to begin carrying out their commitments under that instrument immediately.

(HIV/AIDS)

Mr. Chairman

The General Assembly Special Session on HIV/AIDS has stressed the need to provide special assistance for children who have been orphaned or affected by HIV/AIDS. The Community and the Member States have undertaken to draw up and implement an Action Programme on three transmissible diseases, namely HIV/AIDS, malaria and tuberculosis, including strategies designed to ensure a favorable environment for orphans and girls and boys infected or affected by HIV/AIDS. The international community has also undertaken to guarantee non-discrimination and full and equal enjoyment of all fundamental human rights for children affected by HIV/AIDS. **The European Union will do everything in its power to carry out the undertakings given.**

This respect for the fundamental rights of the child must also be the lodestone for our policy on health in general. Our children and our adolescents have the right to a healthy life and the promise of a future. **The EU will unstintingly work to ensure that the rights to reproductive** health care and services for boys and girls, rights accepted in all the basic documents of the major UN conferences, are not called into question in the final document of the Session.

(Justice for juvenile offenders – death penalty)

Mr. Chairman

Allow me first to broach a specific question to which we are particularly attached. As it is doing in the preparatory process for the Special Session on children, the European Union wishes to make a special appeal to those countries which, although few in number, retain the death penalty for those who were minors at the time of the offence. It is indispensable that measures be taken in order to respect the Convention on the Rights of the Child and the principles developed by the United Nations in this area. The European Union would express its deep concern at the use of torture on children and calls on all States, which have not yet done so to ratify the Convention against Torture and Other Cruel, Inhuman or Degrading Treatment or Punishment and to comply with it.

(Economic, social and cultural rights)

Mr. Chairman,

The European Union believes that the building of the world that children deserve can only be achieved if we are prepared to invest in our children. That means investing in education, which can ensure their future, in their health, in their well-being and in their personal development. Enjoyment of the economic, social and cultural rights of children is of the utmost importance for their development. It has been proved that investing in primary education, particularly the education of girls, is the most productive decision a society can take. We must reduce the marginalization of disadvantaged children who are in the front line for the horrors of poverty and the lack of equal opportunities. This means we must invest in the right to education, as that constitutes an essential element in the fight against exclusion. The European Union attaches considerable importance to the conclusions of the Conference on Education for All, held in Dakar in April 2000. In accordance with the Dakar Framework for Action, which was approved on that occasion, the EU is convinced that education is a fundamental right and the key to sustainable development and peace within and between countries.

The European Union would also take this opportunity of reiterating that it is important that the education of children include education in human rights, tolerance, citizenship and the exercise of democracy.

(Non-discrimination)

Mr. Chairman,

Finally, it is important to stress that no child should be a victim of discrimination. Non-discrimination is one of the major principles of the Convention on the Rights of the Child. The World Conference against Racism, Racial Discrimination, Xenophobia and Related Intolerance has recognized that many victims of racism and other forms of intolerance our children and in particular girls. It calls for the incorporation in programmes to combat racism of special measures giving priority to the rights of children who are victims of such discrimination.

The European Union notes that discrimination against women and girls unfortunately persists. We therefore recognize that the gender aspect must be incorporated in all our policies on young people. We must consider the kind of action needed to eliminate discrimination. It is of paramount importance that particular attention should be paid to girls when dealing with violence, exploitation, reproductive rights and female genital mutilation.

The European Union wishes to reiterate the importance of full integration of handicapped children into society. Many children suffering from handicaps do not enjoy the right to participate in the same activities as other children, including family life. Access for handicapped children to education and social services, and respect for all their rights, must be ensured.

The European Union undertakes to combat all forms of discrimination against children so that all children, both boys and girls, can participate on an equal footing in the building of a world that does justice to children.

Thank you.

ASIE
ET
MOYEN-ORIENT

6th Asian Regional International Society for Prevention of Child Abuse and Neglect (ISPCAN) Conference

Minister for Community Development, Youth and Sports
Dr Vivian Balakrishnan ▪ Singapore ▪ Novembre 2005

Ladies and Gentlemen,

I would like to wish all of you a warm welcome, especially those of you who are visitors to Singapore.

Asia has made Great Strides to improve Children's Lives

Asia has made great strides to improve children's lives this past decade. The latest "State of the World's Children" report by UNICEF indicates that most Asian countries have significantly reduced their infant mortality rate for children under 5 years old since 1990. Life expectancy has also increased vastly in this region. Countries such as Bangladesh and Indonesia, for example, can expect their children born in 2003 to live up to more than 15 years longer than those born in 1970. Sanitation facilities have improved and more children are now receiving basic education. Early this year, the leaders of 26 East Asia and Pacific countries met at Siem Reap, Cambodia, for the 7th Ministerial Consultation on Children. The meeting re-affirmed the commitment to the Convention on the Rights of the Child and **set goals to reduce poverty, as well as promoting child survival and growth**.

New Regional Mechanisms to protect Children

Last December, the Indian Ocean Tsunami disaster left thousands of children as orphans and vulnerable to abuse and disease. While other Asian countries responded quickly following the disaster, there is still more that can be done to help these children affected by the tsunami in the long-term. As a region vulnerable to natural disasters, we need to strengthen our collaborative efforts on early warning systems and be committed to help the children rebuild their lives when disaster strikes. Indeed, I am heartened to know that this conference will be addressing some of the challenges in protecting children in disaster situations.

Asia's economic progress and tourism industry have raised the national incomes of many countries. The impact of this progress on our children is significant. But there are also new challenges that we face. Child exploitation is one of them. Recently, the ASEAN nations reviewed their positions on tourism to put children's interests as a top priority. The 10 ASEAN countries are now working on the ASEAN **Traveller's Code**

to promote responsible tourism, including preventing the abuse and exploitation of people.

Modernisation and advances in technology have also brought up another challenge. The children of today grow up with a strong attachment to the Internet, computers and mobile phones. Technology has opened doors for our children to learn and stay connected. But it can also make our children more alienated from real life. It is therefore, important not to let technology and gadgets overtake the value of family relations. **We must strengthen family values and ensure that our children do not become disengaged from society.**

Families are the Building Blocks of Society

The best way to nurture our children is to help build strong and stable families. Children who grow up in a happy family, with positive values and role models, will become resilient and responsible adults. Children need to experience love and care from adults who are concerned about their growth and development. We don't have to be rich to provide a happy home but we do have to be rich in love and patience.

In Singapore, we have a number of committees that provide advice on policies and programmes for families. The government also promotes family-friendly work life practices among employers. Families can rely on a special website called, "Family and Community Development @ eCitizen", the gateway for government services. The website provides information and electronic services on almost every family matter from birth to old age. Separately, social work and family education programmes are available in our schools. There are also 36 Family Service Centres in all parts of Singapore where parents can drop in to seek help on anything to do with children.

Last year, my Ministry conducted a survey on the well-being of children and the quality of parent-child relationships in Singapore. Almost all of the 2,300 plus children surveyed, who were between 10 and 14 years of age, felt that their parents showed them love and concern. On average, 8 out of 10 children agreed that their communication with parents was open and meaningful. This augurs well for parent-child relationships here.

Children are our Future

This year marks the 10th anniversary of Singapore's ratification of the United Nations Convention on the Rights of the Child (CRC). This convention is one of the most supported conventions amongst all the countries in the world. To date, 192 countries have ratified the Convention. This underlines the international commitment towards promoting children's rights.

Since we ratified the Convention in 1995, Singapore has achieved several milestones in the promotion of children's well-being. I must say children in Singapore today have never been more fortunate. **We have established good laws and their rights are well protected.**

For instance, we amended our Employment Act last year to raise the minimum working age for children and young persons from 14 to 15 years. This is in line with a key International Labour Organisation (ILO) convention that restricts the minimum age of children in employment which Singapore has recently ratified in November 2005. We amended the law and ratified the Convention to ensure that our children will not be exploited or be denied of their right to have a fulfilling childhood.

This year's "The State of the World's Children" report by UNICEF, which surveyed 133 countries, ranked Singapore together with Sweden, as having the lowest infant mortality rate for children under the age of 5. Our children's life expectancy has also increased. Their quality of life has also improved. And with all the improvements in medicine and technology, I would say that there is hope that we can all live longer and enjoy a better quality of life.

Every Child is Precious

Yet, there remain a very small percentage of children who will need protection because they are not safe from harm, either from their own families or from adults who are supposed to care for them.

But let me emphasise that the number of children who are abused is small.

Over the last 5 years, my Ministry investigated an average of 188 complaints of alleged child abuse each year. Only in 40% of cases did our investigations reveal real evidence of abuse. Granted, the number of cases with evidence of abuse increased by about one and a half times from 61 in 2000 to 90 in 2004. This is due largely to greater awareness among those who have regular contact with children and who reported the incidents to the authorities for intervention.

What is significant is that the number of physical abuse cases has gone down between 2003 and 2004. This is a good sign.

Our challenge now is to strengthen the avenues of help available for children suffering from emotional and psychological abuse. When we amended the Children and Young Persons Act in 2001, we expanded the definition of abuse to include emotional and psychological abuse. While we know that it is difficult to detect emotional and psychological abuse, there can be far more serious and long-term damage to a child's healthy development.

When it comes to protecting children, we adopt a pro-child approach. We listen to what they say, or rather more tellingly, what they are afraid to say. We want to help children build trusting relationships with adults, and help them heal where they have been hurt. **Ultimately, we want to restore their sense of self-worth and confidence, even if it takes time.**

Child abuse and neglect are problems that every society must tackle. Child abuse and neglect are often treated as private affairs that do not warrant public attention. Families tend to under-report incidents of child abuse because they do not wish to "wash their dirty linen in public." Neighbours also tend to turn a blind eye to such instances, so as not to "affect good neighbourly ties".

We have to find the right mechanisms that will help us to safeguard the well-being of our children. Evidence from other countries has shown that mandatory reporting can be counter-productive. Over-zealous reporting of child abuse can subject families and children to substantial stress, especially if the alleged abuse turns out to be unsubstantiated. It can result in professionals themselves under-reporting child abuse cases out of fear that it will do more damage to the families and children concerned.

What is important, then, is for people who have regular contact with children to be knowledgeable about how to detect and report child abuse. In Singapore, we have strengthened the child abuse reporting system by regularly training professionals at child care centres, kindergartens, schools and polyclinics on the detection and reporting of child abuse.

We have also brought our public education efforts to the children themselves. Over the last three years, my Ministry and social service agencies initiated a series of skit performances on family violence for primary and secondary school students. The message is simple – "talk to someone you trust about your problems". The programme reached out to more than 53,000 students. Social workers followed up with students who indicated that they were experiencing problems in their families. By addressing the issue of violence from a young age, the skits have alerted children and young persons to the need to get help. **By taking a proactive and preventive approach, it helps to break the cycle of family violence that so often gets perpetuated if there is no early intervention.**

Everyone is Responsible

There are many challenges we face when we work with families to protect children from abuse. We must invest in setting up effective referral systems and preventive measures. We must educate families on better parenting methods. And where a child's family fails to provide a safe and nurturing environment, the community, social service agencies and the government have to step in.

My Ministry, as the key agency handling cases of child abuse in Singapore, can only be effective by working together with other agencies. Children can have effective protection when we adopt a multi-disciplinary and inter-agency approach. The police, hospitals, schools and child care centres are all important agencies in our partnership network. This networking arrangement has made us more responsive and more coordinated in helping children get out of harm's way. It also made us more sensitive to the needs of children.

My Ministry has established The National Standards for Protection of Children. We have published this to guide and encourage professionals to adopt good practices in the course of their work. Through this guide, the principle of the Best Interests of the Child is promoted to government and non-government agencies working with and for children. **We encourage all sectors of society to turn this principle into practice in their respective areas of work.**

Today's conference is an excellent opportunity for those of you who work with children from across the Asian region **to come together and share your knowledge and experience in preventing child abuse and neglect**. With such firm regional commitment and sharing of expertise, I am confident that we in Asia can continue to build a safe and nurturing environment for our children to live in.

I wish you all a fruitful conference.

Thank you.

EAST ASIA AND PACIFIC REGIONAL CONSULTATION ON VIOLENCE AGAINST CHILDREN

Ms. Anupama Rao Singh
Regional Director, UNICEF East Asia and Pacific Regional Office
Bangkok (Thaïlande) ■ Juin 2005

Governor of Bangkok, Mr. Apirak Kosayodhin, special expert for the United Nations Secretary General's Study Professor Paulo Pinheiro, Madame chair, distinguished delegates, friends and children. As Regional Director for UNICEF East Asia and Pacific it is a real pleasure and an honour for me to be here with you today at this timely and important Consultation on Violence against Children.

First of all I would like to congratulate the Steering Committee for the Regional Consultation for all the hard work that they have put into ensuring that this Consultation is a success, and to ensuring that children are properly engaged in the process of developing outcomes to stop violence against children. **I welcome the children present here today and encourage all the adults to make every effort to listen to their advice.**

In addition, I would also like to thank the many experts and child protection practitioners from governments and non-government organisations that have contributed towards developing the substantive themes that will be discussed here over the next three days.

Ladies and gentleman,

Violence against children is a global issue and one of the most serious problems affecting children today. The World Health Organization estimates that 40 million children below the age of 15 suffer from violence, abuse and neglect. Violence does not discriminate between rich and poor nations and pervades all societies within which children grow up. Sadly, violence is part of the economic, cultural and societal norms that make up many children's environment. Violence against children occurs in schools, orphanages, detention centres and other residential care facilities, on the streets, in the home as well in the relatively new context of the internet where children are both abused and exploited by the production of pornography, and risk being exposed to images of violence and degradation. Violence in all its forms has its roots in issues such as the power relations between men and women, exclusion, absence of a primary care giver and in societal norms and values that often disregard the rights of children. Other factors contributing towards the unacceptable prevalence of violence against children include drug and alcohol abuse, unemployment and youth disenfranchisement, crime, and a culture of silence and impunity.

The launch of the UN Secretary-General's study on violence against children provides an opportunity to raise awareness globally, and in this region, around issues that have for too long remained hidden or denied. The leadership of the East Asia and Pacific is crucial to this process and therefore I am deeply grateful to all of the governments represented here for having the courage to grasp hold of these issues and for their commitment towards realising the rights of children. **Let us aim to ensure that the outcomes and strategies discussed and developed over the next three days resonate through this Consultation to the highest levels.**

The recent 7th Ministerial Consultation on Children that was held in March of this year in Siem Reap also recognized the importance of issues of violence against children, and of the UNSG Study. To this end a side event was specifically convened on the topic of violence against children. In this meeting which many of you here today were present, a number of key points were made. These points, which will also be explored in more detail over the next few days, include:

The need to improve data collection systems, monitoring mechanisms and reporting mechanisms

That the message that violence against children is a fundamental violation of human rights must be vigorously articulated at all levels

That wide ranging partnerships be established for the prevention of violence against children; and

That children be fully engaged in the development of policy and programme interventions

Minister and participants at the side-event also affirmed their wish to see violence against children referred to in the Siem Reap – Angkor Declaration. Explicitly and in the context of Advancing Adolescent Development the Declaration states:

"Improve protection for adolescents from exploitation, abuse and violence through more effective law enforcement, targeted economic and poverty reduction policies and awareness raising and mobilisation."

This brings me to my final point. While we must, as recommended at the side event on violence against children, seek to argue on all fronts that violence against children is a fundamental violation of children's rights, we must also be mindful that violence against children compromises social and economic stability. We must recognise that investments in children's development is a public good that benefits all members of society and has the capacity to ensure the sustainability of social and economic development strategies. **Just as we prioritise children's education and health we must also ensure that they are allowed to develop free from the negative and destructive impact of all forms of violence.**

Ladies and gentleman,

Everyone has a responsibility to end this violence and build a protective environment for children. This will help ensure that that children are in school, laws are in place to punish those who exploit or harm children, governments are truly committed to protection, communities are aware of the risks which children face, civil society addresses certain 'taboo' issues, and monitoring is in place to identify children who are at risk. All of us here today are I am sure, strongly committed to working with our partners and ensuring that the protection of children is at the centre of our efforts for a better world.

I would close by congratulating all those who have contributed, and will contribute, to this national consultation for they will all also play a part in shaping a better more peaceful world. I therefore urge delegates and participants, both children and adults, to strive over the next three days for every possible success.

With all my heart I look forward to learning of your recommendations and hearing how we can work to "stop violence against children".

Thank you all,

2nd WORLD CONGRESS AGAINST COMMERCIAL SEXUAL EXPLOITATION OF CHILDREN

Minister of Justice ▪ Ms. Moriyama
Yokohama (Japon) ▪ Décembre 2001

*Y*our Majesty Queen Silvia, distinguished participants, ladies and gentlemen:

It is of great significance that the 2nd World Congress against Commercial Sexual Exploitation of Children is being held here in Yokohama and I am personally filled with deep emotion and happiness, as I have always been very much concerned and deeply involved in children's issues as both a citizen and a member of the Diet.

As you all know, the 1st Congress was organized in Stockholm in 1996, in response to the proposal and assistance of Her Majesty Queen Silvia of Sweden who is here today. To my regret, I couldn't attend that Congress at the time, but my fellow Diet members who participated in it told me that they strongly felt that the awareness of Japanese society on the sexual exploitation of children was not sufficient and that, in this respect, Japan lagged behind in the field of legislative and administrative measures. With this Congress as a turning point, these Diet members, together with interested private lawyers and members of NGOs who recognized the seriousness of the problem, started to tackle it earnestly with united efforts.

In this sense, it may be said that the 1st Congress in Stockholm provided Japan a stronghold to establish a route to the enactment of a law entitled "The Law Punishing Acts Related to Child Prostitution and Child Pornography, and for Protecting Children". Initiated and enacted in 1999, this law was epoch-making going against commonly accepted ideas of Japanese society prevailing in those days.

However, the problem of sexual exploitation of children is deeply rooted in society and the patterns of exploitation are becoming more and more diverse in this age of high technology. It is not the kind of problem that can be easily resolved by simply enacting laws but requires our constant attention, proper countermeasures and enforcement thereof in the future. Also, in order to solve the problems concerning children, it is essential to increase the awareness of society and, for this, cooperation amongst the government, international organs and NGOs is indispensable. Therefore, I think it is of utmost significance that this 2nd Congress has been co-organized by four parties, UNICEF, ECPAT, NGO groups and the Government of Japan.

(National approach)

We cannot deny the fact that all over the world there exist adults who pay a nominal amount and abuse young girls treating them as sex objects and many who gain profit by producing pornographic pictures of children which is a form of sexual abuse or commercial exploitation of children. Further, it is true of some developing countries that, as a result of poverty or lack of education or sexual discrimination, a number of children are sold to brothels and forced to engage in prostitution to earn their livelihood.

While the development of globalization and the rapid progress of information and communication technology benefit our lives in various fields, excessively speedy progress gives rise to distortions in society and thus what we call the "negative sides of globalization" come out in various forms. Among others, in particular, the environments surrounding children have changed considerably and new forms of menace, including the problems of the selling of children and child pornography through use of the Internet, are becoming a grave social concern.

Japan, for one, has been worried about the worsening situation of commercial sexual exploitation of children in the midst of the diversification and globalization of society. For example, we have a Japanese word "enjo-kosai" which is symbolic of the lack of ethics or morals in Japanese contemporary society. This is a word invented by the mass media which means compensated dating, that is, a child offers sexual intercourse in return for pecuniary benefits such as money, and this word has the effect of weakening the impression of the immoral or anti-social nature of the act of prostitution. The dissemination of this word "enjo-kosai" clearly shows the expansion of the "merchandising of sex with a child". Also, there is the deplorable tendency of the media to treat it as a kind of fashion.

While in Europe and America the drafting and revision of laws to protect the rights of children have been taking place, in Japan, too, a movement to have a new law, at the earliest possible opportunity, to punish the acts of adults as crimes infringing upon the rights of children has been promoted among Diet members since around the beginning of 1997. The awareness of the importance of this problem was heightened by the Liberal Democratic Party as well and, as I was directed by Mr. Yamazaki, Chairman of the Policy Research Council of the Party, I became the moderator for the problem and, in June 1997, the then three Government parties, including the Social Democratic Party and the New Party Sakigake set up a project team to draft a bill prohibiting the sexual exploitation of children and child pornography. Through this team, lively debates were conducted at over 30 meetings and we found, among others, that the relation between child pornography and "the freedom of expression" or "the right to privacy" guaranteed by the Constitution was a very thorny issue. In the meantime, the parties in power changed, which resulted in discontinuance of the debate and further complications for the team for some time. However, from the basic standpoint that enactment of a law was absolutely necessary, it was decided to prescribe in law a bare minimum to which everyone could agree and, with the participation of all the parties, including the Opposition benches, and also with the moral support of former Prime Minister Hashimoto and the then Chief Cabinet Secretary Nonaka, the Child Prostitution and Child Pornography Prevention Law was approved and enacted at the plenary session of the House of Representatives on May 18, 1999.

It took about three years after this problem was taken up politically in Japan and about two years after the debate to prepare the bill was started and in this way Japan managed to take a giant step to ensure that she was not far behind the world community. This law has made it possible to strictly punish, as a crime, the act of performing sexual intercourse with a child under 18 years of age in return for remuneration and the act of producing pornographic pictures of a child among others. Also, any person who traffics in a child for the purpose of prostitution or produces a pornographic picture of the child or transfers a kidnapped or trafficked child overseas from the country where the child normally lives is strictly punished. These crimes are subject to punishment, whether committed in Japan or overseas, and it has now become possible to prosecute a Japanese national in Japan if he commits the act of procuring prostitution overseas.

Another important point of this law is protecting children who suffer harmful effects through sexual exploitation, mentally and physically. Specifically, the law requires that special consideration be paid to children at the stage of investigation and court proceedings and that the officials be trained. It further requires that publication which may identify child victims be prohibited and that various other measures be taken to consider and protect the rights of children. Furthermore, the Code of Criminal Procedure was amended in May 2000 by which it has now become possible to have a suitable person accompany a child victim of prostitution or of other crimes when the child testifies at a criminal trial or have the court install a screen between the witness and the defendant and, further, a new system has been introduced to enable the court to examine a witness at a place other than the courtroom through the use of video monitoring. Therefore, it can be said that our system has been improved to give special consideration to children to avoid their undergoing unnecessary suffering at trial.

Now, let me cite an example of application of the Child Prostitution and Child Pornography Prevention Law. A Japanese national was prosecuted for the crime of producing pornographic pictures of Thai girls in Thailand and was convicted by the court. When we consider that if Japan had not had this law, no action would have been taken in a case like this, we are pleased with the success of enactment of this law but, on the other hand, we hold mixed feelings at knowing that cases like these committed by Japanese nationals are still taking place.

In November last year, the Child Abuse Prevention Law was enforced. We hope that, through this law, measures to solve to the problem of child abuse will be strengthened, contributing to the eradication of commercial sexual exploitation which is closely connected to the abuse of children. Since we intend to punish as a crime an act which was not previously a legal problem, being only subject to moral restrictions, it is necessary first to convert the people's way of thinking, and establishment of a law is only an initial step. From now on, it is important to heighten people's consciousness so that they will never condone child prostitution or child pornography and, needless to say, this responsibility lies with each of us who compose the local community.

The Child Prostitution and Child Pornography Prevention Law which was enacted, based on the initial thought that first "it was important to make", is subject to review three years after its enforcement, which is, in fact, next year. A lot of people (more than expected) were punished for these crimes after enforcement of this law, and I strongly feel that society as a whole should tackle the problem of commercial sexual exploitation of children from various angles including family and education. When reviewing this law in the future, not only the problems which were discussed at the outset but also the problem of how to handle child pornography on the Internet or those cases in which cellular phones are used will have to be carefully considered. Internet crimes are being debated on an international level at present at the Government-Private Sector Joint High-Level Meetings on High-Tech Crime organized within the framework of the G8. In order to tackle the problem of the crime of child pornography on the Internet, **I believe it is important to listen to the opinions of the business world such as those from Internet service providers.**

(In closing)

I would like to conclude my statement, wishing sincerely that, with this 2nd World Congress as **an impetus, more and more people will gain a greater understanding of the problem of commercial sexual exploitation of children and build a society in which the rights and dignity of children are highly respected**.

SPECIAL SESSION ON CHILDREN

Vice-President of the Socialist Republic of Viet Nam
H.E. MADAM Nguyen Thi Binh ▪ New York (États-Unis) ▪ Mai 2002

Your Excellency, Mr. President,

Your Excellency, Mr. Secretary General Kofi Annan,

Distinguished Delegates and Friends,

On behalf of the Socialist Republic of Viet Nam, I have the great honour to convey to you, Mr. President, Mr. Secretary-General and you all our warmest greetings on the occasion of the UN General Assembly's Special Session on Children.

We fully endorse and highly appreciate the comprehensive and succinct Report of the Secretary-General on the implementation of the goals set by the 1990 World Summit on Children. It can be said that over the past ten years, the Convention on the Rights of the Child has become the momentum and a noble goal for member countries to strive for and to act upon. Many countries and regions have risen above difficulties and challenges to fulfill their commitments and recorded many achievements in this regard. As pointed out in the Report of the Secretary-General, though a number of goals have not been met as desired, more children's lives have been saved, more children can go to school, children have had better recreational opportunities and more child-related international treaties have been signed and ratified. Above all, national leaders have better understanding on the need to ensure the rights of children.

However, the world has recently experienced complex political, economic and social developments leading to unpredicted problems such as terrorism, armed and ethnic conflicts, perpetual hunger and poverty, HIV/AIDS, the deterioration of the environment and challenges posed by the accelerated process of globalization, which hindered the efforts of countries, especially developing countries, to implement their commitments. These problems and challenges are evolving in an ever more complex manner. It is therefore, today, at this forum, **we need to reiterate our commitments and discuss ways to strive together for a new century of a new vision, thus creating a "world fit for children".**

Distinguished delegates,

As a poor and under-developed country which is frequently hit by natural calamities, Viet Nam is aware that the implementation of the Declaration and Plan of Action of the World Summit on Children and the Convention on the Rights of the Child is a heavy and serious responsibility. Moreover, though the war ended a quarter of a century ago, its consequences are still strongly felt by many families and children.

In this situation, we have adopted a three-pronged approach which includes strengthening the legal system, perfecting our judicial system with the principles of the Convention on the Rights of the Child; establishing and implementing a program of action for children from central to grass-root levels, integrating this program into the social programs of the State; organizing courses for cadres and mobilizing the participation of various organizations in the implementation of the rights of children. As a result, though their country remains a poor one, the people of Viet Nam can take pride in what they have done for their children. Most of the goals set in the National Programme of Action have been reached; the annual budget for children had risen from 8.42% in 1991 to 12.2% in 2000.

The under-five mortality rate has decreased by over 30%; the extended vaccination programme reached the coverage of 95%; polio was eradicated, and vitamin A deficiency ended; universalization of primary education was completed and illiteracy eliminated; 50% of districts have cultural and recreational facilities for children; and 70% of the orphans or homeless children have been admitted to accommodation centres.

Our new Program of Action concentrates **on fulfilling the unaccomplished goals** of the 1991-2000 period relating to infant mortality, maternal mortality, malnutrition, safe water and environmental sanitation. **We will also strive to reach new goals, such as birth certificates for all children, early-childhood education development, improvement in the quality of primary and secondary education and creation of opportunities for children's participation and healthy development, prevention and fight against HIV/AIDS.** The State of Viet Nam attaches great importance to protecting children from abuses and is striving to enable nearly one million disabled children, especially those victims of toxic chemicals, Agent Orange sprayed during the 60's and 70's in the Viet Nam war to enjoy their fundamental rights like other ordinary children. Our Programme of Action for Children is in line with the hunger eradication and poverty reduction strategy that the State has been implementing for many years.

Distinguished delegates,

Building a "world fit for children" in line with the benchmarks set by the Declaration is by no means easy. However, it is a necessary task, a responsibility, conscience and honour; it is for the sustainable development and progress of each nation and of the entire world. **As for Viet Nam, we are committed to further enhancing responsibilities of the authorities, and encouraging a stronger participation of each family and community in programmes for children. We will do our** utmost to ensure that our children can enjoy a happy life under the motto: "Save the best for our children".

In that spirit, Viet Nam sympathizes with the difficulties and suffering of women and children, the most vulnerable groups in poor nations and countries that were devastated by wars and embargoes, such as Palestine, Afghanistan, Cuba and Iraq. **The international community needs to pay attention and provide effective assistance to the peoples of these countries with an aim of helping them, especially women and children, enjoy a normal life and development.**

Distinguished delegates,

We would like to take this opportunity to express our sincere thanks to the Governments, especially those of Sweden, Norway, Denmark, the Netherlands, Finland, France, Belgium, Japan, South Korea, Australia and Italy, and United Nations agencies and international organizations, especially UNICEF, UNDP, WHO, UNFPA, as well as non-governmental organizations, particularly Save Children Alliance and Plan International for the generous and effective assistance. We hope that Governments and international organizations will continue to support Viet Nam and other developing countries to successfully implement the national and global programmes of action for children.

I thank you.

NATIONAL CONFERENCE ON CHILD LABOUR

Prime Minister Vajpayee ▪ New Delhi (Inde) ▪ Janvier 2001

*I*t gives me great pleasure to be here at the National Conference on Elimination of Child Labour.

UNICEF, in one of its annual reports, has evocatively observed: *"The day will come when nations will be judged not by their military or economic strength, nor by the splendor of their capital cities and public buildings but by the well being of their people; ... by the provision that is made for those who are vulnerable and disadvantaged, and by the protection that is afforded to the growing minds and bodies of their children."*

India fully subscribes to this ideal, this universal aspiration. We believe that the right to a joyful childhood, leading to a life full of opportunities, is the fundamental right of every child. Our children are the future of our nation. **We are committed to nurture them through their childhood and their most impressionable and formative years**, so that they can realize their full potential and contribute richly to the development of their motherland.

However, the continued existence of millions of working children in our society is a reminder of the extent of the task that lies ahead of us. As per the 1991 census, their number is 11.28 million. This is a staggering figure. It is also a pointer that the responsibility for elimination of child labour cannot be compartmentalized and left to any one Ministry or Department of Government. I am happy that this conference **shows a close collaboration** between the Ministries of Labour and Human Resource Development.

The sheer magnitude of the problem, as also its multifaceted nature, makes it imperative that we adopt a holistic approach, involving the entire society. This alone can make a difference.

Since Independence, our country has overcome many problems through the combined efforts of the Central and State Governments, private sector, and non-governmental organizations. Infant mortality rate has declined by half from 146 per thousand in 1951 to 72 per thousand or below now. Life expectancy has also grown from 32 years in 1951 to 63 years.

We have reached a literacy rate of over 60 percent, which was just 18 percent in 1951. However, there is great imbalance across the country in the area of children's education and welfare. We have States like Kerala, where nearly all the children in the age group of six to fourteen years are attending schools. Himachal Pradesh, too, is moving towards this distinction. This contrasts starkly with the poor performance in several other States in the north and the east. Even in these States, wherever educational reform programs are implemented, we see a progressively higher enrolment in schools. There is also a visible decline in the school drop out rate.

These are positive signals. They show that, with **collective and committed efforts, we can certainly achieve universal education and 100 percent literacy**. Doing so would be a big step towards elimination of child labour.

Hence, my sincere appeal to all the District Collectors who have gathered here is this: Go all out to strengthen the partnership between the Government, non-governmental educational institutions, voluntary organizations, and business establishments in your respective districts. **Expand and improve the network of both formal and non-formal educational activities, so that no family with a working child is left out.**

Concentrate, especially, on working girls. Her educational needs are usually neglected both by her family and by the society at large. Education of girls and young women is critical for achieving many of our important goals in social development. **By investing in them, we invest in India's future.**

Friends, 2001 is the Year for Women's Empowerment. It would be befitting that, at this juncture, the programs are restructured to pay special attention to working girls.

We should ensure that working children not only come to schools, **but are also retained in the formal system. The enforcement machinery will have to gear itself with great vigilance and sensitivity.**

I appeal to the employers to join the national efforts by actively and voluntarily discouraging the employment of children in industries and other economic activities. Their visible presence in this effort will keep middlemen at bay.

Even though elimination of child labour is our goal, in the transition period our effort should be to create adequate and easily accessible educational opportunities for working children. For example, restaurants and other such clusters of economic activity in the unorganized sector employ many children. These children live far away from their homes, with little social security. **We should make it the responsibility of the employers** to create, with the help of NGOs, suitable **educational facilities for such children**. They could, for instance, set aside their own premises for conducting classes in evening hours.

Many poor children, especially girls, work as domestic help in our country. It should be made the responsibility of the families that employ them to take care of their education. **They should be given leave for a few hours each day, so that they can attend classes in nearby schools.** There are some NGOs in our cities, which have set up non-formal neighborhood schools specifically to cater to the educational needs of such children. Many socially conscious housewives have been working in such neighborhood schools in their spare time in the afternoons. These NGOs should be supported fully.

Friends, working children need not only education, but also protection of their dignity, which is one of the few personal possessions they can have. Unfortunately, they are frequently robbed of this. Sometimes, even the police do not behave properly with them. It is an experience that leaves almost a permanent scar on their psyche. What **we need at all levels is greater sensitivity and compassion; a humane and helpful attitude that recognizes that these children are a precious asset of our society who, with proper help, can have a bright future ahead of them.**

I would like that **National Awards be instituted to encourage and recognize the efforts being made by various organizations in the field of elimination and rehabilitation of child labour**. Such awards could be instituted even in districts.

The will of the nation and the commitment of the Central and State governments to eliminate child labour are abundantly reflected in the Constitution and in several other laws of the land. In keeping with the National Child Labour Policy, we have been both active and proactive in tackling this problem. We have launched the National Child Labour Projects in areas of high concentration of this problem. Further, our various anti-poverty policies have also focussed attention on these areas.

The problem of child labour is fundamentally a problem of poverty. The principal aim of economic reforms is to eradicate poverty, so that we can also eradicate several problems of underdevelopment, including child labour. Our Government has taken many initiatives to accelerate and broaden economic reforms. I am confident that these reforms will enable India to achieve faster economic growth and to remove both regional and social imbalances in development. I urge all sections of our society to further strengthen the consensus behind the process of economic reforms.

Friends, I would like to use this occasion to share my thoughts on some other subjects with District Collectors who have gathered here today. It is not often that we call them to New Delhi. This conference, therefore, is an opportunity for me to have a direct interaction with them.

A district collector is a very important link between our people and the Government. Indeed, he or she is the face of the administration at the local level. Most of the Government's policies and programs, especially in the social sector, are implemented through district administration. Besides the onerous responsibility of law and order, you are also required to facilitate and assist trade, business, and industry in your respective districts. From polio eradication to population control, from investment promotion to orderly management of mega-events like the Kumbh – a district collector is expected to carry out a hundred different tasks, like a true all-rounder.

I really admire district collectors for their ability to carry the burden of so many tasks on their shoulders. Often, these are young shoulders. A civil servant's posting usually begins from the sub-district level. I have met with many young officers as district collectors, and their energy, enthusiasm, and idealism always impresses me. These qualities should be retained throughout your career.

I applaud you for your good work. However, I would also like you to know that both the Government and the people have very high expectations from the district administration. There is a tremendous hunger for development all across the country, especially among those who have been deprived of even the basic benefits of development.

Our people are no longer satisfied with promises from their elected representatives and governments. They want good **governance and performance**. It would not be wrong to say that they are impatient for performance. As election after election in recent times have shown, they reward those who perform and show the door to non-performers. All political parties have had this experience in India's increasingly demanding democracy.

I know that elected representatives and their governments have their own specific responsibilities to deliver good governance. At the same time, all governments, irrespective of which party or coalition runs them, depend on the district administration to improve their performance. I, therefore, **urge you to gear up the administration at the district level to both meet unfulfilled targets and goals, and also to face new challenges emerging on the horizon**.

In discharging your responsibilities, you should actively enlist the participation of the people and their elected responsibilities. Work in close concert with Zilla Parishads. Rope in NGOs, voluntary organizations, and religious establishments. There is a tremendous potential in them to do constructive work.

As Vinoba Bhave used to say, *"Asarakari, asarkari hota hai"* – which means, non-Governmental work is effective work. I would only add that, when sarakari and asarakari efforts are combined, they become ten times more asarkari.

Dear District Collectors, you are an influential person in your district; therefore, lead by personal example. A good district collector is fondly remembered by the people long after he leaves. People's admiration and regard is the highest recognition for a civil servant.

With these words, I inaugurate this national conference on child labour and wish it all success.

Thank you.

Third Substantive Session
of the Preparatory Committee
United Nations Special Session on Children

Her Majesty Queen Rania Al-Abdullah ▪ New York (USA) ▪ Juin 2001

Madame chair,

Excellencies,

Distinguished delegates,

Ladies and gentlemen,

I would like first to pay tribute to UNICEF and to Carol Bellamy and her many able colleagues. Their visionary and inspiring leadership continues to set the standard of effective activism for children. Never before in the history of humankind have so many countries and cultures worked together so diligently, and in such a sustained manner, for the well-being of their youth and their future generations.

I think all of us feel that here this week. This third session of the preparatory committee for the UN General Assembly special session on children is truly a humbling experience... but also an exhilarating one. It is humbling for each of us individually – because together we represent a bold attempt to direct our world's resources and political will to improving the well-being of our children. Yet it is also exhilarating – because our experience since the World Summit for Children in 1990 confirms that we can change the world, if we make a determined and realistic effort to do so.

I speak to you as a member of the UNICEF Global Leadership Initiative – a movement that aims to spur regional and national efforts for the collective well-being of all future generations. Our global efforts for child rights are unprecedented in four important ways: in political participation at the level of heads of state and government; in the number of countries that have signed and ratified the Convention on the Rights of the Child; in setting quantifiable targets for progress in a wide range of children's rights; and in vigorously pursuing these goals through regular monitoring, analysis, and follow-up.

As we embark on an important new phase in this global movement, I see two broad and immediate challenges: First, how can we achieve our targets, so that more children live healthier, longer, and more equitable lives? Second, how can we remain energized, innovative, and effective in our impact on the lives of real people, and avoid slipping into a combination of routine reporting and ceremonial meetings?

Within its own life span, this global movement for child rights is still in its adolescence. And like adolescents everywhere, our movement is characterized by learning, growing, evolving, and – one hopes – maturing. We must continue to be inspired by the vastness of our human idealism... but also guided by the practical constraints of our sense of realism. **This is a perfect moment, therefore, to refocus sharply on our future goals, by building on the lessons of our journey together in the recent past.** We have come a long way, from the mid-1980s when the first social mobilization experiments sharply reduced child deaths from a few preventable diseases in a handful of countries, to our targeting today of all rights for every woman and child in all the countries of the world.

The balance sheet of our results to date is mixed: we have fully achieved very, very few of the global goals set at the 1990 World Summit for Children; at the same time, we have achieved significant progress on virtually every single one of those goals. An over-arching priority for this meeting and for the September special session on children could be to identify the reasons for this apparent paradox, before we embark on the next stage of our efforts.

Why did we succeed in some areas, but fall far short in others? Were our goals unrealistic? Were the mechanisms for action ineffective? Was our time frame too ambitious? Did other, unanticipated, factors prevent us from making better progress?

I would like to suggest some issues that we might explore in this respect, based on global trends as well as our experiences in Jordan and the Middle East.

The first one is **the real impact and value of global action**, as opposed to national or regional initiatives. What and how have we benefited from setting global goals and norms? What is the measurable value added of worldwide data gathering, achievement rankings, national plans of action, and other results of the global approach of the early 1990s? We should decide soon on which effective global actions to expand, and which unproductive ones to discard.

Another issue concerns the real impact of **participation by heads of state and government**. This was critical in achieving national-level breakthroughs in the 1980s and early '90s. Now we need to know more precisely how leadership inspires action and promotes progress for children's rights, how that impact can be sustained over time, and how it can be replicated at other levels of leadership throughout society. Last year, for example, in our region, we initiated regular meetings of Arab first ladies, and we are working with Arab heads of state to achieve the goals of the "Say Yes for children" campaign.

A third important issue is **the power of effective partnerships**, which have proven their worth at local, regional, and global levels. Government and private business, the mass media, civil society, and other sectors of society today routinely work together – yet we do not always understand why some partnerships succeed while others fail. We are exploring this further in our own region, by enhancing coordination among Arab NGOs working for children, and establishing a permanent forum for Arab child issues.

A fourth issue is how we can promote child rights and well-being **through the immense power** of partnerships within the worldwide commercial marketplace. Two of our greatest recent global successes were putting vaccines in the bodies of over 70 percent of the world's babies, and putting iodine in over 70 percent of the world's table and cooking salt. These goals were achieved in large part thanks to significant linkages with the business sector. Private companies and multinationals often have greater reach, and more direct impact on families, than do state institutions or international organizations. Can we achieve some of our next priority targets – iron deficiency comes to mind quickly – by working more closely with private businesses, for the benefit of all humankind?

The last issue **I would like to mention is that of disparities**. The available data shows that some global gaps are widening--for instance, in under-five mortality rates among the industrialized and least developed countries. The same is true within countries. Our first human development report in Jordan reveals persistent and even widening gaps in some indicators, such as infant mortality by region and employment by gender. Some of the worst disparities were not between urban and rural areas, as one generally expects to see, but rather between urban and suburban regions within the same governorate. We need to know more about the causes and consequences of such disparities--because they numb human hope, aggravate social and economic distress, and often lead to resentment, violence, and instability.

I mention these as some timely issues that we could consider during this year of renewed global commitment to the rights of all children. We can be proud of what we have done and continue to do: our goals are vast and noble, our track record is impressive, and our determination is robust. But we should beware the hidden danger of being so dazzled by the distant horizon that we lose sight of the more mundane tasks before us here and now.

Like children and adolescents, our efforts can only mature into effective adulthood by building on the cumulative lessons of youth. **Now is the time to undertake a rigorous assessment of our movement's strengths** and weaknesses to date, and of its achievements and failures. So that when we set new targets and pledge renewed commitments – we do so on a rock-solid foundation of proven capabilities and realistic goals.

I look forward to working with you in the months and years ahead as we seek new and more productive ways of sharing our experiences and pooling our strengths. I thank you for your hard work and your attention, and for all that you will yet do for our gathering again in September and beyond. Thank you very much.

AFRIQUE

INTERNATIONAL CONFERENCE ON CHILDREN

President Alhaji Dr. Ahmad Tejan Kabbah
Freetown (Sierra Leone) ■ Novembre 2004

EXCELLENCIES
HONOURABLE MINISTERS
HONOURABLE SENATORS
HONOURABLE MEMBERS OF PARLIAMENT
MEMBERS OF THE DIPLOMATIC CORPS
DISTINGUISHED LADIES AND GENTLEMAN:

It gives me great pleasure to warmly welcome you, our distinguished and honoured guests present here today. I am particularly delighted that you are here to discuss issues affecting our children in conflict situations and how we could save their future by letting them discover once more their childhood.

Let me, in doing so, express my gratitude on behalf of the Government and people of Sierra Leone to the Government of Italy for conceiving the idea of hosting this auspicious conference in our country. We in Sierra Leone are pleased that the Government of Italy chose Sierra Leone as the venue for such an important conference. The choice of Sierra Leone for such a meeting came as no surprise. Our experience in eleven years of conflict and the adverse effect it has had on our human resources particularly on our children qualifies this country as an appropriate venue for holding this conference.

Distinguished Ladies and Gentlemen:

Sierra Leone has a lot of experience to share with other countries in this matter. Africa, West Africa in particular, has witnessed in recent times some of the most intractable and gruesome forms of violence in the world. Combatants involved in these conflicts have not only taken the form of militias, bandit groups and mercenaries but have actually forcibly recruited child soldiers into their ranks. For over a decade Sierra Leonean children as well as those in neighbouring countries like Liberia have known nothing but war; they have grown up listening to the sounds of gunfire, bombs and high explosives: they have participated in some of the most gruesome scenes of warfare ever to have been witnessed in the world, so much so that I wonder whether all of them have now sufficiently undergone the psychological healing from the trauma of that war. They lost their chance to participate in the ordinary pleasures of childhood, to attend school or even be considered as children. Many of them have opted to become mercenaries travelling within the sub-region and even beyond because they know no other trade except that of war.

That is why, we as a region, must find a solution to the problems connected with and flowing from the circumstances in which they found themselves. Our children were the most vulnerable and they suffered both as victims and as perpetrators. Some were abducted and forced to take up arms while others were amputated, tortured, separated from their parents, sexually abused, deprived of education and access to medical facilities.

Distinguished Ladies and Gentlemen:

One of the most adverse by-products of that war is the effect it had on the attitude, mentality, behaviour and even language of our children. Perhaps they now need, for their re-orientation, some educational tools or visual aid materials which would facilitate such re-orientation of their minds and thinking and help them in resuming their proper position in society by acting and thinking once more as children.

The availability of such aids is not easily accessible to or affordable by some of the affected countries. The need for such aids is even greater in the case of children who lost both parents and close family members. It must be stated here that the human mind is a powerful instrument in the formation of the individual and it should be always directed in the proper course especially in developing countries where skilled manpower is scarce and is necessary for the development of such countries.

The cause of most of these conflicts is to a large extent related to the issues of bad governance such as political marginalization, greed, corruption, non-transparent elections, religious intolerance, and ethnic cleansing. These unfortunate developments have not only impacted negatively on the economies of countries in the sub-region but also on our children and their future.

In the last decade, civil wars have set ablaze a number of countries in West Africa including our country Sierra Leone, Liberia, Guinea-Bissau, Mali, Niger and more recently la Cote d'Ivoire, thus adversely affecting the children and the future of these countries.

It is for this reason that my Government continues to take the position that the promotion of human rights and the tacit application of fundamental freedoms lies within our national interest and indeed the national interest of every state. This is so because states that protect human rights are **those best able to secure peace, promote economic development, create opportunities for employment, especially of the youth combatant, international terrorism and crime, and avoid humanitarian crises**.

The Government of Sierra Leone remains committed to democratic principles, the promotion of good governance, the rule of law, public accountability and transparency, the negation of the culture of impunity and propagation of gender equality. We do so because we believe that democracy promotes individual rights and freedoms and is a means for every one to benefit from being a citizen of a state, which is part of a globalized world. We value the human kind, particularly its potential to improve the quality of life for human beings. To waste that potential or retard its development is an unpardonable error which all nations should strive to prevent.

Distinguished Ladies and Gentlemen:

We have witnessed that democratically governed nations are more likely to secure peace, deter aggression, expand open markets, promote economic development, rule responsibly, and improve human health. Democratic principles, such as the rule of law and accountability do not only protect the rights of citizens from unjust or capricious actions of government but also provide the stable, secure climate that encourages investment and economic growth. The absence of these strong traditions will inevitably deter civil society to flourish, discourage sustainable development, completely prohibit adequate checks on executive and legislative power, and dissolve the legal foundations for free and fair electoral and political processes.

Distinguished Ladies and Gentlemen:

Because of our consciousness and sensitivity to the consequences of conflicts particularly on our children, we took measures at the end of our war to put in place mechanisms to address such consequences. Some of the measures include the creation of a National Commission for War Affected Children (NaCWAC). By an Act of Parliament in January 2001, that commission was established to advocate and facilitate the implementation of international norms and standards on the rights and protection of war-affected children. The Ministry of Social Welfare, Gender and Children's Affairs, in liaison with the other child protection agencies like UNICEF, has been working with these agencies to meet the welfare and protection needs of our women and children. Both agencies ensure that the concerns of our children in general are translated into policies, priority setting and resource allocations at the highest political level.

A number of priority areas were identified for Government's intervention. **These included child rights advocacy and monitoring of child rights violation, street children and juvenile justice, family tracing, reunification and reintegration of separated children, demobilization and reintegration of child ex-combatants.** Those processes were successfully completed in the DDR programme by December last year and emergency response programme for refugee and returnee children from neighbouring countries. Government has also been very supportive of the efforts of local and international organizations in addressing child rights issues. To this end, IMATT and UNAMSIL have been particularly helpful in restructuring our security forces and providing them with training in human rights education and international humanitarian law, while UNICEF has facilitated children's programmes precisely aimed at bringing the best out of these children.

Because of the many instances of human rights violation especially against children, **Government with the support of its bilateral and multilateral partners put in place mechanisms and established structures to address the many human rights violations committed at all levels in the Sierra Leone society. These include the establishment of the Truth and Reconciliation Commission which has completed its work and submitted its report**. The Government White Paper on this is now at an advance stage of preparation in consultation with the UN Commission for Human Rights. Also, the United Nations backed Special Court is currently trying those who bear the greatest responsibility for gross human rights violation committed during the war. **The National Commission for Democracy and Human Rights is teaching human rights in schools and sensitizing the public through the media**, music and drama on human rights and related issues.

Distinguished Ladies and Gentlemen:

In our commitment to the International Community's effort at child protection, Sierra Leone has signed and adopted a number of international instruments such as the Convention on the Rights of the Child; The African Charter on the Rights and Welfare of the Child; Optional Protocol on the Convention of the Rights of the Child, Convention on the Elimination of all forms of Discrimination against Women, and the enactment of the 1989 Adoption Act. The Law Reform Commission is currently reviewing our laws in order to ensure that they prohibit all forms of violence against women and children. Parliament has enacted legislation the object of which is to prevent the recruitment of children into the army or the use of children for any combat activity. The policy of Government is not to recruit children below the age of 18 into the Army.

To encourage parents to send their children to school, my Government has also declared and now provides free education for all school going children at the primary level and provides books and other school materials for pupils. The ultimate aim is to provide free education to all our school going children. The education of the girl child is particularly of interest to my Government. For this reason centres have been opened for promoting the education of the girl child at the community level.

Distinguished ladies and gentlemen, with our experience in conflict, in spite of our limited resources to adequately address the consequences flowing from such conflicts, the Government and People of Sierra Leone believe that this is not the time for our region and indeed the entire continent of Africa to start tearing each other apart. By avoiding dialogue and engaging in conflicts we will not only be destroying the meagre resources we have but subjecting our children to misery and suffering. The effects as we have seen and witnessed transcend national and international boundaries. As leaders of today, **it is our**

responsibility to come together and iron out our differences in an amicable manner for peace and stability to prevail in our region and indeed the world at large so that a better future could be ensured for the children of the world.

Distinguished Ladies and Gentlemen:

I should note that the World Food Programme (WFP) has been extremely helpful in providing assistance to our displaced population as well as refugees in this country. We therefore appreciate their participation in this particular Conference. We are grateful for their continued support in their traditional areas of assistance to Sierra Leone. We welcome their intention to renew their assistance to the School Feeding programme. However, in keeping with our policy to ensure that no Sierra Leonean goes to bed hungry by 2007, we believe that WFP can play a pivotal role in the implementation of this policy by arranging to buy whatever surplus food may be available in Sierra Leone in support of programmes in Sierra Leone and other countries. **This will certainly provide the much needed markets as an incentive to our farmers.** In addition to this, where there is a shortfall of funding to keep feeder roads in serviceable conditions, we also suggest that they consider the introduction of food-for-work programmes in Sierra Leone to help farmers with the transportation of their farm inputs and farm products.

In this endeavour, we continue to look forward to our international partners for proactive cooperation so that our sub-region would be able to shape and move our children from war to the classroom and from crisis to full recovery, with a strong and vibrant economy for them to build on. I believe that it is in this light that we should evaluate the Italian initiative on the subject matter of this Conference. I would therefore like to take this opportunity to once more express my particular appreciation to the Italian Government, especially the high level delegation consisting of top public officials and dignitaries, the organizers of this conference, and participants from other countries for coming to Sierra Leone to join in identifying solutions affecting our children in this sub-region.

May your deliberations be blessed with success.

I thank you.

NATIONAL COMMISSION FOR WAR-AFFECTED CHILDREN

H.E. the President Alhaji Dr. Ahmad Tejan Kabbah
Freetown (Sierra Leone) ▪ 24 février 2003

Chairman,
Excellencies
Distinguished Guests
Ladies and Gentlemen:

Whenever I have the opportunity to speak on issues directly related to the welfare of children, or to attend a public function for their benefit, I do so with a deep sense of personal obligation and satisfaction.

Over the past six years we have established a number of statutory Commissions to address such issues as corruption, elections, the activities of the media, and for truth and reconciliation. These are all necessary components of nation-building and the consolidation of the peace. However, the establishment of an institution dedicated exclusively to facilitate and monitor implementation of Government's policies for the benefit of children is, in my view one of the most far-reaching decisions we have made for the future of this nation. As the adage goes, 'children are the future.' At the same time, we should not forget that the future is also NOW, and that children occupy a vital part of the present world.

Chairman,

One of the barometers of a nation's development is the state and welfare of its children. For a country emerging from conflict, I believe that the prospects for sustainable development in Sierra Leone could be measured by the quality of care and protection we provide for the most seriously affected victims of the rebel war, namely our children. As I told the nation two years ago, on the fortieth anniversary of our independence, the development of children and the protection of their rights to growth in an environment of peace should be at the centre of our commitment to creating a self-reliant nation. The Commission we are here to formally launch is a concrete symbol of that commitment.

The idea of according special attention to the plight of children affected by the rebel war was of course based on their inherent and God-giving right – the right to receive special care and protection, especially in times of crises. We solemnly reaffirmed this in the preamble to the Lomé Peace Agreement with the rebels. We also took the initiative of formalizing our obligation to protect, by including in the

Agreement a provision for the establishment of a mechanism to benefit the most vulnerable victims of the conflict – children.

As a Party to that great Magna Carta for children, the International Convention on the Rights of the Child, Government was also required, and is still required, "to take all feasible measures to ensure protection and care of children who are affected by armed conflict" and to promote physical and psychological recovery and social integration of child victims of, among other things, armed conflict.

Of course, even the drafters of the Convention and similar human rights instruments realize that it is not always easy to translate those noble ideals into action, especially in developing countries such as Sierra Leone. This is where we wish to pay tribute to UNICEF, the United Nations Children's Fund, the Special Representative of the UN Secretary-General for Children and Armed Conflict, Ambassador Olara Otunnu, for mobilizing international cooperation and assistance to enhance our national effort for the benefit of the children of Sierra Leone.

I would like to extend a special welcome to you Ambassador Otunnu on this, I believe, your third visit to Sierra Leone since the outbreak of the conflict. You Mr. Ambassador, and the dedicated staff of UNICEF are, in a sense, part of the eyes of the international community. You have seen, first hand, the impact of the brutal and prolonged rebel war on our children. You have contributed immensely to the international response to their plight.

Your presence here today, Mr. Otunnu, is significant because you are among the leading pioneers of this new institution. In your 15-point "Agenda for Action for the Children of Sierra Leone" you used your diplomatic skill in articulating our concern for the welfare of child victims and perpetrators of the brutal rebel war. The Agenda paved the way for the establishment of the Commission for War-Affected Children. In a sense it also subsequently, amplified Secretary-General Kofi Annan's plea that the international community should not forget the people of Sierra Leone.

Chairman, while we celebrate the birth of this new mechanism for child advocacy in Sierra Leone, I think this is also an opportunity for me to touch on challenges that we face in ensuring that the Commission fulfills its responsibilities, indeed its obligations to the war-affected children. I can assure you that expectations are high. We can see these expectations in the eyes of the thousands of children who are still traumatized; children waiting eagerly to be physically and emotionally healed; children waiting to enjoy their inalienable right to live in a peaceful environment, their right not to be exploited by warlords and other disgruntled individuals, their right to adequate food and shelter, and of course their right to be heard.

Therefore, **if this Commission is to function effectively, it must be equipped with all the necessary human and material resources we can muster here at home and abroad. The creation of a statutory institution of this nature is only the first step in addressing the needs of this vulnerable segment of our population. We have a collective responsibility** to make the Commission fully operational.

Chairman, if it lacks dedicated Commissioners and personnel; if its structure is weakened by administrative ineptitude; if it is not afforded adequate financial resources for its operation; if it fails to secure the support of our development partners, it will be a Commission only in name. In fact one can venture to say that these would be tantamount to a collective infringement of the basic human rights of the war-affected children.

Our challenge then is to make this Commission work effectively. It must not be allowed to fail. We cannot fail the children. They deserve nothing less.

I would like to assure that my Government is committed to providing support for the activities of the Commission, as an integral part of its own national development strategy.

I now have the honour of formally launching the new National Commission for War-Affected Children.

DEBATE ON ALARMING INCIDENCE
OF CHILD RAPE AND ABUSE

Deputy President Jacob Zuma
National Assembly of South African Government ■ Novembre 2001

Madame Speaker
Honourable Members,

I must, from the onset Madam Speaker say that I have been moved by the manner in which South Africans, regardless of gender, have spoken out and expressed outrage at the reprehensible abuse of nine-month-old baby Tshepang and other children.

The resounding expression of revulsion by this nation is a good sign as it shows that we are united in saying that we shall not tolerate such barbaric behaviour.

There is clearly consensus that something is seriously wrong if grandfathers, fathers, brothers and uncles, sexually molest their own flesh and blood. The rape of a nine-month-old baby defies description in any language, and indeed displays moral depravity of the highest order. There is also something seriously amiss when people forget the very philosophy that has been the anchor of our communities for decades, the principle of "Any Child is My Child," and when a child who goes to play at a neighbour's house is found murdered or raped.

As Government we have done what we should. The laws to fight this scourge exist and are being implemented, as I said in this House last week during Question Time.

This Government has also prioritized the rights of women and children, as can be seen through the existence of the Office on the Rights of the Child, the Office on the Status of Women and the Office on the Status of the Disabled. These programmes, located in The Presidency under the Minister in the Presidency, are succeeding in their mandate of actively promoting the rights of women, children and the disabled, as the most vulnerable sectors of our community.

It is because of the recognition of the importance of these sectors that they are located in the Presidency, and that there is a Minister dedicated to this crucial responsibility, and to ensuring that all government programmes are aligned such that they actively promote the advancement and protection of the rights of these sectors.

However, Government alone cannot eradicate this scourge, which resides within our communities. Each and every one of us has a role to play.

As we all know, the apartheid history of this country left behind a legacy of a serious breakdown of the moral infrastructure of our society.

Apartheid brutalized all – its perpetrators, victims as well as its beneficiaries. Through the migrant labour system and homelands, apartheid sowed the seeds for the breakdown of the institution of the family.

The breakdown of the moral fibre manifests itself in many ways and in all sectors of our society, the rich and poor, urban and rural, black and white, young and old.

The molestation of children and infants is a symptom of this degeneration.

Among the manifestations of moral degeneration are the following:

Breakdown of parental control of children in some families, and the condoning of deviant behaviour.

A lack of respect for authority – the brazen breaking of the law, no respect for rules and regulations.

Crime and corruption

Abuse of alcohol and drugs

Abuse of women and children.

Lack of respect for the next person and loss of respect for the sanctity of human life.

Clearly, we need to do something in our respective areas of influence to restore morality and rebuild a protective environment for the most vulnerable in our country.

In this vein, Madam Speaker, I would like to take this opportunity to reiterate a call I made to men in our country recently. Let us as men, become positive role models who are symbols of love, empathy and caring, and eradicate the stereotype that is developing that men are abusers of the most vulnerable in our society.

Historically, men were known to protect their loved ones and they felt safe in their company. These days, some men are clearly becoming "izinswelaboya." This must change.

In line with the theme of HIV/AIDS campaigns last year and this year, let me repeat that "Men Can Make a Difference." **Let us make this difference by leading campaigns on eradicating violence of any form against women and children.**

Most importantly, we need to continue addressing the question of the economic and social vulnerability of women and girls in our society, as this opens them up to abuse.

Many women are economically dependent on men, and this makes them reluctant to report abuse as this may lead to a loss of financial support.

Therefore, we need to strengthen social support structures in our communities, which make it possible for women in such situations to report abuse and leave abusive relationships, in order to protect their children and themselves. Women must have somewhere to run to.

I cannot finish my address Madam Speaker, without commending the hardworking officials in our criminal justice system, who are diligently implementing laws aimed at ridding our society of sick individuals who molest women and children.

Allow me also to congratulate communities, organisations and individuals who are already blowing the whistle on child abusers. The South African Democratic Teachers Union for example, deserves mention for exposing teachers, some of them principals and deputy principals, who abuse children entrusted to their care during the day.

The fact that child abusers are facing the law, and that we are today debating this matter which has become public, shows that our communities are vigilant, and that needs to be encouraged.

Once again, let me repeat my call for all of us to revive in our communities, the principle of "Any Child is My Child."

If we hear children crying, children left alone and uncared for, or children being abused in any way, let us speak out and report the matter to the police.

Let us recognize that children have rights, which should be respected by all. No one will be allowed to get away with abusing children, regardless of their position in society.

It should become crystal clear to any potential child abuser or would-be rapist, that this Government is determined to make sure that they face the full might of the law.

We are not going to sit back and watch them destroy our future, our children.

When Parliament rises on Friday, we as members of this House should use the opportunity to spread the message of moral renewal in our constituencies, and ensure that we remove hiding places for criminals who prey on children.

Madame Speaker, as part of the national Moral Regeneration Movement that we are spearheading, I will be hosting a Summit early in the new year which will include representatives of various sectors, such as political representatives, religious sector, community leaders, traditional leaders, church, women, youth, the disabled, business, labour and traditional healers.

This great Imbizo will enable us as South Africans to take stock of the moral barometer of our country, and identify the critical factors that are affecting the moral health of this nation. The objective is to establish a broad national coalition across all sections of society.

The imbizo will chart the way forward **for a mass based moral regeneration campaign**, which will ensure that eventually, the lines between right and wrong no longer become blurred.

If we work together, we can defeat the monster and make homes and streets safe for our children.

I thank you.

KEEP CHILDREN SMILING
IN THE NEW MILLENNIUM

Egypt's First Lady ▪ Mrs. Suzanne Mubarak
Warsaw (Pologne) ▪ Septembre 1999

*J*ust days away from the year 2000, it is appropriate for us to gather here today in this beautiful city of Warsaw, rebuilt through the love of the Polish people, to reflect on our shared dreams for humankind – and specifically children – our legacy and hope for the Century ahead.

While there are many reassuring trends that encourage us to look to the future with confidence, there are also some injustices that cry out for solution. Over the years, the world's First Ladies have quietly and persistently done a great deal to put the concerns of humanity, the well-being of children and youth, at the center of political discourse.

Let me, if I may, share with you my- own reflections relevant to our Egyptian experience. The decade 1989-1999 carries a special meaning for all Egyptians. For it was declared by our President as the decade for the protection and development of the Egyptian Child. Its main goal were to ensure that children occupy the forefront of our national development plans and to increase awareness among all concerned of the necessity of using advanced and more effective methods for the amelioration of the quality of life of all Egyptian children.

The Declaration set clear goals that were translated into a national plan of action. The specific objectives were to secure basic education for all children, reduce infant and maternal mortality, and eradicate polio. We also aspired to provide the new generation with the necessary tools and facilities for their cultural and esthetic development while paying particular attention to children with special needs.

Egypt's recognition of the dignity and worth of each individual child coincided with the growing world movement for the incorporation of the rights of the child as an integral part of human rights. As we strongly adhere to the dictum, "Think globally but act locally", I am happy to say that Egypt has done its share on both global and local fronts. It has played a significant role in the formulation of global policies and, at the same time has managed to translate them into national goals and programs that respond to the country's specific needs, conditions and aspirations.

At the international level, the conference held in Alexandria, in 1988, was a milestone in efforts to promote children's rights; for it helped achieve a language of consensus that paved the way for the adoption of the International Convention of the Child in 1989. Egypt was also one of the six countries that called upon the United Nations to address the pressing needs of the world's children.

In September of 1990, I had the privilege of participating with the seventy-one heads of state who had answered our call and convened in New York for the World Summit on Children. This marked the start of the major international conferences of the 1990s that formulated global policies for the promotion of child welfare and development in the world as we enter the 21st Century. To our satisfaction, the multi-faceted Plan of Action approved by the Summit included, among others, all the major goals that Egypt had set for itself in 1989.

At the national level, I believe that we can congratulate ourselves on our efforts during the past twenty years. In recognition of the fact that real and sustainable development can only be " by and for the people", Egypt has been investing heavily in its human resources and particularly in its children. It has undertaken an ambitious program to address the basic needs of its young citizens and to prepare them for the 21st century, the pillars of which are, naturally, education, health, and a protected environment.

As it would be impossible, in this short presentation, to talk of all our accomplishments, I shall only mention a few of our success stories.

To coordinate and monitor all child welfare and development efforts and to ensure that declarations do not remain just promises, Egypt established the National Council for Childhood and Motherhood in 1988. The Council has been serving as an important policy bridge between all ministries, governorates and non-governmental organizations. As hoped for, the National Council has proved to be most effective as a coordinating body and as a catalyst for turning our national aspirations for our children into action on the ground.

Education, I am happy to say, is an area in which Egypt has made remarkable progress. Few would contest the fact that education is a basic need and right. What is important is the realization that it is also the key to national development and to the resolution of problems that have much to do with the well-being of children – be that poverty, unbridled population growth, inadequate mother and family health care, or environmental degradation.

We have an Educational Reform Strategy aiming at making the child's right to education a reality by, first of all, providing every child access to school anywhere in the country – be that in the heart of the city or in the rural hinterland and remote fringes. During the Decade, to be able to apply more effectively our compulsory education law, we have added a large number of free public schools (9850).

The important thing is that we have not fulfilled this objective at the expense of quality. **We want to provide our younger generations with the type of education that can produce for our country future**

leaders and innovators as well as competent workers at all levels of our social, economic and political endeavors.

Our educational strategy, therefore, aims at giving our children the opportunity to acquire the knowledge and skills necessary for their mental and cultural development as well as the scientific and technical know-how to face the complex and highly competitive, globalized world of tomorrow.

With that goal in mind, we have been **undertaking curricular reforms and teacher development programs** as well as introducing modern educational methods and advanced communication and information technologies in schools and training institutions.

We have already upgraded the technological infrastructure of 1200 kindergartens and of 8226 primary, 6382 preparatory, 1192 secondary and 1500 technical training schools. We are seeking, by the end of this decade, to increase the number of schools equipped with modern laboratories and computer facilities from the existing 18,000 to 23,000 schools.

I would like, at this point, to mention one of Egypt's successful experiments aiming at closing the gender gap in school enrollment. Here I am referring to our 200 "Community Schools" and 2000 "One School-Classroom" established, since 1992, in deprived and remote rural areas. These schools, have introduced new methods of teaching that place emphasis on creativity, critical thinking, and problem solving skills. Another important feature of these schools is community ownership and parents' active involvement in their children's education.

Besides formal education, we have also been giving much attention to extra curricular education. To encourage children to seek knowledge on their own and broaden their horizons, a national program of establishing children's public and school libraries was launched.

While encouraging reading, the libraries offer educational programs to broaden children's knowledge of their own country and of other cultures, to develop children's artistic skills, to sensitize children to environmental problems, and to train older children in the use of computers.

During the summer holidays, we have the "Reading for All" campaign that encourages all the family to read. We have succeeded in republishing thousands of books every year at nominal prices, thus making them accessible and affordable to a vast majority of Egyptian families.

As a successful pilot effort, "Reading for All" has been recognized and adopted internationally by UNESCO as well as regionally by the Arab States.

Another pillar of the Rights of the Child to which we have been giving a great deal of attention is health. It is clear that good health is a value in itself as well as a necessary condition for the satisfaction of other human needs. Not only does poor health rob children of the happy and care free existence to which they are entitled, it can also constitute a serious obstacle to their ability to pursue their education basic rights, and can also be detrimental to their whole future.

Our programs of health focus on the comprehensive needs of the child. Apart from child survival, we are also concerned with the prevention of illness and malnutrition and the provision of adequate medical care, particularly among the poorer and more vulnerable social strata.

Let me mention a few of our successes. We have managed to reduce child mortality rate from 10% before the start of the decade to 4,5% today. In the area of prevention, we have been able to immunize about 90 percent of our young ones against all common children diseases. Our polio vaccination campaign has earned us this year's Eradication of Polio Champion Award of Rotary International. Egypt will be Polio free by the year 2000.

Other important child health programs include the introduction of nutritional programs in primary schools and the enlargement of our national health security so as to ensure adequate health care for all school children and, more recently, for all younger ages including the new born. A health card is also provided so that a record may be available for every child. Maternal and reproductive health is one of our special programs. Obviously, a healthy mother means a healthy child.

We are also trying to provide proper housing and a healthy environment for children and for their families in poor unplanned and squatter settlements. We are re-planning these areas so as to allow for green spaces and for children's playgrounds and are improving their basic educational, health and community development services.

Within the last few years we have been turning our attention to children with special needs – the handicapped, children born with genetic defects, the mentally retarded, and street children. We are concerned with their educational, health and welfare needs so that may be able to live normal lives and become healthy and useful citizens.

Looking back to reassess our efforts, we are proud of what has been realized during the past years. A solid partnership between all social actors i.e. the government, the private sector, the NGO's was forged. They have all been mobilized, working hard together to achieve one aim "the welfare of the Egyptian Child" ... Yet we have certainly not realized all of our dreams.

Motivated by our sense of social responsibility, our keen concern for the improvement of the quality of life of each and every Egyptian, we are convening, in the coming days, a national social conference under the auspices of President Mubarak. This conference will chart the course for a "Social Renaissance" ... **Ambitious strategies and plans will be adopted ... Ambitious goals will be defined and ambitious targets**

will be tackled to affect positively the lives of the most vulnerable. In this context the Egyptian child will remain our main priority and major goal.

In conclusion, let me say, that while we are looking forward to **intensify national efforts for the nurture**, care and **protection of our children, we would also like to see a global alliance formed whereby we can all share the responsibility of keeping children –** all the world's children – smiling in the new millennium. I believe that the choice the international community has, as Federico Mayor succinctly and eloquently expressed it, is "**a shared future or no future**." So, do let us share that future.

Thank you.

AmériqueAfrique
AntillesAsieEuro
peMoyen-OrientA
mériqueAfriqueA
ntillesAsieEurop
eMoyen-OrientAm
ériqueAfriqueAnt
illesAsieEurope
Moyen-OrientAmé
riqueAfriqueAntill
esAsieEuropeMo
yen-OrientAméri
queAfriqueAntilles

24th INTERNATIONAL CONGRESS OF PEDIATRICS

UNICEF Executive Director Carol Bellamy

Dr. Schaller, Dr. Grange, Distinguished Delegates, Esteemed Guests, Colleagues, Ladies and Gentlemen:

*I*t is an honour to join you for this important discussion of the health and survival of children. It is a particular honour to address a global community of medical professionals whose work, day in and day out, serves not only the basic health and development of children, but promotes the fundamental right of every child to the best possible start in life.

It is also notable that we are gathered in Mexico, a country with whom UNICEF is – this very week – celebrating 50 years of partnership. Mexico has not only made major strides for its own children, but its international leadership has helped elevate child rights on the global agenda. To our Mexican hosts I say, thank you very much for welcoming us so warmly to this beautiful coast.

Cancun is a symbolic place to acknowledge what Mexico has accomplished in child survival over the last 40 years. For it was in remote places like this that four decades ago children were dying in great numbers. In 1960 Mexico had a child mortality rate of 134 per 1,000 live births. Today it has dropped to 29.

That remarkable progress is a credit to foresight and investment by government leaders; to improving economic circumstances; and to advancements in public health technology. But in no small part this kind of success story is due to the community-based efforts of professionals like you. So congratulations. Individually and collectively, you make an enormous difference not only in the lives of individual children, but of entire nations.

I'd like to share with you some of the global trends that we at UNICEF have been observing over the last few years, but before I do, a story:

I am told that back when he was still president of the Soviet Union, Mikhael Gorbachev was asked by journalists traveling with a foreign dignitary if he could sum up the state of the Soviet economy in one word. Just one word.

Gorbachev thought about this a moment, and then said – "Good."

He was then asked if he could sum it up in two words. He thought about that, and then said – "Not good."

Even in the decade of the 1990s, despite the catastrophe of HIV/AIDS and the spread of armed conflict, global child mortality was reduced by 11 percent.

So if I were asked to sum up in one word the state of child survival in the world today, I might be very tempted to follow Mr. Gorbachev's lead and say, "good."

But friends, you know – perhaps better than anyone else in the world – that the state of child survival in the year 2004 is not nearly as good as it could be, not nearly as good as it should be.

■ ■ ■

Over the past few years there has been increasing dialogue about where we as a global community are heading with respect to child survival. At the 2000 Millennium Summit in New York, governments made it quite clear that they recognize the direct link between the survival and development of children and women and the survival and development of their societies.

Of the eight major goals set at the Millennium Summit, six relate directly to the health and well-being of children and women. These Millennium Development Goals reflect a thorough recognition by governments that individual well-being is a prerequisite to economic development – not the other way around.

In other words, we cannot defeat entrenched poverty and huge social disparities through economic development efforts alone.

Similarly, we are at a stage where we cannot make major reductions in child and maternal mortality through initiatives in the health sector alone. To reach these crucial goals, enlightened political leadership is necessary. Leadership that is willing to recognize underlying causes and take appropriate steps to confront them.

A remarkable study published by Bristol University and UNICEF last year illustrated very clearly how poverty, discrimination, and social exclusion combine to take the lives of children and women.

The study was fundamentally a disparities analysis, looking at services within countries and correlating access and quality of services to mortality rates and other indicators. Not surprisingly, even in countries with good overall indicators, populations that are marginalized – because of race, religion, caste, ethnicity, geography, or wealth – marginalized communities are much more likely to suffer from very poor survival and health indicators. And not surprisingly, they are also entrenched in poverty.

Latin America offers a clear example of the impact of exclusion and poverty. Child health indicators in this region are among the best in the developing world, yet at the same time we are seeing an alarming erosion of some achievements, especially among marginalized populations. More than 400,000 children under the age of five die needlessly each year in Latin America and the Caribbean; those from indigenous communities or of African descent are disproportionately represented. And with almost 110 million children – 55 per cent of the region's boys and girls – in poverty, Latin America has real work to do to ensure that rights are reaching every child, not just the middle classes.

As trusted professionals looked to for guidance by parents and governments, pediatricians can make a difference by speaking out loudly and clearly not only about the symptoms but also about the causes of these avoidable deaths and lost human and economic potential. It is an effort in which we need you, as a community of practitioners, to raise your voices in influencing policies and ensuring that the rights of all children are fulfilled.

■　■　■

Child survival has always been the core of UNICEF's mission. In the 1940s and 50s we emphasized early childhood nutrition and the production of quality milk. In the 1960s and 70s we helped invest in basic health care and immunization. And in the 1980s UNICEF led the child survival revolution that put child health at the center of the global agenda. Through the 1990s we helped governments work toward the goals they set at the World Summit for Children – the first time concrete, time-bound goals had been embraced by every government on earth.

And with the arrival of the Convention on the Rights of the Child in 1989, UNICEF led the global movement to recognize that children are not just objects of our charity and good will, but the holders of rights to whom we have a fundamental human responsibility. It has been a monumental advancement – not only for UNICEF, but for everyone working in development.

Among other things, the Convention and the World Summit goals set the table for the Millennium Development Goals and their emphasis on investing in children.

It is because children have rights, and because their health and welfare hold the key to sustainable human development, that in its own work UNICEF has come to emphasize not only basic health, nutrition, water, and sanitation – our traditional programs and still the core of what we do – but those things that make it possible for more children to survive and thrive in the long run:

Quality basic education for all, especially girls.

The protection of children from exploitation and abuse.

An end to attitudes that say it's OK to discriminate against children and women.

Breaking the silence around AIDS in order to prevent its spread among young people.

You know what I am talking about. I can't think of anyone who understands the forces that hold back our children better than pediatricians do. You are held in respect and you are spoken to in confidence. Every day you see, hear, and touch the real world in which children live.

You know that an immunized child who is beaten or abused is not a healthy child. You know that a healthy child who never goes to school will not stay healthy for long. You know that intelligent children who are marginalized because of prejudice will never reach their potential. And you know that keeping a child alive, healthy, well-nourished, and protected is not a job for Health Ministries alone.

It is a job for Social Welfare Ministries, Education Ministries, Labor Ministries, Justice Ministries, and Finance Ministries. It is a job that goes far beyond government, to civil society, communities, and most importantly, families.

These are among the reasons why UNICEF regards education, especially for girls, as a prerequisite for making long-term gains in child health and survival. Only education can put young women (and young men) in a position to care for their own children with knowledge and confidence; put them on a path to economic and social empowerment that can break the grip of poverty; and provide a means for changing attitudes about violence and discrimination.

In the world we are striving for, children not only survive, but are mentally alert, emotionally secure, socially competent, and able to acquire the knowledge they need to be physically healthy and productive adults.

■　■　■

The world has changed dramatically since the end of the Cold War in 1990. Apart from the emphasis on human rights as the basis of development, we have seen an explosion in armed conflicts and the spreading devastation of AIDS. And we have seen many of the gains the world made in child survival begin to stagnate, in some countries even to reverse.

It will not be easy for us to reach the Millennium Goal of a two-thirds reduction in under-five mortality by the year 2015. In fact, many countries have done too little since the base year of 1990 and will have to work doubly hard over the remaining years to succeed.

Our latest report on Progress for Children, which will be issued publicly in about eight weeks, analyzes country-by-country how much each country will have to reduce child mortality each year in order to reach the goal. We have provided a pre-publication copy of the report for all of you here at this conference to study. It will be available at the UNICEF exhibit on the ground floor.

Some regions – notably sub-Saharan Africa – have been really hurt by AIDS and the demands it has placed in health systems. Others have suffered setbacks due to conflict or economic dislocation.

It is very clear to us that a changed world requires fresh and updated strategies in the fight for child survival. Most of the broad outlines of what needs doing were covered in a special series on survival by the British medical journal The Lancet last summer. If you have not read it I encourage you to do so.

Many of the key global players in child survival have been meeting to plot out how best to create renewed momentum. I am pleased to announce **that a child survival partnership has been formed** to ensure that we are all doing our utmost in this crucial area. That partnership which includes USAID, CIDA, Dfid, the Gates Foundation, WHO, UNICEF and others will be hosted at UNICEF in New York but will emphasize innovation at the country level.

This has spurred us to search for new ways to strengthen health care delivery, with a particular focus on bringing health services to people rather than people to services.

We have learned that the health interventions that have the greatest potential to save children's lives are those that rely on some level of action and knowledge in the household itself – obtaining and using insecticide-treated bed nets, for example. Exclusive breastfeeding for at least the first six months. Use of ORS in the home. And much more.

What this means is strengthening health systems with renewed investment and training, but also extending **basic care from the health center into the home, empowering families** to do more of what's needed to keep children healthy.

We know only too well that in resource-poor, remote areas family is the first if not the only source of health management available to a child. **The need to empower family and community caregivers with adequate knowledge is one of the key building blocks** of an effective child survival strategy that makes inroads where earlier measures did not.

I am pleased to report that a multi-country effort to more effectively bundle child survival services is showing very encouraging results in West Africa. The program, sponsored by the Canadian government, employs highly localized approaches to delivering a national package of interventions, using careful pre-analysis of bottlenecks and extensive engagement with local communities.

This kind of field-testing is what UNICEF does best: testing new approaches, finding out what works, and sharing what we learn so that successful strategies can be used widely. We are optimistic that the work being done in West Africa will help provide new approaches to the challenges we face in child survival.

So to summarize: We've done well, but not nearly well enough. Child health and survival face new challenges in a changing world. **To succeed we have to apply fresh thinking, not only to our work in traditional health sectors, but in advocating for education, protection, and equality.** We have an uphill fight toward 2015, but we have new knowledge, new technologies, and fresh field experiences to draw upon. And we are inspired by the knowledge that millions of children's lives will be saved every year if we succeed.

My friends: We are living through difficult times. In a world where poverty and ignorance threaten human security as surely as any weapon of mass destruction – and where HIV/AIDS and armed conflict have already caused more devastation and heartbreak than any terrorist could dream of – hope resides in the knowledge by investing our energies and resourcefulness in our children, we can improve our world. We look forward to working with you in close partnership.

Thank you.

CHANGING THE WORLD WITH CHILDREN: A 21st CENTURY AGENDA FOR HUMAN SECURITY

Executive Director of UNICEF ■ Carol Bellamy
New York ■ Mars 2003

*J*am delighted to join you today – and honoured by this opportunity to address the Carnegie Council, which has long distinguished itself as the preeminent forum for exploring the moral and ethical dimensions of international affairs.

Ladies and Gentlemen, we meet at an ominous juncture in global affairs, poised on the knife-edge of war, amid rising worldwide demands for peace. And here on East 64th Street, we can ponder the irony that Andrew Carnegie founded this institution to help promote global peace in 1914 – a year that is now remembered mainly for its catastrophic disintegration of the old order in Europe, which we now know originated in a string of military miscalculations.

Eighty-nine years later, there are many questions and few reliable answers about the myriad consequences that might accrue from a 21st Century war in Iraq – but of one thing you may be certain: the children there, who already have one of the world's highest rates of under-5 mortality, will suffer even more.

Whatever happens in the coming weeks, UNICEF and its partners are determined to protect as many vulnerable children as we can reach. Beginning just over a week ago, some 14,000 health workers have been labouring feverishly to immunise more than 4 million Iraqi children against polio – and to make sure that as many children as possible are also protected against measles.

And therein lies one of the stranger aspects of this period we are passing through: that the march toward war has also begun to focus public attention on an issue of compelling moral and ethical significance – and that is the issue of poverty and the future of the world's children.

Life is a gift. All of us know that. But for nearly 3 billion people – almost half of humanity – life is a nightmare. In a global economy worth well over $30 trillion, they live on less than $2 a day. And 1.3 billion of them exist at the very margins of subsistence, making do on less than $1 a day. More than half of them are children.

We use dollar terms to describe their plight. But if you have seen these people, as I regularly do, you will understand when I tell you that their lives are so dominated by suffering and want as to be literally indescribable. The most basic necessities of life are beyond them: things like clean water, adequate sanitation, nutritious food, basic health care, a basic education of good quality.

What does all this add up to? It adds up to the needless deaths of nearly 11 million children under the age of 5 who are struck down, year in and year out, by easily prevented or treatable ailments like measles, diarrhoea and neonatal tetanus. It adds up to 120 million children who are not in school, the majority of them girls – and to the fact that preventable complications in pregnancy and childbirth kill and disable more women and girls of child-bearing age than any other cause. And it adds up to the relentless spread of HIV/AIDS, often in tandem with the proliferation of armed conflict and instability.

There are those who argue that poverty and exclusion have always been with us and always will be. I would submit that the persistence of this level of poverty – and the grotesque inequality that underlies it – is on a scale unlike anything we have ever seen. And as we in the more affluent neighborhoods of the world are beginning to understand, poverty's effects include not only suffering, but rage.

That is why I would argue that we are at a moment in history where the exercise of responsible and enlightened leadership must begin with the recognition that poverty and ignorance threaten human security as surely as any weapon of mass destruction.

Ladies and Gentlemen, these are among the reasons why the conquest of poverty has become the overarching goal of the United Nations – and it starts with investing in children.

The physical, emotional and intellectual impairment that poverty inflicts on children can mean a lifetime of suffering and want – and a legacy of poverty for the next generation. That is why no effort to reduce poverty can succeed without first ensuring the well being of children and the realisation of their rights.

Investing fully in children today will ensure the well being and productivity of future generations for decades to come – and UNICEF is convinced that quality basic education, particularly the education of girls, is an essential prerequisite of any global anti-poverty strategy.

As Secretary-General Kofi Annan reminded us in We the Peoples, his Report to the Millennium Assembly, there can be no substantial or lasting reduction in global poverty – and thus no significant or sustainable transformation in societies – until girls receive the quality basic education they deserve.

Only education can put young women on a path to economic and social empowerment; help them make the most of their abilities; and provide a means for changing attitudes about violence while promoting equality.

We know from hard empirical evidence that girls who are educated generally have healthier and better-educated children; that they are more likely to understand what they must do to protect themselves and their families against HIV/AIDS and other diseases; and that they tend to have smaller families.

Ensuring quality education and basic literacy will also open the doors to information technology and the new economy – and prevent what has been called the "digital divide" from becoming a new gender divide.

But girls' education is more than a cost-effective investment; more than an economic issue; more than a desirable aspiration that societies should try to provide. Education is the right of all children – and the obligation of all governments, its primacy proclaimed by agreements ranging from the Universal Declaration of Human Rights to the Convention on the Rights of the Child.

It was for all these reasons that three years ago, the Secretary-General launched the UN Girls' Education Initiative, an unprecedented 10-year effort by UNICEF and 12 other UN entities designed to help governments meet their commitments to provide a quality primary education for girls everywhere.

A key objective of the Girls' Education Initiative is to close the gender gap in education by 2005 by mobilising partnerships involving governments, voluntary progressive groups and, above all, local communities, schools and families.

UNICEF is currently working with 25 countries in the hope that we can accelerate progress toward achieving gender parity in primary school enrolment by 2005, as agreed to world leaders who committed themselves to the UN-brokered Millennium Development Goals. Our haste grows out of the conviction that unless we act now, we will be consigning another generation of young girls to lives of poverty, injustice, illness and abuse.

But education for girls as well as boys will be of little use unless children are prepared to learn. There is a growing body of scientific evidence about how a child grows and develops during the first months and years – and it shows clearly that how a child is nurtured and cared for from birth onward has a profound bearing on that child's ability to learn and develop.

UNICEF has also amassed extensive practical knowledge about what good care for young children really means: that they be breastfed; that they have access to safe drinking water, and unpolluted air. That they live where there is adequate sanitation and waste-disposal practices. That their environments be healthy and free of disease. And that they be protected from injury, with time and space to play, to explore, and to learn.

Caring for the child also means caring for the mother. For in societies where women have no voice, limited access to resources, no legal protection and no respect, optimal child development, much less survival, is next to impossible.

It also means supporting the role of men, who must be educated about these issues if we are to dispel the attitudes that create inequality and that reduce women and children to second-class citizens.

On the other hand, just as children must be helped to be ready for school, it is essential that schools are made ready for children.

Ensuring that girls receive a quality education means more than providing classrooms, teachers and learning materials.

It means eliminating all forms of gender bias and discrimination in education systems and schools, in curricula and learning materials, in teaching and in learning processes. As one example, we must ensure that schools are located where girls can reach them safely and that every school has separate and functioning latrines for girls and boys

We must aim for socialisation of girls and boys in a culture of non-violence and respect for each other's rights, inherent dignity, and equality.

We must strengthen accelerated basic education and additional education opportunities for adolescent girls.

Above all, children must end up learning what they are meant to, and need, to learn. **Schools must have practical ways to assess these results and report on them for all to see**: parents and communities, as well as national governments.

Systems must provide relevant curricula and adequate learning materials for literacy, numeracy, and education on issues such as human rights, gender equality, health and nutrition, HIV/AIDS, and peace. **These materials must be gender-sensitive and in languages that teachers and children can read and understand.**

Yet all these measures may not help millions of girls assert their right to a quality basic education. In many parts of the world there are deep-rooted obstacles to educating girls. Cultural traditions and practices sometimes forbid it. Competing claims from families and communities sometimes mean that a girl is sent to work when she should be sent to school. And where politics sometimes forces communities to think they must chose between educating boys and educating girls, the choice is often made to educate boys – when the right answer is to educate both.

Moreover, the degrading effects of poverty often mean that educating the girls in the family is not even contemplated. Generally, when girls do not attend school it is not because their parents do not love or cherish them, but because families living in abject poverty need every available source of income. And it is girls who must look after their younger siblings while mothers earn family income.

In recent years, a proliferation of economic and humanitarian crises worldwide has also begun to threaten many hard-won gains in girls' education.

Economic restructuring and the increasing emphasis on the private sector has caused declines in educational opportunities, particularly for girls. The adverse impact of uncontrolled globalisation and of religious fundamentalism are all having negative impacts on girls' education.

Perhaps worst of all, the pandemic of HIV/AIDS is striking at children and women at an alarming rate – and it is simultaneously destroying the educational infrastructure of many countries, particularly in sub-Saharan Africa.

Yet a number of disparate countries, in different parts of the world, have given us outstanding demonstrations of how, despite all these obstacles, it is possible to make significant progress in the education of girls. Their example proves that we do not need new studies. We do not need new institutions. And we do not need impossible amounts of new resources.

During my tenure at UNICEF, I have been most deeply impressed by what I have seen happening "on the ground" – through work being carried out by parents and teachers, by village councils, by local authorities, by national governments, and by the bilateral and multilateral international community

In Afghanistan, I watched as 3,000 schools across that war-torn country reopened, and a million and a half children, boys as well as girls, streamed in, many for the first time in six years. It was UNICEF's largest logistical operation ever in support of education – and it succeeded because the interim government committed itself to a drive that mobilised teachers, registered children, readied school facilities and organised a curriculum and an entire educational structure virtually from scratch.

It was a stirring affirmation of hope and defiance, and the universal spirit behind it has only reinforced my conviction that the future remains in our hands as never before.

Fulfilling the global commitment to girls' education will require strong measures: strong national leadership, strong political commitment, generous financial support – and an all-out attack on poverty, inequality, discrimination and exclusion.

And it must **also have the active support of all sectors and levels of society – families and communities, governments and funding agencies, service providers of all sectors, the media, the private sector, civil society** – and girls themselves.

That is the universal commitment we seek. For we at UNICEF are convinced that each of us has the power to help build a world fit for children – and make it a place where every child can grow to adulthood in health, peace and dignity.

Thank you.

Iraq School Survey

Executive Director of UNICEF ▪ Carol Bellamy
Genève (Suisse) ▪ Octobre 2004

Good morning.

*H*appy again to be in Geneva. I wanted to seize on my presence here to talk about this remarkable education survey from Iraq. We think this survey is fascinating in its detail and in what it represents. It's a major milestone for Iraq because it is the new government's first comprehensive look at what's happening in a key social sector.

I'll make a few general observations and then I'd be happy to take questions.

First, this is an Iraq government survey. UNICEF actively encouraged it and helped fund it, and we welcome it because it reflects a real commitment by the new government to improve the lives of Iraqi children. The Ministry released the findings to the Iraqi public on Monday in Baghdad.

The survey covers every learning facility in Iraq – some 20,000 institutions, from kindergartens through universities. It was carried out in the first two months of this year.

Clearly it does not reflect school improvements that have happened since February of this year. But it does reflect accomplishments by government, UN agencies, and private companies achieved prior to February of this year.

Some key findings:

Total enrolment is up. At the primary level 4.3 million children are registered – up from 3.6 million in 2000, the most recent year for which reliable data are available. Clearly this reflects a real desire by Iraqi families to have their children in school.

But the present school infrastructure doesn't come close to satisfying demand. The survey finds all kinds of school overcrowding, schools hosting up to three shifts a day, many schools operating in damaged buildings. More than one-quarter of all school buildings are still in need of serious repair or reconstruction. (About 2700 schools.)

Inadequate water and sanitation facilities are particularly troubling. One-third of schools don't have any running water. Half lack working sanitation facilities. Among other things this discourages attendance by girls – and that is reflected in the gender gap in enrolment.

The infrastructure challenges have a serious impact on the quality of learning by children – they face overcrowding, lack of materials, and they're being short-changed on time to learn because the next shift is coming. Quality of learning is a real issue.

Finally, the survey found that thousands of schools were damaged by the war and its aftermath. Some 700 school buildings had been damaged by bombs, and 3,000 suffered from looting. Looting led to a lack of chairs, desks, and other basics in many schools across the country.

I must emphasize that the problems this survey identifies are only partly attributable to the most recent conflict. In fact, Iraq's schools have been in a general state of decay for years, going back to the Iraq-Iraq war.

That war, the Gulf War, this recent conflict, and the impact of years of sanctions, isolation, and mismanagement under the old regime have all taken their toll.

So while the survey makes clear that Iraq's schools have a long way to go, it's important to recognize that these problems were years in the making.

What can be done to fix the problems? You are all aware that humanitarian and development efforts are severely hampered by lack of security. This is not just a problem for the UN, but for NGOs, private contractors, and the Iraqi government itself.

Major donors like USAID, the UK Department for International Development, the Japanese government and others have invested significant resources into the education sector. Just yesterday the World Bank agreed to provide the Iraqi government with funds to repair 140 schools and build 100 new ones.

But the security situation makes it difficult to make real progress. This is the crux of the problem. I believe there are plenty of resources, and plenty of will to improve the schools. Security hazards are the main obstacle at this point.

I wanted to call attention to this survey for two main reasons. One, because UNICEF believes the Iraqi government deserves real praise for carrying out this type of comprehensive and serious look at schools in the midst of very difficult conditions. **This is the first nation-wide survey of learning conditions for children, and we congratulate the government for doing it.**

More importantly, a quality **basic education for every child is the portal to a better future for Iraq**. The increase in enrolment shows that Iraqis want their children to learn. Education equals hope.

But this survey makes clear that the situation in the schools is far short of what it should be. **To build a peaceful, hopeful Iraq we have to help the Iraq people build a strong, healthy school system.** At the moment we're far short of that.

Nairobi Summit on a Mine-Free World

Executive Director of UNICEF ▪ Carol Bellamy
Nairobi (Kenya) ▪ Décembre 2004

Mr. President, Distinguished Delegates, Ladies and Gentlemen:

*F*ive years ago, the international community moved with uncommon unity and resolve to end, once and for all, the production and use of antipersonnel landmines, a weapon that cripples development and hope with the same relentless cruelty with which it kills and disables the young.

Now, in this first five-year review of the Mine Ban Treaty, we have an opportunity to focus on ways to accelerate progress toward the treaty's ultimate objective – and that is a world free of these immensely destructive weapons.

Mr. President, before I go any further, I have the pleasure of introducing Nikola Kokorus of Bosnia and Herzegovina, who has an especially gripping perspective on landmines, which begins with his memories of how they affected him as a toddler – and how they continue to affect him and his community today. This is his first trip outside Bosnia – and certainly the first time he has addressed such a forum – so I hope you will give him a warm welcome.

As Nikola's story makes clear, one of the characteristics that make landmines so horrific is their indiscriminate nature. They do not distinguish between a soldier and child, a care-giver or military target. Thousands of children around the world have been killed or maimed by landmines – and the agony of those who survive lingers in myriad ways, from sheer pain and suffering, from discrimination resulting from disability – and in the emotional pain that attends the loss of friends and loved ones.

For more than a decade, UNICEF and its partners have been working to help protect children like Nikola from landmines and other explosive remnants of war. These efforts have included awareness raising, risk education and assistance to survivors.

But we are also deeply concerned with the appalling abuse that landmines and other indiscriminate weapons have on child rights – starting with every child's right to protection – as set forth in the Convention on the Rights of the Child and the Mine Ban Treaty.

Distinguished Delegates, Nikola's story is a testament that the deployment of landmines is, by definition, an egregious violation of the right of every child to enjoy a safe and happy childhood, in conditions of health, dignity and peace.

The Mine Ban Treaty explains in its preamble the determination of States Parties to put an end to the suffering and casualties caused by anti-personnel mines, most of them innocent and defenseless civilians and especially children – and the severe, long-term effects of landmines on development and the repatriation of refugees.

We are all here at this Summit to undertake a careful analysis of our successes and shortcomings in the realization of this aim. What can we say?

Following the adoption of the Mine Ban Treaty, we in UNICEF have been able to notably increase the support we provide to mine action programmes around the world.

For UNICEF, landmine activities are wholly in keeping both with our mandate and principles proclaimed by the Convention on the Rights of the Child, which explicitly incorporates humanitarian law and measures to protect children and their care-givers in armed conflict – including the rights of disabled landmine survivors, like our young friend Nikola.

Yet the picture that emerges over the last five years is mixed. On one side we celebrate our successes, such as the development of new mine action programmes – and the welcoming of many new signatories to the Mine Ban Treaty. On another, we live with the knowledge that mines and other explosive remnants of war continue to plague the lives of children in more than 80 countries around the world.

Despite considerable investments in educating children and their communities about minimising the risk of mines, people in many seriously affected areas still do not have access to basic warning messages to which we all know they are entitled, nor do mine victims have access to essential medical care.

Elsewhere, Mr. President, we have seen huge strides in mine clearance and the marking of dangerous areas. Yet in recent years, in Iraq, Afghanistan and the Democratic Republic of Congo, I have seen first-hand the terrible consequences of uncleared and un-marked landmines and other weapons of war on children and their families and communities.

In 2003 and 2004, children in Angola, Bosnia and Herzegovina, Cambodia, Colombia, Burundi, Sudan, and Sri Lanka, among many others, were killed and injured as a result of mines. Some of these weapons had been planted before their victims were born.

In Chechnya, my colleague Olara Otunnu, the Secretary-General's Special Representative for Children and Armed Conflict, has estimated that of out of an estimated 7,000 to 10,000 landmine casualties in recent years, at least half were children. In Ethiopia and in Cambodia, nearly 40 per cent of all mine and unexploded ordnance casualties are reported to be children.

But as Nikola's story reminds us, statistics are only part of the story. The personal impact of landmines is unimaginably vast. Can we accept this situation because we are so far from the tragedy and have only statistics and second-hand stories? Could we accept this situation if it involved our own children? One way or the other, it is clear that landmines continue to pose an enormous threat to the most vulnerable and deserving of our care and protection.

Simply being a child, with a child's natural curiosity and desire to play, touch, seek and explore, is risky in a mined environment. Herding livestock, fetching water, or collecting fruit or firewood can be matters of life and death. And although mines are generally designed to maim rather than to kill, when a mine explodes, a child is far more likely than an adult to die.

Moreover, a child who survives a mine blast will likely suffer permanent disability. Access to rehabilitation may not be available, and a child mine survivor may be deprived of schooling since the household does not have the money to pay for hospital and medical bills let alone the cost of education.

Mines cause household food insecurity through land denial and loss of livestock; health and hygiene problems due to lack of access to shelter, water and sanitation, and hardship due to the difficulties rehabilitating or accessing essential economic infrastructure. Taken together, these factors block local and national economic recovery and development, and undermine the fundamental human rights to peace and security, and every child's right to protection, to health and to education.

Distinguished Delegates, much of the progress that we have seen in ridding the world of the scourge of anti-personnel mines has been the result of committed partnerships between governments and civil society, including national NGOs and international organisations at every level.

Yet five years after the Mine Ban Treaty entered into force and became a moral and legal benchmark, some States still dispute the humanitarian consequences of anti-personnel landmines and refuse to sign the Treaty. This is unconscionable and indefensible. Our legal responsibilities could not be clearer. International humanitarian law requires warring parties to distinguish between combatants and civilians – and the Convention on the Rights of the Child requires States to ensure a safe environment for children.

To that end, UNICEF commits itself to support the implementation of comprehensive mine-risk education programmes, to undertake advocacy to universalise the Mine Ban Treaty, to support the formation of lasting and appropriate partnerships to realise the aims of the Treaty – and to ensure that child landmine survivors are included in public health, education and other development programmes.

Mr. President, Distinguished Delegates: the indiscriminate cruelty and long-term destructiveness of anti-personnel mines has reinforced a growing sense around the world that these weapons cannot be tolerated a moment longer. Now it is up to us to harness the power of that conviction, for a mine-free world is a giant step toward a world fit for children.

Thank you.

THE STATE OF THE WORLD'S CHILDREN 2005

Executive Director of UNICEF ▪ Carol Bellamy ▪ 2005

*T*hank you. It is a pleasure to be here to introduce my tenth and final State of the World's Children report as Executive Director of UNICEF.

This year's State of the World's Children was given the title "Childhood Under Threat" for a simple reason. The report concludes that half of all children in the world today suffer from some form of extreme deprivation. Whether it is lack of water, lack of health care, lack of schooling, or lack of protection; whether it is displacement in war, exploitation due to economic desperation, or the losses caused by HIV/AIDS, more than 1 billion children are being robbed of childhood.

And when that many children are robbed of childhood, our shared future is compromised.

This report looks at the three major underlying forces disrupting childhood: poverty, conflict and AIDS. It finds:

- That 1 in 3 children has no access to clean water, sanitation or basic health
- That 55 of the 59 conflicts since 1990 have been within countries, with the result that nearly half of those killed in war since 1990 have been children
- And that there are now more than 15 million children orphaned by AIDS – with millions more affected by the deaths of adults in their lives.

These statistics only scratch the surface of what this report is about. Fundamentally it is about a failure of leadership. It has been 15 years since every nation on earth signed the Convention on the Rights of the Child, which set out a basic, universal standard for a healthy, protected, decent childhood for every human being. And progress has been made toward that standard, there is no question. Yet with half of all children still deprived of childhood, we are clearly failing to meet our commitments.

Deprivation of services, conflict, the way AIDS is spreading younger and younger and further and further – all these things are related. Poor allocation of national resources over time often leads to internal conflict. Conflict spreads HIV more readily, and causes even greater deprivations than those it set out to correct. Disrupted childhoods lead to another generation of adults who never reach their full potential, and the poverty cycle continues.

The report examines each issue independently and makes recommendations for steps governments needs to take. I won't go into these now. The entire report and supplemental material can be found on the UNICEF Web site at www.unicef.org

The key point is that we remain far short of delivering the kind of childhood we said we wanted for our children.

After ten years at UNICEF, I'd like to make a few personal observations. The first is that war is never good for children. When I come back from places like northern Uganda, where children run away from their villages at night to avoid being abducted by rebels; from DRC, where children and women are systematically raped as a weapon of war; from Nepal where schools are deliberately targeted as recruiting centers and as soft spots in the community; Afghanistan, where, God help us, girls still face enormous discrimination; and, yes, Iraq, where increased school enrollment demonstrates parental desire and commitment to change things, but where nutrition is worse – when I return home from these place I am more convinced than ever that war has no short or medium-term benefits for children.

Maybe for a generation of children born long after the conflict has ended, life is improved. But in today's wars, where civilians have become the prime targets, there is rarely a justification for war that mitigates the suffering and loss of war. That goes for all of today's wars, whoever is behind them and for whatever stated reasons. We have to accept responsibility for the fact that children in the millions are suffering when we go to battle.

■ ■ ■

Ladies and gentlemen, **childhood is under threat not for mysterious reasons that strain our imaginations**, but because of deliberate choices made by governments and others in power. Poverty doesn't persist because of nothing; war doesn't emerge from nowhere; HIV doesn't spread by choice of its own. **These are our choices.** How we allocate resources, how we assess impact of our decisions, how often we consider children in our choices – these are the moments that matter.

The flow of childhood never subsides, it never rests. It just flows irrepressibly forward, waiting for no one to perfect the environment or circumstances. Maybe that's why we are so passive about childhood – after all, it just keeps coming, with each succeeding generation of children, new hope and, eventually, old disappointments.

But although they may seem intractable, poverty, conflict and AIDS can be curtailed, they can be slowed, they can be bent to our will. Once we decide in favor of protecting childhood, we can accomplish nearly anything.

I have seen many things in my years at UNICEF, many great achievements for children. **But frankly I have seen many more opportunities missed and deliberate acts of greed and knowing short-sightedness.** I sit before you today to tell you that despite steady progress, the state of the world's children is not what it could be, what it ought to be, what we have promised to make it. **Meanwhile, childhood keeps rolling forward, and for half of those in this age group it is a childhood under threat.**

We can do better.

I am Carol Bellamy, and it has been an enormous privilege to fight for childhood these past ten years.

UNITED NATIONS COMMISSION ON HUMAN RIGHTS, 55th SESSION

THE IMPACT OF ARMED CONFLICT ON CHILDREN

Rashim Ahluwalia, International Federation of Red Cross
and Red Crescent Societies ▪ Genève (Suisse) ▪ Avril 1999

Madam Chairman,

*T*he International Federation of Red Cross and Red Crescent Societies appreciates this opportunity to address the Commission under item 13, and to focus in particular on the critical issue of children affected by armed conflicts.

Day after day children continue to suffer from the many armed conflicts around the world, be it children recruited as soldiers, children killed, mutilated by land mines and children separated from their families or psychologically affected by these experiences. These children have a shattered childhood. They are of deep concern to the International Federation of Red Cross and Red Crescent Societies. Our concern is based on the knowledge and experience from the field and from our network of 175 National Red Cross and Red Crescent Societies.

War affects the socialisation of coming generations, because it introduces new elements in the process of the individuals' social development. In periods of armed conflict, not only do children witness and participate in hostilities; they also suffer physical and mental wounds. These children have to learn to live with experiences such as separation from, or death of parents, interruption of education, the loss of confidence in people, the disintegration of the basic structures of society, loss of moral values, violence and destruction. These experiences affect the child's vision of the future.

As a result of forced displacements and desperate flight from the conflict zones, children find themselves alone, at the mercy of circumstances. Such children may be recruited by the armed forces or rebel groups, become victims of exploitation, violence and sexual abuse. The effects of land mines on children can stunt not only their bodies, but also their psychological, social and educational development. Many are abandoned because of their disabilities and the high costs of rehabilitation, or are discriminated against in their access to education. Others, who may be fortunate enough to receive medical attention, must learn to live with limitations that affect all aspects of their lives.

The International Federation works to improve the situation of the most vulnerable. Child victims of war are the most vulnerable of the vulnerable. Childhood has been stolen from them. Their future is affected by the consequences of their exposure to violent behaviour. Children living in a culture of violence or who are themselves perpetrators of violence are also likely to pose a social problem in civilian society even into future generations. Programmes of the International Federation provide relief assistance and psychological and social support to facilitate reintegration into normal life to these children.

Programmes give priority to the special needs of unaccompanied children, since in addition to the problems normally faced by other children, they need to be reunited with their families as this constitutes the best environment to help them to overcome their traumatic experiences. Alternative solutions are sought when reunification is not possible.

While focusing here on children affected by armed conflict we are also deeply concerned by other issues under item 13, related to the Rights of the Child. We would like to draw attention to the plight of another group of children living under difficult circumstances, often known "street children".

Although the scale is different, nowadays almost all countries are affected by the phenomenon of children living on the street. The concept of street children has entered our vocabulary without being given a precise meaning and covering numerous situations: being orphaned, abandoned by their families, those who have run away for different causes, in many occasions linked with an environment of violence or poverty. To this can be added, more sporadically, specific circumstances such as natural disasters or armed conflicts.

Madam Chairman,

National Red Cross and Red Crescent Societies supported by the International Federation are increasingly involved in providing programmes for vulnerable children. In all of our actions we pay particular attention to Article 12 of the UN Convention on the Rights of the Child which lays down the principle of participation by the child. This consists of allowing a child who is capable of forming his or her own views to express those views freely in all matters affecting him or her. The projects which use the children's ideas are the ones which have the greatest chances of success.

The International Federation would like to highlight once again our commitment to the cause of children in conflicts being fully involved on the implementation of the International Red Cross and Red Crescent Plan of Action on Children in Armed Conflict. The Plan calls for prohibiting recruitment (voluntary or compulsory) and any direct or indirect participation in armed conflict by children under the age of 18.

Subsequently, many National Societies, as independent auxiliaries to their governments in the humanitarian sector, are undertaking national, regional and inter-regional advocacy initiatives, for example, in Australia, Canada, Germany, Iceland, Spain and in the Baltic and Nordic countries, to appeal to governments and the public on behalf of children affected by armed conflicts.

The Plan also calls for protection and assistance to children affected by armed conflicts, including their rehabilitation and reintegration into civilian society. Examples to be mentioned are the programmes developed by Bosnia, Cambodia, Colombia, Croatia, Liberia, Mozambique, Peru and Rwanda among others.

Madam Chairman,

The International Federation would like to stress the need to reach agreement on International Standards for recruitment and participation of children in armed forces. It is, in our view, extremely urgent.

Madam Chairman: as we speak today continuing and new armed conflict situations give rise to new child victims who are in need of our attention and assistance. **I would like to assure you that the International Federation and its member National Red Cross and Red Crescent Societies, will strive to achieve an international consensus on the issue of recruitment of child soldiers. We will work actively to rehabilitate and especially to prevent further exploitation of children and the denial and violation of children's rights.**

Thank you for your attention.

DE LA RESPONSABILITÉ DE PROTÉGER À L'INTERVENTION
OU
« ON PEUT NE PAS MENTIR… »

Andrée Ruffo

Depuis quelques décennies, les termes ont pu changer, pour devenir plus *politically correct* : on parlera moins de devoir d'ingérence, que ce soit pour les enfants ou les pays, que de responsabilité de protéger. Néanmoins, les réalités, elles, ne changent pas. Partout, des enfants et des adolescents ont besoin d'être secourus face à la violence qu'ils subissent. Par ailleurs, les mêmes pouvoirs, les mêmes aveuglements, les mêmes discriminations font de certaines catégories d'humains, des exclus, des marginaux, des sans voix.

L'histoire n'est pas nouvelle, ni récente. Il s'agit de consulter les faits marquants des civilisations connues à ce jour. L'histoire se répète. Les hommes ne semblent pas apprendre. Au nom de quel Dieu ? Le Dieu du ciel ? Les dieux qu'on s'invente ? Les dieux d'amour, de vengeance ? Les dieux sacrifiés, en colère ou miséricordieux ? Qu'importe au nom de qui, de quoi ? L'homme s'autorise à coloniser, à évangéliser, à détruire, à envahir, à anéantir, à juger, à punir, à sacrifier, à éduquer.

Aujourd'hui, on aime croire qu'il s'agit de protéger. Voyons cette « protection ». Comment est-elle au juste – honnête, transparente, intéressée, vide, mesquine, contrôlante, vivifiante, mortifère ?

C'est donc à titre de juge pour enfants que je partage ces quelques réflexions avec vous. Tout au long de mon exposé, l'appellation « enfant » englobera aussi celle d'« adolescent ».

I – PROTÉGER LES ENFANTS

A) PROTECTION

La responsabilité de protéger les enfants, quoi de plus noble ! Qui oserait prétendre le contraire ? Et pourtant…

Il suffit de lire quelques histoires d'enfants à travers le monde pour se convaincre qu'historiquement, l'enfant n'a pas toujours eu une place de choix dans la société[i] ! Ce n'est que progressivement que les parents se sont estimés de plus en plus responsables de leur progéniture. En effet, il fut **un temps** où les enfants étaient placés en nourrice, à tout hasard; **un temps** où les enfants travaillaient dès leur bas âge, où ils étaient, à toutes fins pratiques, considérés comme une charge et un embarras pour leurs parents. On peut dire, avec Elizabeth Badinter[ii], que si le XVIIIe siècle lança l'idée de la responsabilité parentale, le XIXe siècle l'entérina en accentuant celle de la mère, et le 20e siècle transforma le concept de la responsabilité maternelle en celui de la culpabilité paternelle. Il nous faut cependant constater aujourd'hui que le père, à son tour, cherche à assumer une plus grande part de responsabilité face à son enfant; les parents sont dorénavant responsables de leurs enfants.

Si, comme Eric Fromm, nous croyons que l'amour est sollicitude, respect, connaissance, responsabilité, il ne sera guère difficile de qualifier certains **gestes** quotidiens posés au nom de cet amour; **gestes** qui sont trop souvent autant d'expressions de la violence que nous faisons subir à nos enfants. Ces **gestes** qui étouffent et qui gardent l'enfant à notre merci, lui enlèvent petit à petit toute estime de lui-même, le paralysent, le réifient, alors que l'enfant est un monde en soi avec ses désirs, ses peines, ses joies. **Que de violence** au nom d'une responsabilité mal comprise! Défenses, blâmes, rejets, dirigisme, contrôle, obéissance à tout prix. **Que de violence** au nom d'un amour possessif, d'une illusoire protection où l'enfant n'est qu'un objet à créer, à façonner, à bonifier dans les mains d'un « Dieu Tout-Puissant » qui « lui » sait, sait toujours avec tant de certitude ce qu'est l'intérêt de l'enfant[iii].

Cette violence s'exprime de façons plus cruelles les unes que les autres, jusqu'à ce qu'imprégné dans son être, l'enfant n'ait d'autre recours que de retourner la violence contre lui-même, ou encore, de la faire vivre aux autres.

L'enfant, dans sa réalité d'enfant, vulnérable, fragile, à la merci de l'adulte, se voit alors confronté avec une nouvelle forme de violence. Comme si le parent ne suffisait pas, voilà l'État qui vient à son secours.

Aujourd'hui, le mur que la famille a érigé au prix de tant d'efforts s'effondre et l'État, dans son rôle de protecteur, intervient de plus en plus dans la vie des gens.

À juste titre, veut-on protéger l'enfant en difficulté ! **À juste titre**, veut-on lui garantir la sécurité et un développement harmonieux !

Au fait, comment intervient-on dans la vie des enfants ? Comment peut-on vérifier les réels besoins de protection de façon respectueuse, sans pour autant devenir oppressant et inquisiteur ? Une fois le besoin d'aide identifié, comment alors décider de l'intervention requise et selon quels critères ? Devra-t-on saisir le Tribunal ? Est-il réaliste d'envisager des mesures volontaires ? Lorsqu'on intervient dans une famille, c'est avant tout la rencontre de deux systèmes qui se joue. Celui de l'intervenant avec son statut social, économique, culturel... sa personnalité, ses valeurs, ses normes, son mandat... et celui d'une famille qui a ses propres dynamiques internes et sociales.

Avec les superspécialisations, la bureaucratie, la dépersonnalisation des relations d'aide, ne faisons-nous pas fausse route ? Il faudrait sans doute se demander pourquoi aujourd'hui encore tant d'enfants, tant d'adolescents et tant de parents souffrent. Pourquoi les mauvais traitements, la pauvreté, l'exploitation des tout-petits ? Pourquoi l'enfance et l'adolescence sont-elles trop souvent perçues comme une maladie dont il faut guérir pour devenir adulte ?

Aujourd'hui, **on n'a plus à se convaincre** de la violence faite aux enfants : abandon, exploitation, abus de toutes sortes. **On n'a plus à se convaincre** de l'existence d'une violence plus raffinée : dévalorisation, rejet, négligence. Par ailleurs, les adultes, de plus en plus conscients et impuissants, mesurent la réponse des enfants : suicides, drogues, maladies mentales, délits de plus en plus graves. Les adultes, à leur tour, subissent et s'inquiètent. Décideurs, parents, éducateurs, policiers..., tous veulent que cela cesse : nouvelles politiques, institutions plus sophistiquées, répression mieux organisée.

Mais voilà, rien ne semble changer. Du côté des enfants... On souffre et on fait souffrir. On a peur, on a mal, on fait peur, on fait mal. On nous agresse, on nous exploite. On agresse et on exploite. On est blessé et on blesse.

Suffit-il de contrôler les symptômes pour que cesse cette violence ? **Ne faudrait-il pas** une fois pour toutes, ensemble, sonder là où se loge la souffrance répétée de génération en génération dans le plus profond de l'âme, dans le plus profond de l'être, et agir en conséquence : ne serait-ce pas l'unique façon de protéger ? Une souffrance comprise, dite, acceptée.

Ne faudrait-il pas redonner aux enfants une place de choix dans nos cœurs, nos familles, nos cités, écouter leur langage, se lever pour les défendre et agir, les accompagner dans leur démarche d'accomplissement ?

Ne faudrait-il pas travailler dans et avec la famille, accepter l'erreur comme partie intégrante du processus d'apprentissage qui mène à l'autonomie et à la responsabilité ?

Ne faudrait-il pas aider les professeurs, les éducateurs, les intervenants à accepter leurs limites et leurs besoins d'entraide, seule garantie d'une énergie toujours renouvelée pour accéder à l'efficacité avec bonheur et générosité ?

Où s'arrête alors cette responsabilité ? Les bonnes intentions ne suffisent pas. Lorsque nous intervenons dans une famille, n'essayons-nous pas de « normaliser », c'est-à-dire de standardiser, de raboter ce qui nous dépasse, de couper les ailes à l'imagination ? Sommes-nous capables d'aider la famille à trouver ses solutions sans que nous voulions toujours avoir raison ? « *Toute personne en situation d'exercer une autorité sur d'autres est un jour tentée de dépasser les limites naturelles de l'exercice de son pouvoir*[iv] ». Il faut parler des proportionnalités des moyens et des perspectives raisonnables de succès.

Or, que nous apprend cette responsabilité de protéger ? Le besoin de protéger des milliers d'enfants existe, nous en convenons. Trop souvent, les ressources, les moyens mis à la disposition des acteurs ne suffisent pas ! Qui oserait encore le nier ? Absence de volonté publique ? Indifférence ? Et dans trop de situations, l'intrusion apparaît disproportionnée eu égard aux besoins réels.

B) INTERVENTION

Cette responsabilité de protéger commande une action efficace, mesurée, respectueuse et souvent ponctuelle. Le temps pour les parents de reprendre leurs énergies et d'assumer leur devoir. Il ne saurait être question de regarder, spectateurs passifs et silencieux, se débattre des enfants innocents devant les abus, les rejets, les exploitations…

La légitimité de l'action est évidente, la légalité également.

Dès la protection assurée et consolidée, il s'agira alors de se retirer, permettant aux parents de retrouver leur dignité, pour un instant perdue, en assumant le rôle qui leur est dévolu. Loin d'affaiblir, d'humilier, de contrôler, il aura fallu amour, respect, compétence et persévérance pour nourrir la volonté de ces parents et restaurer l'estime d'eux-mêmes.

Poursuivre serait, au contraire, imposer une présence étouffante, un contrôle inutile.

Poursuivre serait continuer à gérer, imposant les valeurs de « ceux qui savent ». Quoi de plus facile quand on est en situation de pouvoir. Il s'agira plutôt d'accompagner la famille pour qu'elle retrouve l'autonomie, où chacun des membres pourra évoluer et trouver un sens à sa vie en s'accomplissant.

Parler de la responsabilité de protéger, de l'obligation de se retirer, de la nécessaire reconstruction de la cellule familiale ne prend tout son sens que si nous assumons résolument avec encore plus d'énergie et de compétence une responsabilité tout aussi grande : celle de prévenir. Il nous faudra alors, humbles et courageux, parler de pauvreté, de maladie, d'isolement, de culture, de langue, de rejet, de racisme et quoi encore! Il ne s'agit pas de créer des théories toujours plus complexes et savantes, mais d'éviter que le pire n'advienne, que la souffrance ne s'installe, souffrance transgénérationnelle qu'on doit subir avec une désolante impuissance.

C'est au nom de la dignité humaine qu'il faut protéger. **C'est au nom** des droits inaliénables, inviolables et indivisibles de l'humain qu'une action efficace s'impose pour prévenir. **C'est au nom** de la même dignité humaine qu'il faut savoir se retirer !

J'aimerais maintenant vous parler de quatre jeunes, quatre jeunes dont le cheminement fut marqué par une intervention…

Vance – 17 ans et 8 mois

Non, ça n'est pas un enfant… L'a-t-il seulement déjà été ? On pourrait en douter. Il a l'air si fatigué, si usé, comme portant le poids de tant d'années de labeur. Malade… sans aucun doute. Vivant… si peu et pour combien de temps ?

« Madame le juge, tout le monde dit que je ne suis que de la merde. Tout le monde pense que je suis de la merde. » Vance a presque raison. Presque… parce que ce ne sont pas vraiment les mots utilisés; il suffit de pouvoir décoder. Il l'a fait. Malheureusement, il l'a très bien fait. Et depuis combien de temps ? Depuis toujours… ou presque.

Vance est né dans une région éloignée. Mère toxicomane, danseuse nue. Père violent, lui aussi toxicomane, sans emploi, apparemment sans intérêt… apparemment seulement, parce que dans ses rares moments de lucidité, il se souvient d'avoir voulu être « contracteur ». Construire, créer, inventer, embellir, découvrir; il avait tant et tant d'idées… et si habile ! Mauvaise chute, mauvais réveil, mauvais amis. Il a le sentiment que le sort a joué contre lui. Tout comme contre son propre père. Le destin, quoi !!!

Vance est venu au monde investi de tous les espoirs. **Enfin !** quelqu'un nous aimera. **Enfin !** on pourra être heureux. **Enfin !** on prouvera à la terre entière que notre fils est heureux. **Enfin ! Enfin !** La magie. Si... La magie a opéré quelques heures, jours, semaines. Et puis, les pleurs, les difficultés gastriques, les insomnies... Non, ça n'était pas cela le rêve.

Il a fallu recommencer à danser. Tant d'amis. Tant de solitude. Tant de clients et la drogue, toujours, toujours plus, jusqu'à en oublier Vance. Même son existence disparaissait dans un nuage, la fumée, les vapeurs d'alcool. Vance passait de mains en mains, de famille en famille, de village en village. Charmant bébé, il était devenu opposant, agressif, colérique. À l'école, les difficultés se multipliaient. Incapable d'attention soutenue, il recherchait pourtant à chaque instant l'affection du professeur. Espiègle, parfois cruel, Vance est vite devenu indésirable, rejeté des parents, de la famille élargie, des amis de l'école. À 8 ans, Vance est devenu itinérant. Personne ne s'en souciait vraiment. Il apparaissait, disparaissait, revenait avec de telles histoires ! Ça, il savait faire. Il avait été à bonne école.

Deux ans de placement en famille d'accueil, puis une institution. Vance a au moins appris combien il chérissait sa liberté. Le soir, en regardant les étoiles, il se disait qu'un jour, un jour il serait heureux; un jour, quelqu'un l'aimerait vraiment. Oui, cela arriverait. Il en était sûr. Il savait au fond de lui-même que si on pouvait vraiment l'aimer... plus rien ne pourrait lui arriver de catastrophique. Il avait raison. Mais personne ne semblait s'intéresser à ce petit homme qui rêvait d'étoiles, de lumière, d'amour.

Et puis, le retour dans le village, à la maison. Vance a 14 ans. Il devrait être assagi, avoir tout compris... compris quoi au juste ? Qu'à force de chercher quelqu'un qui daigne bien nous aimer, on oublie qui on est... Qu'à force de vouloir plaire à l'autre, aux autres, on arrive à ne plus savoir qui on est, vide en dedans, vide en dehors... Que reste-t-il pour un enfant, pour des enfants, pour tous les enfants de la Terre ? Vide. Vide. Alors que tout est là, à portée de main, mais ça, ils ne le savent pas.

Libéré de ses placements, enchaîné par ses manques : rééduqué ! Quel joli mot !

Quand on comprend bien le sens d'« éduquer », c'est-à-dire trouver ce que l'on porte à l'intérieur, pour pouvoir l'accomplir. Aider un être humain à trouver sa richesse, son trésor, son talent pour l'accompagner dans l'accomplissement de son destin. Que veut dire au juste « rééduquer » ?

Si cela veut dire obéir aux commandes de l'extérieur, se discipliner pour ne plus sentir, pour ne plus s'écouter, arriver à n'entendre que l'autre : non ça n'est pas cela éduquer !

Rééduquer alors... si cela veut aussi dire apprendre à obéir à l'autre, sinon gare aux conséquences annoncées, promises, comme autant de messages, vaut mieux te plier, éviter les discussions, les confrontations. Attention ! Attention !

Une rééducation bien réussie... pour qui au juste ?

Non, il ne suffit pas de contrôler les symptômes, les manifestations de colère, d'inconfort. Il faut, et c'est le seul chemin à suivre, plonger, plonger dans la souffrance pour la nommer, la comprendre et enfin l'accepter. **Là, et là seulement**, la personne retrouvera le repos, le calme; **là, et là seulement**, sortie de l'enfer, elle saura accéder à un monde rempli de satisfactions et de joies.

Comment des adultes enchaînés à leurs peurs, à leurs ambitions, à leurs propres souffrances occultées, peuvent-ils aider un être humain à se libérer ? Au contraire, trop souvent pour avoir moins peur, peur de leurs limites, du regard de l'autre, peur de la délation, de la compétition, ils enchaîneront cette personne à leurs propres manques, limites et contradictions. Plus sain, plus vivant, un enfant se rebellera, criera à l'aide, suppliera. Trop souvent sans être entendu. La cohérence exige... Les normes spécifient... L'autorité préserve l'apparence, l'efficacité, elle surveille budget et contrôles étatiques.

Et l'enfant perdu sur une mer déchaînée, voit se lever la tempête annoncée. Demain, tu seras adulte. Une chance, il évitera l'insulte. On n'osera pas dire « Demain, tu seras adulte, mon fils ».

Au fait, cet enfant n'est-il pas aussi le nôtre ?

Louise

Suite à une fête d'adolescents tenue en l'absence de parents, Louise a été violée par trois jeunes inconnus. Elle était ivre et sous l'effet de la drogue.

– Madame le Juge, on demande un placement de 5 jours. Urgence !

– Dites-moi, madame la DPJ (déléguée), Louise a-t-elle été vue par un médecin ?

– J'ai obtenu un rendez-vous la semaine prochaine.

– Et si c'était votre fille, madame ?

Paul

Il a frappé un éducateur, il doit être condamné. L'explication : il est déficient intellectuel.

– Monsieur l'éducateur, que savez-vous de Paul ?

– Nous, on a les informations seulement au niveau de la délinquance (entendre : à peu près rien).

– Monsieur, saviez-vous que Paul est né d'une mère toxicomane (elle a consommé durant toute sa grossesse) et qu'il est pris en charge par l'État depuis 6 ans ?

À l'accouchement, il y a eu un accident, il a manqué d'oxygène; puis, il a été abandonné, placé, déplacé, replacé, chassé de l'école, ridiculisé, humilié.

Ah oui ! Monsieur, je vois que Paul a été placé en isolement plusieurs jours, il a fait une tentative de suicide – il s'est pendu –, mais contrairement à vos règlements, il n'a pas vu le médecin... l'infirmière ayant déclaré que ça n'était pas assez grave.

Et lorsqu'il a eu la rencontre hebdomadaire avec son psychiatre, amené par un transporteur, on a omis d'informer le psychiatre et de l'isolement dans lequel il était toujours maintenu, et de la tentative de suicide.

Et alors, dites-moi : de quelle justice parle-t-on ? Dites-moi ! Vous voulez que je le punisse de quoi au juste ? Après avoir crié des heures et des heures, après avoir pleuré encore et encore, après vous avoir supplié durant trois jours de le sortir de cette chambre d'isolement, traitement cruel – s'il en est un – d'avoir osé en désespoir de cause, d'avoir osé vous toucher... et si cet enfant était le vôtre, monsieur ?

Mais non, vous avez raison. Vous, vous n'auriez jamais eu un tel enfant ! Ce ne sont toujours que les enfants des autres.

Yvon

Il a 14 ans. Il est presque aveugle, ce qui lui vaut tous les sobriquets. Pourquoi ne te suicides-tu pas ? Comment tes parents font-ils pour te supporter ? À ta place, c'est ce que nous ferions. Non, tu n'es pas invité. Tu ne peux faire partie du groupe.

Pendant des mois, des années, les mêmes ritournelles, humiliations, insultes, et personne pour le secourir. Tous se déclarent impuissants. Parents, professeurs, directeurs d'école, policiers... tous, désolés, confessant leur impuissance, pour ne pas dire leur indifférence. Et puis... le geste, ou plutôt, la parole menaçante.

– Madame le Juge, c'est inacceptable. Coupable ! Il doit subir les conséquences.

Bon Dieu ! et si c'était vous ? Parce que, bien sûr, cet enfant, c'est aussi un peu de nous, de nos rejets, des exclusions vécues... encore et encore des humiliations.

– Monsieur, et si c'était **votre** enfant ?

Le sens de l'amour

Aimer, que veut dire ce mot pour tous ces enfants, pour nous tous en quête de sens à la vie ? L'histoire des enfants est une longue histoire de malentendus. Et nous ne savons pas encore. Nous cherchons toujours la voie. Une génération critiquant la précédente, apprenant des erreurs et de leurs conséquences, découvrant des failles aux connaissances, aux conduites, aux certitudes. Sans fin... Il suffit sans doute de reconnaître que nous poursuivons le chemin, cherchant avec humilité et sincérité pour ne pas sombrer dans le découragement.

Et surtout, nous ne sommes pas seuls à chercher. Partout dans le monde, des hommes et des femmes de bonne volonté analysent, scrutent les cœurs pour découvrir le secret du bonheur. Beaucoup de théories... Il est pourtant évident que nous savons si peu de choses.

Qu'il suffise, pour s'en convaincre, de revoir les certitudes des siècles passés. Les théories sur l'enfant sont légions, s'appuyant sur des textes religieux, philosophiques, discours des uns et des autres. Les pays, dits plus civilisés, tentaient d'imposer leur vision du monde aux autres. L'hégémonie des uns, de certains, devrais-je dire, n'est pas encore chose du passé. Autrefois, on évangélisait; aujourd'hui, c'est la démocratie que l'on tente d'imposer. La démocratie.

Quels choix au juste ? Les choix de qui au juste ? Du plus fort ? Du plus riche ? Du plus puissant ?

Ose-t-on encore prétendre que la démocratie règle tous les problèmes ? Que l'on a moins de pauvres, d'exclus, de misérables, de malades sans soins, alors que des chiffres toujours trompeurs, doit-on se le rappeler, nous parlent de façon éloquente de millions d'enfants tués chaque jour en raison d'une répartition toujours plus injuste des richesses de ce monde, des dictatures de l'argent, du contrôle du savoir, du mépris de la vérité, de la cruauté, de l'indifférence ?

Qui oserait prétendre que cela n'existe pas. Et pourtant, nous savons. Nous savons nourrir toute la population du globe. Nous savons soigner d'innombrables maladies. Nous pourrions diminuer les guerres. Au fait, à qui profite la prolifération des armes ? Tous les enfants du monde pourraient apprendre. Il suffit de si peu.

Si les solutions ne viennent pas de l'extérieur. Si, bien au contraire, les sources de conflit, les iniquités viennent du dehors, c'est peut-être que les solutions viendront de l'intérieur, seul lieu où on peut et doit trouver la paix et l'amour.

Parce qu'en bout de ligne, « *At the end of the day...* », comme disent les anglophones, tout ne sera toujours qu'une question d'amour.

Qui oserait brandir comme panacée la « démocratie » que certains adorent comme leur dieu ? Pays riches, s'arrogeant le devoir de dicter le chemin aux autres, mais refusant de ratifier la déclaration relative aux droits de l'enfant – portant pourtant en leur sein de grossières injustices qu'on ne peut nier : banaliser oui, cacher oui, mais nier, qui oserait ?

En avril 2002, *Le Figaro* témoignait de façon éloquente de cette terrible situation :

> « **MORTALITÉ – Les inégalités persistent aux États-Unis –** La mortalité infantile aux États-Unis est cinq fois plus élevée dans la population noire que chez les Blancs, selon une étude menée en 1995 et 1998 par les CDC (centres de contrôle des maladies) dans les soixante plus grandes villes américaines. La mortalité d'enfants au cours de leur première année était de 13,9 pour 1 000 naissances chez les Noirs, contre 6,4 pour 1 000 chez les Blancs et 5,9 pour 1 000 chez les Hispanics (populations latino-américaines et hispanophones des Caraïbes). »

Les malentendus ne peuvent persister sans d'énormes conséquences pour tous les protagonistes, en particulier les enfants. Il me semble impérieux de préciser certains éléments de différents ordres : historique, juridique, éthique.

Non, tout cela n'est pas évident. S'il était convenu de la place de l'enfant dans l'Histoire, la Société, la Loi, la Morale, bien des gens s'en trouveraient soulagés.

II – Protéger les populations

L'État doit assumer non seulement l'obligation de protéger ses propres citoyens de toutes les catastrophes, mais également de prévenir ces dernières. Il a également l'obligation tout aussi importante de reconstruire – par des actions à tous les niveaux, tant matériel que psychologique. Il doit miser sur une possible réconciliation, trop souvent absente de ses grands projets de reconstruction où on s'active sans vraiment se préoccuper des causes des grands drames.

À l'échelle internationale, la controverse perdure : il y a ceux qui estiment que la communauté internationale intervient trop et d'autres, au contraire, qu'elle n'intervient pas assez. Les droits humains étant inaliénables et indivisibles, il m'apparaît que nous devons, comme communauté internationale, assumer courageusement notre obligation de protéger, avec les intentions les meilleures possibles, une proportionnalité de moyens et des perspectives de réussite raisonnables, tout en s'assurant qu'il s'agit toujours d'un recours nécessaire lorsqu'il faut prendre les armes.

Se condamner au silence et à l'inaction, c'est abdiquer notre commune responsabilité et devenir de ce fait **complices** de l'oppression, des génocides, des massacres, **complices** de la misère tant matérielle que psychologique des populations victimes. Le silence est toujours du côté du pouvoir, faut-il le rappeler?

A) Protéger

Peu importe les termes employés, qu'il s'agisse d'ingérence, d'intervention humanitaire ou de responsabilité de protéger, le débat demeure le même. Ce débat, qui persiste depuis bon nombre d'années, se colore différemment, mais ne semble jamais clos.

La conciliation entre le principe de souveraineté des États et la responsabilité de protéger peut paraître difficile pour certains, quoique évidente pour d'autres[v]. Ces deux concepts sont intrinsèquement liés et doivent être analysés conjointement.

Le principe de la souveraineté des États est l'une des assises de la Charte des Nations Unies (article 2.1). Il reconnaît à tous les États les mêmes droits, leur assure la protection de leur identité spécifique et leur accorde le droit de déterminer seuls leur destin. Par contre, la souveraineté de l'État implique une responsabilité à deux niveaux. **Au niveau externe**, l'État s'engage à respecter la souveraineté des autres États; **au niveau interne**, il s'engage à respecter les droits et la dignité de tous ceux qui y résident. Le principe de souveraineté des États est essentiel au maintien d'un ordre international[vi]. Toutefois, pourrait-il justifier l'inaction de la communauté internationale devant des conflits sanglants et des violations flagrantes des droits de l'Homme ? Devant les atteintes à la vie humaine, il serait inacceptable de se réfugier derrière un tel principe.

Bien que la reconnaissance de la responsabilité de protéger suscite des craintes et ne fasse pas l'unanimité, il s'agit bel et bien d'un concept auquel la communauté internationale a eu recours et qu'elle continuera d'appliquer dans certaines circonstances. La responsabilité de protéger prend de l'ampleur, surtout avec l'avènement d'un concept de justice sans frontières, de justice collective. C'est le concept d'une éthique de partage qui ralliera les États et inspirera leurs actions. Aujourd'hui, la communauté internationale semble davantage préoccupée par le sort des populations du monde, mais elle constate son impuissance qui ne surprend et surtout n'indigne plus personne. En espérant que les échecs du passé permettront d'accroître l'intérêt suscité et le support qui sera apporté aux populations en détresse.

Le concept de la responsabilité de protéger comporte trois volets : la responsabilité de prévenir, celle de réagir et finalement, mais certainement pas la moindre, celle de reconstruire. La responsabilité de réagir est souvent abordée puisqu'elle se rapporte aux actes concrets que la communauté internationale posera afin de protéger les populations victimes d'abus et de nombreuses atrocités. Toutefois, les deux autres volets de cette responsabilité de protéger sont tout aussi importants, voire essentiels à la protection des populations. La prévention, souvent éclipsée par l'ampleur des mesures de réaction, nécessite une reconnaissance beaucoup plus importante dans le processus de protection des populations. De plus, l'assistance ultérieure à une intervention semble susciter moins d'attention, bien qu'elle soit indispensable, elle aussi, à la réussite des objectifs réels de la responsabilité de protéger, soit la protection des vies humaines et le respect des droits de l'Homme.

Prévenir

La responsabilité de prévenir est la condition préalable à tout acte de la part de la communauté internationale dans une situation menaçante pour les populations. À qui revient le fardeau de cette responsabilité ? C'est à l'État lui-même qu'incombe cette responsabilité. En effet, l'État souverain doit s'acquitter de cette obligation, avec l'aide et l'appui de la communauté internationale lorsque nécessaire. Ces mesures préventives ont pour but d'éliminer la nécessité d'une intervention. La communauté internationale doit accorder davantage de ressources et d'efforts à la prévention de conflits, de guerres et de tragédies humaines, prévention qui sauvera des vies humaines, évitera des catastrophes et le gaspillage de sommes astronomiques, permettra la réduction des dépenses engendrées par des interventions massives. Il faudra identifier les causes profondes des conflits meurtriers, au lieu de s'arrêter aux symptômes.

La solution permanente de certains conflits auxquels de nombreuses populations sont confrontées ne peut être atteinte que par l'identification claire des causes réelles, des racines véritables du problème; il faudra parler de pauvreté, d'inégalités économiques, de répression, de racisme, de fanatisme. Une approche superficielle ne fait que nourrir l'émergence de nouveaux conflits. Une vision globale de l'action préventive contribuerait à mieux assurer une protection durable aux populations concernées.

Le caractère urgent de certaines situations ne permet pas toujours une approche à long terme. Il s'agira alors de travailler sur les causes directes et immédiates. Ces mesures préventives, qu'elles soient de nature à la fois politique et diplomatique (missions de l'ONU ou ateliers de dialogue), économique (promesses de financement ou sanctions commerciales) ou juridiques (offres de médiation ou déploiement d'observateurs), viseront à écarter la nécessité d'une intervention ou l'usage de mesures coercitives à l'égard de l'État. D'où la nécessité d'opter pour les mesures les moins intrusives possibles. Bref, la prévention est la clé pour éviter des situations plus désastreuses.

Réagir

La responsabilité de protéger comporte, à l'évidence, la responsabilité de réagir lorsque des vies humaines sont en péril. Différentes options peuvent s'offrir à la communauté internationale. Il est alors question de mesures autres que militaires, ayant tout de même un effet coercitif envers les États concernés, lesquelles peuvent être de natures politique, économique ou juridique. Elles ne doivent pas préjudicier davantage les populations déjà éprouvées. Toutes les avenues de cette étape préliminaire doivent être épuisées avant même d'envisager l'intervention militaire. On doit s'assurer que les mesures coercitives prises contre un État visent réellement les responsables du conflit ou les violateurs des droits de l'Homme et non s'avérer préjudiciables aux populations qui, précisément, nécessitent la protection de la communauté internationale.

L'obligation de respecter la souveraineté des États et le principe de la non-intervention ont des limites. Lorsqu'il s'agit de cas extrêmes, dans le cas de génocide ou de purification ethnique, même les plus grands défenseurs du principe de la souveraineté conviennent que l'inaction et l'indifférence de la communauté internationale sont inadmissibles. Étant donné le caractère exorbitant d'une intervention militaire et son caractère attentatoire, les critères pour la rendre légitime sont nombreux et sévères : l'autorité appropriée, la juste cause, la bonne intention, le dernier recours, la proportionnalité des moyens et les perspectives raisonnables.

L'ONU est l'autorité appropriée pour déterminer la nécessité d'une intervention militaire et assurer la protection des populations éprouvées.

Un des éléments clés de la légitimité d'une intervention militaire est la juste cause ayant motivée une telle action. Deux circonstances peuvent justifier une intervention militaire, soit les pertes considérables de vies humaines ou le nettoyage ethnique, les autres critères étant respectés.

Vient le test des bonnes intentions, plus difficile à satisfaire, surtout lorsqu'on évalue objectivement les motivations de la communauté internationale. Le but ultime d'une intervention militaire s'avère être la cessation du danger pour les populations, ce qui s'avère souvent difficilement réalisable pour ne pas dire irréalisable. Chacun tente de promouvoir ses intérêts personnels au détriment parfois de ceux qu'on s'est engagé à protéger. Les intérêts secondaires influencent aussi grandement l'action de la communauté internationale; espérer que seules les considérations humanitaires sont prises en compte relèverait de la naïveté. Il faut à tout prix éviter le recours à l'intervention comme véhicule d'actions intéressées telles l'intention de renverser un régime politique, la volonté de modifier les frontières ou l'occupation d'un territoire.

Avant de songer à l'intervention militaire, la communauté internationale doit s'assurer de l'épuisement de toutes les voies humanitaires possibles : prévenir, réagir pacifiquement, négocier si possible, tenter d'obtenir un cessez-le-feu entre les belligérants.

Si l'intervention militaire s'avère la seule option, elle doit être proportionnelle aux objectifs humanitaires souhaités. En effet, il doit y avoir une proportionnalité dans les moyens utilisés, qui doivent correspondre au minimum nécessaire afin d'atteindre le but visé.

Les perspectives raisonnables de réussite doivent être mesurées. En cas d'incertitude ou de possibilité d'échec, la communauté internationale doit s'abstenir. Elle doit être convaincue de sa capacité de réussir avant de s'engager dans ce processus complexe. Les objectifs, aussi louables soient-ils, ne doivent pas aveugler la communauté internationale dans son analyse.

Reconstruire

Le dernier volet de la responsabilité de protéger est la responsabilité de reconstruire. Trop souvent préoccupée par ses objectifs et l'atteinte d'un résultat précis, la communauté internationale néglige le suivi et les mesures de reconstruction suite à une intervention.

À la suite d'une intervention militaire, la consolidation de la paix est cruciale et indispensable afin d'assurer le progrès et l'avènement d'un avenir meilleur pour les populations. La communauté internationale doit déployer des efforts concrets dans le but de promouvoir la bonne gouvernance et un développement durable. Ces mesures doivent être exécutées avec la collaboration des autorités locales à qui on aura transféré le pouvoir et la responsabilité de la reconstruction, tout en offrant une assistance tout au long du processus. La communauté internationale doit se soucier de la dignité des populations protégées, cette dignité ne peut être retrouvée que si le droit à l'autodétermination leur est reconnu.

Dans une situation postconflit, la sécurité et la protection des populations revêtent un caractère sacré. Qu'il s'agisse de protection contre des représailles ou des actes de vengeance, le suivi doit être effectué par la communauté internationale qui veille au respect des droits de chacun. Une attention particulière doit être accordée aux minorités. Leur protection peut s'avérer plus difficile, mais tout aussi essentielle dans un contexte de réintégration sur un territoire. La responsabilité de reconstruire doit également englober les efforts liés au désarmement, à la démobilisation et à la réinsertion des combattants dans la société. Ces mesures sont intrinsèquement liées au développement d'une paix durable. La communauté internationale se doit de participer à la réforme des forces de l'ordre, soit l'armée et la police nationales. Le suivi d'une intervention militaire doit, de toute évidence, comporter un volet de justice pour les victimes de crimes et de violations. Il sera question de traquer les criminels de guerre et de s'assurer que justice sera rendue.

« *We are finally learning that the pursuit of peace can coexist with the search for justice and that the pursuit of justice is often a prerequisite for lasting peace*[vii] ».

B) SE RETIRER

Bien que nécessaire dans certaines situations, l'intervention de la communauté internationale peut entraîner des répercussions négatives sur l'État et les populations qu'elle tentait de protéger et d'aider. Une présence prolongée comporte certains risques qui se doivent d'être évalués par la communauté internationale lorsque vient le temps d'envisager son retrait et le transfert de responsabilité.

Tout d'abord, les conséquences peuvent être graves pour la souveraineté de l'État dans lequel l'intervention a eu lieu. La communauté internationale doit être consciente que sa présence dans un État, suite à une intervention, met en péril la souveraineté de cet État. Elle prend le contrôle, impose ses règles et ses valeurs qui ne correspondent pas, dans bien des situations, à celles des populations qu'elle se devait de protéger. L'objectif fondamental de la responsabilité de protéger est de venir en aide aux populations en danger et ce, en s'efforçant de respecter la Constitution de l'État, ses structures politique, économique et sociale.

La priorité fondamentale doit être le redressement à long terme de l'État. Par le fait même, la communauté internationale ne doit pas s'accaparer toute la responsabilité de reconstruction de l'État. Les autorités et les intervenants locaux sont les mieux placés pour mesurer les priorités locales, les enjeux au cœur des conflits et les changements souhaitables. Par le fait même, une présence trop dominante de la communauté internationale entraînera une dépendance à son égard. Le transfert de la responsabilité de protéger doit être fait dès que possible. Une fois le conflit maîtrisé et le danger pour les populations enrayé, l'État lui-même doit s'occuper de rétablir la stabilité et d'en assurer la continuité. Les acteurs internationaux doivent alors travailler en collaboration avec les intervenants locaux afin d'assurer le maintien de la paix; collaboration indispensable qui évitera la monopolisation des pouvoirs et des responsabilités. Pour qu'une population retrouve son autonomie, elle doit participer activement aux efforts de reconstruction, de médiation entre groupes rivaux et de développement de stratégies pour l'avenir. La communauté internationale devra comprendre que son rôle, lors du suivi à long terme d'une intervention, est de devenir un acteur d'arrière-plan et que sa présence n'est plus requise.

III – ÉTHIQUE

Mais comment faire pour faire le bien[viii] ?

Disons d'entrée de jeu que les personnes qui acceptent des responsabilités face aux enfants doivent **être**... être, tout simplement. Cela peut sembler simpliste, mais c'est l'histoire de notre vie; cette longue route vers l'accomplissement : ne pas se loger au niveau du paraître et de l'avoir, ne pas avoir abdiqué son idéal, au profit de l'idéal de l'autre dans un rapport d'aliénation. Savoir ce à quoi on aspire et y tendre résolument.

Il faut être conscient de son rôle, compétent, laborieux, compatissant, à l'écoute de l'autre, curieux, toujours à l'affût de nouvelles connaissances, aimant, sincère et courageux... juste cela; il faut aussi aimer son métier et respecter toutes les personnes avec lesquelles on travaille. Respecter tous et chacun en acceptant qu'ils soient autres, en s'engageant dans une relation non pas qui empêche de vivre, mais qui aide à mieux vivre, en prenant le risque de se rendre proche et miséricordieux – qui a le cœur sensible à la misère –, bienveillant pour tous, quelles que soient leurs actions.

Libre de l'intérieur

Une personne qui assume des responsabilités face à un enfant doit être libre, de cette liberté qui lui permettra non seulement de rechercher, mais d'exiger justice pour ceux-ci, vulnérables et sans voix.

Bien sûr, nous ne sommes jamais complètement libres, « *prisonniers de nos voix intérieures* », comme le disait Alain Peyrefitte. Nous devons en être conscients et travailler résolument à accéder à une véritable liberté venue de l'intérieur.

Ces voix intérieures ne doivent pas être envahissantes.

Encore faut-il que ces voix intérieures ne soient pas si envahissantes qu'on ne puisse faire place aux voix qui nous parlent de l'autre. **Encore faut-il** reconnaître ces voix, les nommer pour qu'elles prennent vie !

Ces voix nous parlent-elles de vengeance, d'humiliation, de compétition, de peur, de rejet, d'envie ? Ces voix nous parlent-elles de haine ou d'amour ? Ces voix nous parlent-elles de vie ou de mort ?... de chaînes, de noirceur ou de soleil et d'espaces ?

Ces voix doivent être écoutées, comprises, être nourries ou remplacées, le cas échéant, par des voix porteuses d'espérance qui, elles, parleront alors de grandeur, d'amour, de compassion, de générosité, de respect, de découvertes cent fois renouvelées et multipliées au gré de chaque rencontre.

Ces voix nous parlent alors de joie, de partage, de bonheur.

Ces voix venues de l'intérieur, nobles et généreuses, nous comblent de paix, ces voix nous parlent de sincérité, de lucidité, de modestie. Ces voix nous amèneront à nous engager au service d'une parole de justice pour esquisser un horizon d'humanité.

Une personne aura alors conscience qu'en acceptant de servir les enfants, elle devra accepter de travailler sur elle-même pour devenir libre et unifiée.

> *« La vie de chaque homme est un chemin vers soi-même, l'essai d'un chemin, l'esquisse d'un sentier. Personne n'est jamais parvenu à être entièrement lui-même; chacun cependant tend à le devenir, l'un dans l'obscurité, l'autre dans plus de lumière, chacun comme il peut*[ix] *».*

Cette mission sera partagée avec d'autres humains appelés au bonheur, ayant consenti à l'exigence de la justice, qui auront le courage de dénoncer l'injustice et participeront alors à cette prise de parole qui fonde l'homme.

C'est par la parole qu'on devient homme. C'est par la parole qu'on devient femme. C'est par la parole qu'on naît à l'humanité.

La réalisation de soi ne peut avoir lieu si nos droits sont bafoués. Ces droits fondamentaux sont enlevés à des populations entières et il revient à la communauté internationale d'intervenir en leur nom.

Détresse

Et nous, qui sommes appelés à la grandeur et à l'accomplissement et qui avons choisi de « servir », sommes-nous vraiment surpris de constater notre commune détresse, écartelés entre nos exigences éthiques et notre capacité de les assumer ?

Il ne faut surtout pas s'en surprendre, cela est inévitable. En effet, aujourd'hui, à travers le monde, on peut, sans risquer de se tromper, affirmer qu'il existe un consensus éthique au niveau ou autour des enfants. Des distinctions théoriques s'imposent, je laisse à d'autres le soin de le faire.

Et pourtant, malgré ce consensus éthique, jamais nous n'avons observé un tel terrorisme contre un groupe de personnes, en l'occurrence les enfants – les plus petits, sans voix et si vulnérables.

Dans notre monde, des millions d'enfants vivent sous la terreur, soumis à des pouvoirs étrangers à toute forme d'humanité, consacrant argent, énergie et influences et utilisant menaces et chantage pour établir leur régime de violence de façon absolue, sur un nombre toujours plus grand de personnes, de pays, de continents.

Aujourd'hui, comment peut-on encore parler de justice ? On sait pourtant qu'on ne pourra aspirer à vivre dans un monde juste que lorsque chaque homme, chaque femme, chaque enfant aura les moyens d'aller au bout de lui-même, d'accomplir sa destinée. Le respect des droits de tous les êtres humains est une condition préalable à ce monde meilleur. L'éthique est liée à une forme d'humanisme, à la conception qu'à un moment donné, on se fait de l'être humain.

Dans ce contexte, que vaut donc un enfant ? Que représente-t-il au juste ?

Est-ce à dire qu'aujourd'hui on devrait demeurer silencieux et résigné, accepter l'existence et surtout la croissance de ces pouvoirs qui décident avec une telle arrogance et un tel cynisme ?

Qui doit vivre, qui doit mourir ? Quels pays seront bombardés, lesquels seront épargnés ? Qui sera soigné ? Combien de personnes pourront manger et dans combien de pays devrons-nous les regarder mourir de faim ?

Libre de l'extérieur

Il faudra être conscient de ses responsabilités et ne jamais compromettre l'idéal de service pour satisfaire un goût des honneurs, une douteuse satisfaction de reconnaissance, le besoin de se sentir aimé, d'être accepté par les autres, ni céder à ses désirs de promotion ou d'accession à des postes supérieurs.

Autrement, infantilisés, dépossédés de notre véritable mission, nous ne pourrons que dépérir et être en détresse.

Libres, il nous sera plus facile de résister aux pressions dites amicales et il nous deviendra possible, par le fait même, de dénoncer des gestes inacceptables, occultés, scandaleux.

Libres, nous pourrons alors :

- témoigner de notre volonté de promouvoir la justice, dénonçant le manque de ressources qui, en dernière analyse, entache notre indépendance;

- témoigner de notre amour pour les autres en affirmant haut et fort l'urgence de respecter leurs droits pourtant reconnus dans de nombreuses lois, chartes et conventions;

- témoigner de notre vision de la vie, respectueux d'une vision différente, sans crainte de représailles futiles et de grossières accusations.

L'homme se tait, son silence s'ajoute à d'autres silences. Il savait. Tout le monde savait. Il médite sur ces silences, celui de la complicité, celui de la honte, le silence de la stupeur, de l'aveuglement ou du racisme. Le silence des victimes, celui des bourreaux, la peur de dire, celle de savoir[x].

Notre détresse viendrait-elle aussi de notre silence, de notre peur paralysante, de notre carriérisme, de notre propre fragilité, insécurité ?

Et alors, qu'en serait-il de notre obligation de rappeler la dignité de la personne humaine, valeur transcendante qui doit inspirer toute notre action.

Conscients de l'urgence de rétrécir l'écart entre les grands principes reconnus et acceptés par la communauté internationale et la réalité des enfants dans le monde contemporain, nous devons être vigilants et vérifier si nos actions servent l'enfant ou bien cautionnent des pouvoirs aveugles et sourds, mais surtout insensibles, indifférents aux souffrances qu'ils créent par des inégalités de plus en plus nombreuses.

L'urgence de la situation exige que nous participions.

Nous participons aux efforts de l'humanité pour rendre ce monde plus juste, pour un nombre toujours croissant d'enfants. La volonté politique n'est jamais spontanée, d'où la nécessité de nourrir cette volonté par une légitime prise de parole permettant d'accéder à une véritable démocratie, celle qui ne forcerait pas à la désobéissance parce qu'on aurait l'impression de n'obéir qu'à soi-même. La **loi, elle**, s'impose, loi reconnue comme un absolu. Le pouvoir politique aura alors rejoint le pouvoir spirituel et c'est à ce moment-là seulement, qu'on pourra parler d'unité et de paix sociale. D'où l'importance de lutter pour que le pouvoir accepte de soumettre sa pratique à l'exigence éthique fondamentale : le respect des droits de la personne. C'est, je crois, ce qu'Albert Jacquard appelle la *Démocratie de l'Éthique*.

« *Il s'agira de définir un comportement respecté par tous à partir de la diversité des impératifs, exprimés par chacun.[xi]* »

Nous pourrons retrouver notre liberté de penser – et de juger – lorsque nous rétablirons avec les autorités, qui parfois aliènent et organisent le vide intérieur de notre âme, des relations naturelles dans la dignité. Seul un sursaut éthique peut nous sortir de notre inculture actuelle et nous amener à assumer notre « humanité » qui nous permet de nous construire au-delà de nous-mêmes.

Danger d'obéissance

Pour cela, il faut lutter de toutes nos forces contre le « danger » d'obéissance qui engourdit la conscience et paralyse toute action efficace.

Ce danger est bien connu. À travers l'histoire, et plus particulièrement l'histoire récente mise en lumière par des analyses fort éclairées, nous arrivons à une meilleure compréhension des raisons profondes qui ont pu amener des peuples entiers, au mieux, à regarder, passifs et silencieux, les crimes qui se passaient sous leurs yeux et, au pire, à participer activement, pour certains avec satisfaction et plaisir parfois, à ces horreurs où des millions d'hommes, de femmes et d'enfants ont été martyrisés, torturés, tués. Où se trouvent alors les valeurs morales ? Comment la psychologie peut-elle expliquer ces dérapages et comment des peuples civilisés peuvent-ils en arriver là ?... au point d'avoir perdu toute dignité. Et au nom de quoi ?

Rappelons que l'ultime destinée de l'homme est l'accomplissement. Comment, alors que nous sommes assoiffés de paix et d'harmonie, peut-on rechercher le bonheur dans la folie, dans la destruction ? Comment pouvons-nous abdiquer notre quête d'absolu pour embrasser les rêves fous d'êtres malades et cruels ? Comment ? Pourquoi ? Malgré tout le mystère qui entoure l'homme et la part qu'il prend dans ces événements historiques, il faut essayer d'y trouver quelque explication pour éviter que ne se reproduisent de tels carnages et, pour être plus exact, pour que prennent fin les guerres actuelles. L'aspect préventif de la responsabilité de protéger doit occuper une place prépondérante à l'agenda de la communauté internationale.

Il est plus facile d'ignorer la souffrance de l'autre lorsqu'on le considère à distance, étranger, différent, membre d'un groupe victime d'exclusion, sans véritable identité. Il est plus facile de le regarder alors comme un objet insensible aux humiliations, aux rejets, aux peurs; il devient un objet parce qu'on lui a nié son humanité; ça n'est plus quelqu'un « comme nous », notre « alter ego ». D'où l'importance de reconnaître le « tribalisme » qui a prévalu et qui malheureusement prévaut encore.

« *Tribal consciousness is a matter of a group thrusting of itself as an **us**, as a community.* »

Doucement, tout doucement, nous pouvons par nos omissions ou par quelques petits gestes et paroles éroder notre perception de l'autre qui, petit à petit n'existe plus que comme « objet » de contrôle d'« éducation » – faut-il assez se rappeler les années de Mao – et en cas d'échec, objet de mauvais traitements. Les lois déclarant l'homme égal, digne, libre ne servent alors à rien si elles ne sont pas respectées. L'enfant, sujet de droit, est bien loin. L'enfant-objet est celui qu'il nous intéressera de contrôler. Ceci est d'autant plus facile lorsque la responsabilité des décisions ne nous incombe pas. Nous sommes soumis à des autorités qui détiennent le pouvoir et qui dictent les priorités, les coupures de budget, les services à éviter parce que trop coûteux, les placements à proscrire faute de place. L'organisation même contribue à tenir la souffrance hors de notre portée et fait en sorte que notre incapacité d'y mettre fin, notre impuissance, rejoint celle de l'enfant. Nous sommes également victimes.

Les décisions prises de loin, en cascades fragmentées, transmises hiérarchiquement sous le sceau de directeurs ont des conséquences souvent désastreuses, tant pour ceux qui subissent ces décisions que pour ceux qui les exécutent.

« *Distance does not just reduce sympathy, it also reduces the feeling of responsibility.*[xii] »

On se repose sur des avis techniques, des calculs financiers, des impératifs reliés aux idéologies gouvernantes, de plus en plus insensibles aux besoins des plus vulnérables, pour justifier non seulement notre inertie morale, mais, peu à peu, pour développer une insensibilité à l'autre : « *Puisque je n'y puis rien ! Alors il faut aussi que je survive !* »

Il faut dans des conditions semblables, compter avec la peur, peur de ne pas « appartenir », peur d'être différent, peur d'être rejeté, toutes ces considérations étant reliées à un tribalisme où l'on voudrait se retrouver « entre nous » pour recréer sans doute un milieu cohérent à l'extérieur de nous et qui nous protège. De l'intérieur, cependant, notre monde s'effrite, nos valeurs étant de plus en plus confrontées aux valeurs des autres auxquelles elles s'opposent parfois violemment. Si on réagit, ce sera alors l'exclusion, la perte d'emploi, l'ostracisme humiliant, quand on aura échappé aux condamnations d'intention.

Si on abdique, voilà à mon avis la pire des condamnations, puisque condamnés par le fait même à une déshumanisation. Alors que reste-t-il ?

Toute dignité perdue, il sera d'autant plus facile de manquer à tous nos devoirs, surtout de sollicitude. L'enfant-créancier qui attend réponse à ses besoins se verra alors relégué au rang d'objet. L'hostilité, même la cruauté, seront au rendez-vous.

On pourra plus tard, beaucoup plus tard, s'indigner et essayer de comprendre. Comment a-t-on pu traiter ainsi ces enfants ? Les colères, dégoûts, horreurs, pourront nous envahir. Les faits parleront d'eux-mêmes ! Les jugements condamnent encore et toujours les crimes contre l'humanité, crimes rendus possibles par une ignorance nourrie de désinformation orchestrée à satiété et prenant souvent couleur de propagande, ainsi que d'un profond manque de jugement critique et de courage pour échapper aux consignes d'obéissance. Encore aujourd'hui, force est de constater que le courage est rarement au rendez-vous. Il faudrait, pour en avoir, être d'abord conscient des pressions émanant tant des autorités que des pairs et qui constituent autant de renforcements pour nos conduites souvent conditionnées par notre enfance. Il faudrait aussi retrouver à l'intérieur de nous ces voix qui appellent à la dignité et au bonheur. Sinon, la détresse nous gagnera et tous seront perdants : où sont donc le sens de l'honneur et le respect mutuel que doit nous inspirer notre condition humaine ? À l'évidence, cela n'existe plus lorsque l'autre n'est qu'un objet...

Il y a toujours un prix à payer !

L'histoire nous l'a pourtant souvent démontré... Pourquoi alors répéter encore, encore et encore ? Ne pourrions-nous jamais apprendre ?...

... Apprendre à garder vivante notre capacité de remettre en question des évidences, souvent pas très évidentes..., à cultiver notre esprit critique et à mettre en perspective les informations à la lumière des croyances, des idéologies, des intérêts. ... Savoir nourrir notre enthousiasme pour la créativité, les recherches, les découvertes, partager notre commune quête d'absolu, cultiver notre courage par la certitude que nous ne sommes pas seuls, ni solitaires, mais engagés dans un projet collectif. Il ne s'agit pas seulement de valeurs individuelles, mais également d'une culture morale partagée. Appuyés les uns sur les autres, rassurés, plus forts et aguerris, nous pourrons ensemble vivre ce sursaut éthique qui nous évitera de répéter les pires ignominies, de nous abaisser jusqu'à devenir des sous-humains. Qui nous permettra de développer avec bonheur, dans la sollicitude, notre commune destinée ? Nous sommes bien loin de l'Éthique du pouvoir !

Il apparaît donc urgent de travailler résolument à la construction, pour certains à la reconstruction, de notre « être », de reconquérir la nécessaire liberté qui fonde notre humanité. Il faut échapper à la peur; cette peur paralysante et débilitante qui est au centre de notre vie; nous vivons dans la peur; c'est notre maison qui nous asphyxie et nous tue petit à petit.

« *La vraie maladie des temps modernes est donc plutôt la dépression, la peur de soi-même, celle de ne pas être à la hauteur, de glisser. **L'usure psychique s'est substituée à l'usure physique.*** »

Répondre aux besoins de l'enfant-créancier, besoins reconnus dans la construction relative aux droits de l'enfant, est-ce encore possible ?

Alors que les consignes des autorités, les contraintes budgétaires, les idéologies, les « diktats » corporatistes et le tribalisme réducteur nous condamnent à l'obéissance, au conformisme, à la négation de nos valeurs morales et qu'ils nous contraignent à taire notre différence, à renoncer au respect de notre dignité et de celle de l'autre, notre « *alter ego* », le silence demeure la règle... et pourtant nous sommes appelés à la grandeur et au dépassement.

Conclusion

Nous continuons chaque jour à écrire l'histoire. Comment seront perçues ces années par les générations à venir qui, elles, auront une vue plongeante ?

Alors que les sciences de la psychologie et le droit ont reconnu les besoins de l'enfant et affirmé ses droits, devrons-nous faire le triste constat de l'insuffisance des adultes responsables des enfants vulnérables, fragilisés souvent par des conditions de pauvreté ou carrément terrorisés par des situations de guerre ? Désirons-nous confesser nos peurs, notre manque de vision et de courage, notre indifférence, notre peu d'humanité ?

L'histoire nous reprochera-t-elle, en tentant d'expliquer l'inexplicable, d'avoir été silencieux et complices, d'avoir témoigné bien peu de compassion et manqué totalement de courage, alors que des enfants mouraient sous nos yeux ?

L'histoire sera-t-elle capable de colliger les millions de pages écrites sur le sort réservés aux hommes, aux femmes, et plus spécifiquement aux enfants et aux adolescents ainsi que sur leurs droits, de dénombrer les grandioses conférences internationales où les dirigeants d'organismes internationaux ont confessé leur impuissance devant l'évident manque de volonté politique ?

Comment l'histoire nommera-t-elle ces morts ? Terrorisme, génocide, racisme ? Comment au juste peut-on se qualifier quand on a troqué l'assurance d'une promotion contre sa liberté, promotion qui n'est en réalité qu'une forme édulcorée de servitude dont on paye amèrement le prix. Il faut d'urgence refuser la barbarie qui s'installe et résister avec toutes nos forces pour que vienne l'heure des partages et des solidarités.

Comme l'histoire, qui n'est jamais finie, ainsi en est-il de l'enfant qui, dans un long processus, se révèle un peu plus chaque jour, appelé à progresser, se surpassant jusqu'à l'accomplissement, avec une volonté puissante, agissante, opiniâtre qui n'est autre chose qu'une naissance à l'humanité par la solidarité.

Pour contrer le danger qui nous guette, seule la volonté éthique d'un grand nombre pourra faire renaître un éveil spirituel qui nourrira la civilisation, civilisation née de l'esprit – ce qui rend les individus plus aptes à vivre en société –, qui n'acceptera jamais la résignation et qui rappellera encore et encore que l'égalité est le fondement de la liberté et de la justice, seules garantes de la paix intérieure comme de la paix dans le monde.

Conscients des événements qui se vivent partout dans le monde, il faut s'insurger et dénoncer cette banalisation de l'injustice sociale, résister à une docile subordination.

L'histoire se rappellera-t-elle de ces temps comme de celui d'une « étrange surdité collective » ? Et nous, indifférents, regarderons-nous encore longtemps mourir tant de nos frères ?

Guillebaud reprend dans son livre *Le Principe d'humanité*,[xiii] la troublante métaphore que fait le psychanalyste Pierre Babin évoquant la poésie de Gœthe, *Le Roi des Aulnes*. Dans ce poème, souvenons-nous, l'enfant est terrifié par la nuit. Il est dans les bras de son père qui chevauche au milieu des ténèbres et il demande si les formes qui apparaissent sont celles du Roi des Aulnes qui vient le prendre. Il a peur. Il veut s'arrêter. Le père répond que ce n'est rien, rien d'autre qu'un peu de brume. En d'autres termes, il reste sourd à la plainte de l'enfant. Il ne la prend pas au sérieux. Lorsqu'il arrive au château, il immobilise enfin son cheval, mais, dans ses bras, l'enfant est mort.

Presque tous, autant que nous sommes, nous aspirons au bonheur dans l'accomplissement de notre destinée. Frères et sœurs dans notre quête d'absolu, nous rêvons de paix, de partage, d'amour et de joie. Je nous souhaite de continuer à y croire et à témoigner de l'espérance qui nous habite et de notre foi en notre capacité de renouvellement dans la justice, justice qui permettra à tous et chacun d'accomplir sa destinée.

C'est seulement à ce prix que nous pourrons encore prétendre être humains…

Références

[i] Patrick CAUQUETOUX et Anne FACON, *Enfants du 20ᵉ siècle*, Flammarion, 2000

Patrice BRIZARD et Michel PELLATON, *Les droits de l'enfant*, Éditions PEMF, 1999

Karine DELOBBE, *Des enfants du XXᵉ siècle*, Éditions PEMF, Coll. « Bonjour l'histoire », 1999

Martyin MONESTIER, *Les enfants esclaves*, Le Cherche Midi Éditeur, 1998

Michel PELLATON, *Histoire de : Les droits des enfants*, Éditions PEMF, 1995

[ii] Elizabeth BADINTER, *L'amour en plus*, Flammarion Poche, 1980

[iii] Françoise DOLTO et Claude HALMOS, *Les étapes majeures de l'enfance*, Éditions Gallimard, Collection Folio, 1998

Françoise DOLTO, *La cause des enfants*, Éditions Pocket, 1995

Françoise DOLTO, *Lorsque l'enfant paraît*, Éditions Seuil, Collection Points, 1999

Alice MILLER, *C'est pour ton bien*, Éditions Aubier Montaigne, Collection Psychologie Ps, 1998

Alice MILLER, *La souffrance muette de l'enfant*, Éditions Aubier Montaigne, Collection Psychologie Ps, 1993

Alice MILLER, *L'enfant sous terreur*, Éditions Aubier Montaigne, Collection Psychologie Ps, 1993

Baker c. Canada (Ministre de la Citoyenneté et de l'Immigration, J.E., 99-1412

Krangle (Tutrice en l'instance de) c. Brisco, REJB 2002-27592 (C.S.C.)

B. (Ge) c. E. (G), REJB 2003-41557 (C.A.)

Québec (Ministre de la justice) c. Canada (Ministre de la justice), REJB 2003-39418 (C.A.)

P. (A.) c. L. (N), REJB 2003-39114 (C.A.)

J. (V) c. H. (F.), REJB 2003-37336

[iv] Attali

[v] La présente section est grandement basée sur le Rapport de la Commission Internationale de l'Intervention et de la Souveraineté des États, intitulé *La responsabilité de protéger*, Décembre 2001

[vi] Penelope C. SIMONS, *Humanitarian Intervention: A Review of Literature*, Project Ploughshares, Working Paper

[vii] David SCHEFFER, *International Judicial Intervention*, Foreign Policy, Spring 1996, p. 34

[viii] Expression d'Éric Fuchs

[ix] Hermann Hesse

[x] Rwanda – Marie France COLLARD, *Les collines du silence*

[xi] Albert JACQUARD, *À toi qui n'es pas encore né*, Calmann-Lévy, 2000

[xii] Jonathan GLOVER, *Humanity. A moral history of the twentieth century*, p. 100, Yale University Press

[xiii] Jean-Claude GUILLEBAUD, *Le Principe d'humanité*, Seuil 2001, p. 155